*OS H*

# Os hoffech wybod . . .
# a chofio Dic

## Dic Jones

Gwasg
Gwynedd

*Argraffiad cyntaf — Gorffennaf 2010*

© Siân Jones 2010

ISBN 978 0 86074 261 6

Mae'r cyhoeddwyr yn cydnabod cefnogaeth ariannol
Cyngor Llyfrau Cymru.

*Cyhoeddwyd gan
Wasg Gwynedd, Pwllheli*

Cyflwyniad Dic Jones
i'w hunangofiant
*Os hoffech wybod . . .*
yn 1989:

# Cynnwys

# Cyflwyniad

Cafodd Gwasg Gwynedd y fraint o gyhoeddi pedair cyfrol o waith Dic Jones – dwy gyfrol o'i farddoniaeth (*Golwg ar Gân* a *Cadw Golwg*), *Cymeriadau De Ceredigion* yng Nghyfres Cymêrs Cymru, a'i hunangofiant *Os hoffech wybod . . .* (1989), yr wythfed yng Nghyfres y Cewri.

Argraffwyd chwe mil o gopïau o'r hunangofiant, ac wrth gwrs bu'r gwerthiant yn anhygoel. Yn wir, o'r chwe mil o gopïau, dim ond un copi sydd 'na bellach ar ôl yn y wasg – a hwnnw'n un heb glawr! Byddai Dic wedi bod wrth ei fodd yn clywed hynny!

Pan benderfynwyd dod â'r hunangofiant i olau dydd unwaith eto, fel bod cyfnod newydd yn cael 'cofio Dic', roedd yn rhaid meddwl am rywrai a allai grynhoi inni stori ugain mlynedd olaf ei fywyd. Pwy well i wneud hynny na'i ferched ei hun – Delyth a Rhian – a chafwyd ganddynt drysor o bennod i 'gau pen y mwdwl'. Diolch hefyd i Rhys Dafis am ganiatáu inni gynnwys ei englyn ysgytwol, 'Bwlch'.

Nid ymyrrwyd gormod ag orgraff yr hunangofiant gwreiddiol – doedd dim angen hynny, wrth reswm, a dwy glust mor fain â rhai Dic a Gerallt Lloyd Owen wedi bod ynglŷn â'r gwaith – ar wahân i hepgor tipyn o gollnodau fel sy'n arferol y dyddiau hyn, a chysoni enwau trefi a phentrefi, ac ati. Gadawyd enwau tai a ffermydd fel y'u cofnodwyd yn wreiddiol.

Mae'n diolch pennaf i Siân am roi ei chaniatâd inni gyhoeddi'r gyfrol hon, ac am yr holl gymorth a gawsom ganddi hi a'r plant wrth ddidoli lluniau i'w cynnwys ynddi.

Yn ei hunangofiant, disgrifia Dic ddau gymeriad o'r ardal

fel dau o'r 'eneidiau llawn hynny sy'n cyfoethogi ardaloedd cyfan, a'u dylanwad arnynt yn anfesuradwy'. Gellid dweud yr un peth yn union am Dic ei hun – dim ond iddo ef wneud hynny i genedl gyfan.

Y CYHOEDDWYR

# Bwlch

A ddoi, fwyalchen, 'leni? Di-gyngerdd
dy gangen. A ddoi-di
â hud dy ffliwt i'n codi,
adre'n ôl i'n Hendre ni?

RHYS DAFIS

[ar gyfer Tîm Morgannwg yn rownd derfynol Ymryson y Beirdd, ddydd Gwener Eisteddfod y Bala 2009, a'r Archdderwydd Dic heb allu dod i'r Eisteddfod oherwydd gwaeledd]

# 1

## Dilyn fy nhrwyn

Mae eliffant, medden nhw, yn cymryd saith mlynedd i genhedlu. Yn ôl y llinyn mesur estynedig hwnnw, hyd yn oed, rwy'n ofni fod yr amser yn prysur redeg allan i mi gyflawni un o'r addewidion ffolaf a wneuthum erioed. Achos bydd yna rai sy'n cofio (wel, dau ohonom beth bynnag) i mi daro bargen â Gerallt Lloyd Owen flwyddyn cyn Eisteddfod Abertawe. (Megis y digwyddodd y peth-a'r-peth yn ystod teyrnasiad y Brenin Fel-a'r-fel yn y Beibl neu yn nhymor y Cesar Rhywbeth-neu'i-gilydd yn Rhufain gynt, yn ôl yr eisteddfodau y mae calendr ambell un yn gweithio.) Sef oedd y fargen honno, y byddwn i'n barod i baratoi cyfrol iddo ef ei chyhoeddi petai ef yn ystyried canu awdl i Gilmeri. Daliwn i fod popeth wedi dod at ei gilydd yn yr eisteddfod honno, rywsut. Y testun iawn i'r bardd iawn ar yr adeg iawn. Gŵyr y wlad bellach i Gerallt gyflawni ei ran ef o'r fargen yn ogoneddus, ac fe'm rhyddheir innau o orfod esgus mai ar gais 'nifer o gyfeillion' yr wyf yn mynd ynghyd â'm rhan innau. Ni wn a fu'r fath drefniant yn hwb iddo ef o gwbwl, ond gwn fod rhyw bigiad o euogrwydd wedi bod yn fy mhoeni yn awr ac yn y man fyth oddi ar pan wneuthum y ddêl ysgafala honno.

Gŵyr Mr Carwyn Rogers a'i ragflaenydd yng Nghymdeithas Celfyddydau Gorllewin Cymru, Mr Tomi Scourfield, fy mod wedi bod yn dilyn fy nhrwyn yn lled gyson y blynyddoedd diwethaf hyn. Achos pan ddaw ambell alwad i mi annerch rhyw gymdeithas neu'i gilydd (ac y maent yn dal i ddod o bryd i bryd – ni wn i yn y byd mawr pam), yn ddieithriad fy newis destun fydd 'Dilyn fy nhrwyn', ac o edrych ar y peth o'm cyfeiriad i beth bynnag, mae yna lawer i'w ddweud dros bennawd felly. Yn y lle cyntaf, pan foch chi'n dilyn eich trwyn, gellwch fod yn weddol sicr na fu neb yr union ffordd honno o'r blaen. Eich trwyn chi yw e. Yn yr ail le, fe fyddwch o leiaf yn cael yr ymdeimlad o symud ymlaen. Ac yn drydydd, mae dilyn eich trwyn yn dibynnu ar fŵd y funud. Mae dyn yn tueddu i'w ddilyn i gyfeiriad dwyster neu lawenydd, yn union fel y mae'r hwyl ar y pryd. Ac mae'r siwrnai annisgwyl, fympwyol yn fwy tebyg o ysgogi ias na'r un drefnedig, set. Yn yr un modd, meddir i mi, ag y mae byd o wahaniaeth rhwng dilyn yr arweinydd swyddogol ar daith mewn gwlad dramor a chrwydro yn benrhydd o gwmpas i ble bynnag y mae'r ffansi yn eich arwain.

Peth arall, mae yna rai sy'n dal fod gen i drwyn go arbennig. Hynny yw, o ran maint a siâp. Braidd yn Iddewig yn ôl rhai, a gall fod peth gwir yn hynny achos Isaac oedd enw morwynol Mam. Un o Isaaciaid niferus ardaloedd Taliesin a Thre'r-ddôl. Ni bûm erioed yn rhyw lwyddiannus iawn wrth olrhain fy achau, ond un peth sy'n sicr, yr oedd ganddynt un peth yn gyffredin â'r Hen Genedl – yr oeddent yn aml eu canghennau. Yn ddiweddar yma, bûm yng nghartref Norah Isaac yng Nghaerfyrddin (ni wn am unrhyw gyswllt teuluol rhyngom ond yr enw), ac yno ar y wal roedd llun rhai o'i hynafiaid. A'r un trwyn gan bob un o'r rheini. Yn wir, gan debyced y trwynau fe dyngwn i mai llun o deulu Mam ydyw.

Ond yn Eisteddfod Aberteifi y daeth mater y trwyn i'w binacl, fel petai, neu i fod yn fanwl, chwap wedi hynny. Yr oeddwn i ac Alan Llwyd wedi ymddangos ar raglen deledu wedi'r cythrwfl hwnnw, a'm hwyneb i mae'n debyg wedi cythruddo rhyw wraig (a barnu wrth y llawysgrifen, beth bynnag) i gymaint graddau nes ei chorddi i yrru llythyr dienw ataf. Un o'r llythyron casaf, ac ar yr un pryd un o'r rhai mwyaf digri, a welais erioed. Mae'n werth dyfynnu ohono. Mae'n hawdd dychmygu'r wraig hon ym mhreifateiddiwch ei chegin ddilychwin, a'r bwbach hwn ar y sgrin yn merwino pob nerf ynddi; yn wir, yn halogi sancteiddiolrwydd ei chysegr – hithau'n 'torri'n rhydd a chymryd y bit rhwng ei dannedd', ys dywed D. J. Williams am Nwncwl Jâms: 'pan gorddid ef i'r mŵd cythryblus hwn. Nid oedd atal yn bosib nes llwyr fynd allan o wynt, a phob gair, bron, yn cyrraedd adre.'

Gwrandewch arni (yn Saesneg, wrth gwrs):

> . . . I am only half Welsh. Friends who are Welsh have told me all about you. You are a disgrace to your country. You are not even a Kelt. You look and are a Neolithic aborigine, an Iberian from the North African littoral . . . You have the nose of an Arab camel driver . . .

A dyna brawf sicr o'r peth! Cofiwch chi, ddois i ddim i ddeall erioed mai trwyn yw'r peth pwysicaf wrth yrru buwch, serch gyrru camel. Ein Tad, cofia'r Arab . . .

Ond yn ôl at yr Isaaciaid a Thre'r-ddôl, ac at dyddyn bach o'r enw Pen-y-graig ar ymyl Cors Fochno (Y Figin yn lleol). Yno y'm ganed ar y Groglith, mil naw tri pedwar. Roedd yn arferiad yn y fro i gynnal gŵyl i blant y capeli ar y diwrnod hwnnw. Byddai gorymdaith o blant ac athrawon y ddwy ysgol Sul, Taliesin a Thre'r-ddôl, yn martsio o un pentref i'r llall gyda band yn chwarae o'u blaenau, cyn cael te parti yn y naill festri neu'r llall bob yn ail flwyddyn. Ac yn ystod y cymhelri hwn y'm tynghedwyd i ymddangos y flwyddyn honno.

Bymtheng mlynedd ynghynt lladdwyd Dic, brawd ifanca Mam, yn Ffrainc yn y Rhyfel Mawr, a chyrhaeddodd y newydd am ei farw ei rieni ym Mhen-y-graig ar fore'r Groglith, a hwythau ar gychwyn ar eu ffordd i'r te parti. Fe'm henwyd innau ar ei ôl.

Ac ym Mhen-y-graig y bûm am bythefnos, medden nhw, cyn dod adre i Dan-yr-eglwys ym mhentref Blaen-porth ym mhen isa'r sir, lle'r oedd Goronwy 'mrawd eisoes yn dechrau magu cwils. Ac ar ddeng erw a thrigain y lle hwnnw y bûm am ddwy flynedd ar hugain, a'r plant eraill yn cyrraedd yn eu tro – Rhiannon, Margaret a Mary.

Bûm yn meddwl fwy nag unwaith beth yw'r cof cyntaf sydd gennyf: yr enghraifft gynharaf yn fy mywyd y medrwn ddweud i sicrwydd mai fi own i, yn y fan a'r fan, yn gwneud y peth a'r peth, ar y pryd a'r pryd. Fedra i ddim galw i gof fy niwrnod cyntaf yn yr ysgol, er enghraifft, ond clywais Mam yn dweud i rywun alw yn y tŷ y noson honno a rhico gyda mi gymaint fyth:

'Wel, wir, rwyt ti *yn* dod yn rhocyn mowr. A rwyt ti wedi bod yn yr *ysgol* heddi?'

'Wdw.'

'Wyt ti'n mynd fory 'te?'

'Nadw.'

'O, pam 'te?

'Wel, rwy *wedi* bod heddi, on'd do fe?' A dyna ddigon.

Mae'n rhaid 'mod i rywle rhwng pedair a phump oed ar y pryd, ond does gen i ddim cof am y peth, ac eto rwyf fel petawn yn cofio rhyw bethau y mae'n rhaid eu bod wedi digwydd ddwy neu dair blynedd ynghynt. Mae'n bosib mai cofio Mam yn sôn am y pethau hynny yr wyf hefyd, achos roedd hi'n un a fedrai adrodd hanesyn nes 'mod i, beth bynnag, yn medru tyngu 'mod i yn yr union fan ar yr union adeg. Megis yr oedd un o gymeriadau eraill D. J. Williams yn medru 'cofio' rhywbeth a ddigwyddodd dri diwrnod cyn ei eni!

Am y cof cyntaf, y mae'n rhaid fy mod i rywle rhwng dwy a thair oed ar y pryd, yn ddigon bach i'm cario ar ysgwyddau fy nhad ('cael corcyn coch' yw ein term ni am y peth) ond yn rhy fychan i'm coesau byrion ei ganlyn ef a Mam. Croesi Parc y Corn yr oeddem pan sylwais ar saig o dom ceffyl yn mygu gerllaw. Nawr roedd hyn yn yr adeg pan oedd ceffyl, a'n ceffylau Ni yn enwedig, yn bopeth i mi, a mynegais yn groyw iawn 'fel un ag awdurdod ganddo' mai 'shotso (sef tom yn fy ngeirfa i ar y pryd) Fflower yw hwn'na'. Caseg goch a chanddi bal wen lydan oedd y Fflower hon, a ffefryn mawr gennym ni'r plant ar gyfrif ei natur ffein – caem gerdded o dan ei bol a rhwng ei choesau ôl fel y mynnem – ond p'un ai a oedd ei 'shotso' hi yn wahanol i'r eiddo unrhyw un o'r ceffylau eraill a oedd gennym ar y pryd sy'n fater arall. Beth bynnag, cefais ymateb ffafriol iawn o du fy rhieni, a'r ymdeimlad hyfryd 'mod i'n rhocyn llygatgraff ac addawol tu hwnt. Gyda llaw, unwaith yn unig y gwelais i'r gair 'shotso' mewn print, ac er bod iddo ystyr beth yn wahanol gan D. J. Williams (eto fyth – fe gredai rhywun mai gweithiau'r athrylith hwnnw yw'r unig bethau a ddarllenais erioed, ac ni fyddent ymhell iawn ohoni chwaith) yn *Hen Dŷ Ffarm*, mae'n codi pwl o chwerthin ynof. Fe gofir am Nwncwl Jâms yn mynd i garu, a'r hwyl fawr a'r cynghori ar glos Pen-rhiw, a Dafydd Trefenty yn dannod i Jâms fod mwy nag un wiwer fach wedi dianc rhagddo. 'Wel,' meddai hwnnw, 'os diangith hon, mi fydd wedi ca'l 'i shotso'n go drwm, ta p'un.'

Mae'r ail beth rwy'n tybio 'mod yn ei gofio o'r cyfnod cynnar hwn yn ymwneud â geirfa plentyndod hefyd. Mae pob plentyn a fu erioed, gwlei, â rhyw eirfa fach breifat rhyngddo ef a'i anwyliaid nad yw'r byd mawr oddi allan yn gwybod dim amdani. A'r cam cyntaf yn y broses o dyfu i fyny yw ymwrthod yn raddol â'r llinyn bogel geiriol hwn, fel ebol yn cael ei ddiddyfnu o laeth ei fam, a mabwysiadu geiriau ac ymadroddion sy'n fwy cyfarwydd i'r rhelyw o ddynoliaeth.

Roedd gen i ryw damaid o liain llwydaidd-frown ei liw, os cofiaf yn iawn, gydag ymyl tua dwy fodfedd o led iddo o ryw fath o felfed, a'r unig beth a'm gyrrai i gysgu'r nos oedd cael rhwbio'r ymyl melfed hwn rhwng bys a bawd. Fy enw i ar y clwtyn oedd 'y Ffow'. (P'un ai a sylweddolwn i ar y pryd ei fod yn gwneud cynghanedd lusg â Fflower ni fedraf dyngu, ond roedd y ddau cyn agosed â'i gilydd i'm calon i.) Mae'n debyg ei fod yn rhywbeth seicolegol sy'n weddol gyffredin ymhlith plant, hyd yn oed yn oes y goleuedig Ddoctor Spock, fel y sylwais gyda fy mhlant fy hun. Mae'n rhaid fod yr arfer babïaidd hwn wedi glynu ynof am rai blynyddoedd, achos pan gefais fynd ar wyliau at Da'cu a Mam-gu Pen-y-graig rywbryd yn ddiweddarach, rwy'n cofio mai fy ngofid mwyaf oedd a gawn fynd â'r Ffow gyda mi. Sut oedd profi fy mod yn ddigon o ddyn i gysgu oddi cartref heb ddangos fy mod yn ormod o fabi i wneud hynny heb y Ffow? Afraid dweud fod mamau a neiniau yr oes ddi-Spock honno cyn ddoethed mewn seicoleg plant â rhai unrhyw oes a ddaeth ar ei hôl, a mynd a wneuthum.

Beth bynnag am hynny nawr, roedd y Ffow yn gymaint rhan o'm harfogaeth â'm cewyn. Yn fwy, o bosib. Allan ar y clos, neu yn y Parc Bach uwchben, gwnawn y tro heb y naill yn fynych ond glynwn wrth y llall 'yn y dydd fel yn y nos', ys dywed yr emynydd. A'r canlyniad oedd i'r Ffow fynd yn eitha budr, o gael ei mynych lusgo drwy fwd ac ambell shotso Fflower fel sydd ar bob clos fferm, a phenderfynodd Mam ei bod yn rhaid ei golchi. Bu'n storom ddiogel cyn cael y Ffow o'm llaw o gwbwl, ond llwyddo a wnaed, a'i golchi a'i hongian allan i sychu ar y lein ddillad ym Mharc Bach ar brynhawn hyfryd o haf.

Euthum ar goll yn fuan wedyn, meddant i mi, a'r lle cyntaf i gael ei chwilio ym mhob creisis o'r fath fyddai llyn y rhod, wrth gwrs. Dim arwydd o ddim yn y fan honno. Yna i'r stabal ac at stâl Fflower (fe'm cafwyd yno unwaith, mae'n debyg, yn cysgu â'm pen ar ei gwddw). Neb yno chwaith, ac ni ddaethpwyd o hyd i mi nes i Mam ddigwydd rhedeg lan dros y stepiau cerrig i'r Parc Bach yn ei phanig, ac at y lein ddillad. Yno'r oeddwn, yr haul yn gynnes braf a'r Ffow yn hongian i lawr yn wahoddus lân, yn gorwedd wrth droed y post, un bawd yn fy ngheg a'r llall ar y Ffow, yn cysgu'n swît.

Ond beth am y plant eraill, tra oeddwn i'n ysgwyd y ddaear â'r anturiaethau hyn? Dim ond Goronwy a ddôi i'r cyfri. Roedd ef ddeunaw mis o'm blaen i, ac wedi cadw ddeunaw mis o'm blaen hyd heddiw ym mhob ystyr. Doedd Rhiannon, y nesaf yn yr olyniaeth, nac yma nac acw. Gan ei bod hithau tua deunaw mis yn iau na mi, mae'n rhaid ei bod, yn y cyfnod anniffiniol ddigon sy dan sylw, rywle o'r sero i'r blwydd oed yma. Ond roedd Goronwy, neu Non yn ein côd ni, yn wahanol. Roedd e'n fwy na mi yn naturiol, ac yn gryfach, achos crwtyn digon eiddil oeddwn i 'a rhyw hen glewri arno fe styl', chwedl Jacob Davies, ac roedd e'n fwy blaengar ym mhob modd. Dilynai wrth gwt y gweision drwy'r dydd gwyn – Victor (Ffisgor i ni), Twm Pen-lan neu Danny (Gwrth-wynt Beulah erbyn hyn). Clocs oedd priod wisg y traed yn yr oes honno, ac y mae unrhyw un sy'n gyfarwydd â nhw yn gwybod mai eu hunig wendid yw'r duedd sydd ynddynt i gasglu pridd a baw yn y rasen a'r bedol. A dyna lle byddai e Non, os gwelwch yn dda, a phwy bynnag o'r gweision a ddigwyddai fod yn teyrnasu ar y pryd wrth y bwrdd bwyd, yn cropian dan y bwrdd ac yn crafu'r pridd oddi ar eu clocs a'i fwyta. Os oes gwir yn yr hen ddywediad ei bod yn rhaid i bawb fwyta winshin o faw cyn ei farw, roedd e'n agos i hanner ei gwota cyn dechrau'r ysgol.

Ond yr oedd Goronwy'n gerddor hyd flaenau'i fysedd. Mae gen i lun yn llygad fy meddwl, cliriach nag unrhyw ffoto a dynnwyd erioed, ohono yn eistedd ar lin Tom James Davies (Bêsh i bawb yn y broydd hyn) yn gwrando ar hwnnw yn chwarae mowth organ, a'i lygaid fel soseri, a chyn wired ag yr arhosai hwnnw i gael ei anadl, yn begian arno: 'Whare Ffeiffwl, whare Ffeiffwl 'to, Bêsh.' ('Old Faithful, we roam the range together', un o bops y dydd.) Roedd yntau'i hun yn medru whare 'Ffeiffwl' cyn gweld ei bedwerydd pen-blwydd. A cherddoriaeth o ryw fath neu'i gilydd fu ei fywyd (tae beth am ei fywoliaeth) byth oddi ar hynny. Erbyn heddiw, rwy'n berffaith siŵr nad oes offeryn cerdd yn yr holl fyd na fedrai ef dynnu tôn ohono. Rwyf lawn mor siŵr hefyd mai'r sesiynau hynny ar lin Bêsh a daniodd ynddo'r elfen.

Mae'r Bêsh hwn yn teilyngu gair neu ddau o sylw

19

manylach. Nid yn gymaint ar gyfrif fy adnabyddiaeth i fy hun yn bersonol ohono – daeth y rhyfel yn fuan iawn ac aeth yntau i ffwrdd, gan ddychwelyd i weithio yn ardaloedd Llambed ac Aberystwyth – ond oherwydd perthynas ei deulu ef a'n teulu ni ers dros drigain mlynedd bellach. Yr oedd ef yn gyfoed â Nhad a'm Wncwl Wyn, bechgyn Treprior, Nic Maen-gwyn a'r to yna o fechgyn yr ardal sydd bellach o'r deg a thrigain i'r pedwar ugain oed. Mae ei frawd, Iwan (cystal iddo gael ei enw bedydd ar brint fel hyn, ac mewn cyfrol gyn bwysiced!), yn gyfoed â mi. Felly dyma un genhedlaeth o deulu Rhyd-y-gaer yn pontio dwy genhedlaeth o'n teulu ni. Ond mae pethau rhyfedd yn digwydd pan fo bwlch o sawl blwyddyn yn oedran y plant. Mae Iwan ers blynyddoedd bellach wedi cymryd y lle yn ein tŷ ni a lanwai ei frawd Bêsh yn nhŷ fy nhad hanner canrif yn ôl. Ar ei lin ef y gwelais Dafydd y crwt hyna yma yn magu diddordeb mewn canu a chorau meibion. Yn ei ymyl ef yn y côr y dysgodd ddarllen cerddoriaeth, a'i fas godidog ef y mynnodd ei efelychu. Ac y mae yma ddau arall y mae ei ddylanwad arnynt yn go drwm, rwy'n ofni. Priododd â chyfnither i Siân 'ma, ac nid yw dylanwad y gyfnither honno yn anweladwy hollol ar ein nythaid ni, chwaith.

Gan i mi ddechrau dwyn i fewn rai enwau a fydd yn ddieithr i'r sawl nad yw o'n teulu ni, mae'n bryd i mi, rwy'n credu, gyflwyno fy nheulu o'r ddau du, a rhai o'r cysylltiadau y bydd a wnelom â hwy o hyn i'r diwedd.

Yr oedd Mary Evans, fy mam-gu o ochr Mam, o Ledrod. Priododd â Dafydd Isaac a gwnaethant eu cartref ym Mhen-y-graig. Garddwr yn Lodge Park oedd ef ar y pryd, ond yn ddiweddarach aeth i weithio ar y ffordd gan godi i fod yn syrfeiwr cyn diwedd ei yrfa. Gydag ef y gwnaeth Eser Evans ei brentisiaeth, ond rwy'n amau ai gan fy nhaid y cafodd Eser ei ffraethineb rhamantus. Ewythr i Da'cu oedd Evan Isaac, gweinidog ac awdur *Coelion Cymru, Prif Emynwyr Cymru* a nifer o gyfrolau eraill. Brawd iddo oedd Morgan y

Goetre, cymeriad go unigryw yn ôl a glywais i, ac a gafodd gryn dipyn o sylw gan Tom Macdonald yn ei gyfrol *Y Tincer Tlawd*. Brawd i Mam-gu wedyn, i mi gael ymhyfrydu yn y cymeriadau sydd yn y tyl, oedd Jim Sbaddwr, y cwrddais ag ef tuag ugain mlynedd yn ôl mewn sêl geffylau yn Llanybydder heb i'r naill ohonom wybod pwy oedd y llall i gychwyn. 'Diwrnod i'w gofio oedd hwnnw gynt.'

Daliai Mam hefyd fod Ieuan Gwyllt rywle yn yr achau o'r ochr yna, ond mae'n ddigon posib fy mod i wedi camddeall, ac mai ag Ieuan Brydydd Hir yr honnai berthynas. Yr oedd hwnnw o Bontrhydfendigaid, nid nepell o Ledrod, ac adwaenid yntau hefyd weithiau, mae'n debyg, fel Ieuan Wyllt.

Magasant ddeuddeg o blant: Mary Jane, a briododd â John Jones a fu'n ysgolfeistr yng Nghreunant; John, a fu'n byw y rhan fwyaf o'i oes yn Llundain ac a fagodd ddwy ferch – Luned, sy'n byw ger Rhydychen, a Mair, sydd gerllaw Henffordd. Ymfudodd Dave i'r Amerig, lle magodd yntau ferch o athrawes, Natalie. Bu Natalie yn ôl yn yr hen wlad yn 1980 ac eto yn Eisteddfod Abergwaun, a'i hyfrydwch mwyaf, meddai hi, fu cael chwarae'r organ yn hen gapel ei thad yn Nhre'r-ddôl. Yn Poole, Dorset, y bu Sal yn byw cyn iddi ddod yn ôl i Dre'r-ddôl yn ei hen ddyddiau. Magodd hithau dri o fechgyn. Clwyfwyd Tomi yn y Rhyfel Mawr a bu'n cadw siop am flynyddoedd yn y pentref, lle bu iddo yntau un mab, Daniel, sy'n byw erbyn hyn yn Nhal-y-bont. Yng Nghreunant hefyd y bu Emily yn byw am ran helaeth o'i hoes. Magodd hi dair athrawes – Tegwen, Seri a Fanw – a'r olaf yn cadw traddodiad y teulu o fod ag athrawes yn ysgol Taliesin, achos yno y bu Kate am dros ddeugain mlynedd, ac y mae eto'n byw yn y pentref. Ganwyd iddynt hefyd ddwy efeilles, Nellie ac Anne, ond bu farw'r olaf yn bedair ar bymtheg oed. Yn fy amser i, Nellie oedd adref ym Mhen-y-graig gyda'i rhieni. Bu Alice yn byw yn Llundain ers ei harddegau a bûm yn aros gyda hi yn Dollis Hill pan aeth y Clwb Ffermwyr Ieuanc i fyny o Flaen-porth i'r Festival of Britain yn '51. Athrawes oedd ei mam hithau, yn Eglwys-fach i gychwyn ac yna yn Nantgwyn, gerllaw Rhaeadr. Un o'i disgyblion yno oedd taid Ian Woosnam y golffiwr – tyngai hi eu bod yr un boeriad â'i gilydd. Symudodd i lawr i Flaen-porth, lle cyfarfu â Nhad, ac fe wyddoch y gweddill.

Merch Treprior, Tre-main, oedd Mam-gu o ochr fy nhad. Priododd â Dafi Tan-yr-eglwys, a chyda llaw, sylwais mai Dafi Tan'reglwys yw i rai a'i cofiant; Dai Tan'reglwys i'r lleill. Pryd mae Dai yn mynd yn Dafi, d'wedwch? Yn yr un man ag y mae 'chi' ein parch a'n ffurfioldeb yn mynd yn 'ti' ein cyfeillgarwch closiach, efallai. Mae'n anodd gen i gredu mai mater o oedran yn unig ydyw, achos bu fy nhad-cu farw ac yntau'n ddim ond deunaw ar hugain. Torrodd ei law ar ryw ddarn o sinc neu hoelen rydlyd, mae'n debyg, a gwenwynwyd ei waed. Ond mynnodd fynd i'r Sioe Frenhinol yng Nghaerdydd, ac erbyn iddo ddod adref roedd y llid wedi mynd yn rhy bell ac nid oedd gwella arno. Yr oedd magu a dangos ceffylau yn ei waed, a chlywais John Roderick Rees yn dweud am ei dad yntau mai yn Nhan-yr-eglwys yr arhosodd pan ddaeth ag un o'i feirch i Sioe Sadwrn Barlys yn Aberteifi am y tro cyntaf.

Gŵr blaengar ym mhethau amaethyddiaeth, y mae'n rhaid, achos dechreuodd yrru ei wageni i Aberteifi i halio giwana ar ran rhyw ffyrm, gan dderbyn ei gomisiwn ar ffurf gwrteithiau i wella'i dir. Gwelais hefyd â'm llygaid fy hun yng nghefn y beudy, pan aethom ati tua mil naw pump tri yma i gloddio twll i wneud cladd silwair – peth modern iawn debygem ni ar y pryd – olion cladd o gylch crwn o gerrig a ddefnyddiai fy nhaid i wneud silwair hanner canrif cyn hynny.

Priododd Nan, chwaer hynaf Mam-gu'r Hendre, â John Lewis Nant-llan, yr un Lewisiaid â ni yn ôl ymhell yn yr achau, meddir i mi, ac aethant i fyw i Crawley yn Surrey, mewn lle o'r enw Lowfield Heath. Yno y saif maes awyr Gatwick heddiw.

Magodd Mam-gu ac ef ddau fab: fy nhad, Abba (neu Alban, petasai unrhyw un ond ei garreg fedd yn cofio hynny), a'm hewyrth Wyn, nad yw ei enw'n anghyfarwydd, gobeithio, i'r sawl sy'n dilyn canlyniadau'r stori fer yn yr Eisteddfod Genedlaethol. Cyhoeddodd yntau dair neu bedair o gyfrolau. Bu iddynt un ferch hefyd, ond bu farw honno yn faban.

Mae'r gymysgaeth hon o waed dau ben y sir wedi bod yn fater chwilfrydedd i mi ar hyd fy oes. Ar y naill law, yr Isaaciaid a phobl Lledrod: pobl dal, pryd golau, llygatlas bron yn ddieithriad – y Celtiaid traddodiadol – a phobl y byddwn i, yn fy namcaniaethu amatur, yn eu cysylltu â'r celfyddydau a'r clasuron. Ar y llaw arall, y Lewisiaid a phobl gwaelod y sir yma: byr o gorff, pryd tywyll – yr Iberiaid – pobl yr oeddwn bob amser yn eu cysylltu â'r gwyddorau ymarferol, hyd nes i Ddewi Treprior (A. D. Lewis i gylch ehangach), efallai'r mwyaf nodweddiadol Iberaidd ohonynt i gyd, fy nwyn i gyfri a'm hatgoffa mai Llenyddiaeth Saesneg oedd ei bwnc gradd ef. A ph'un bynnag, mae'u llond nhw i gyd o ganu.

Yn ôl Jac y Crown – gŵr y gellid barnu yn aml wrth ei storiâu ei fod rhywle rhwng cant a chant a hanner mlwydd oed – yr oedd fy hen daid yn Nhan'reglwys, John Coch, yn gynheiliad nodedig o'r brid byrbwyll hwnnw y mae ei liw yn ei awgrymu. Mae'n debyg ei fod mor fyrbwyll a gwyllt wrth ei waith fel na allai fforddio'r amser i aros ar y dalar pan ddôi galwad natur wrth ddilyn ceffylau. Setlodd y broblem drwy wisgo pais, fel y gallai wneud y ddau job gyda'i gilydd! Heuodd Barc Pwllmelyn ryw flwyddyn, yn ôl Jac – pum erw o gae, a hau swêds – ar drot fowr o fore gwyn tan nos cyn sylweddoli nad oedd wedi rhoi had yn y bocs!

Ond yr oedd Ann ei wraig o frethyn gwahanol. Cŵl, pwyllog ei ffordd a'i lleferydd, a'r union gymeriad i falansio'i fyrbwylledd ef. Pan oeddem ni yn blant cedwid hen gist i fyny ar y garet yr aem i sbrwlian ynddi ar ambell ddiwrnod gwlyb. Yn y gist honno yr oedd het silcen a chôt gwtws fain a phastwn cerdded fel oedd gan y gwŷr mawr – yn ôl a wyddem ni o arferion y bodau hynny. Os cofiaf yn iawn hefyd, arferai hen, hen lun o John Coch hongian yno, ac yntau'n gwisgo'r owtffit honno. A'r achos, yn ôl a ddeallais i Mam yn ei ddweud, oedd iddo fynd i gyrchu aeres Plas Glaneirw adref o Seland Newydd, flynyddoedd maith yn ôl. Ond ni fedrais erioed gael cadarnhad i'r stori honno.

Ond yn sicr, yn y dyddiau hynny ac yn nyddiau fy nhaid hefyd, yr oedd Tan-yr-eglwys yn un o ffermydd mwyaf yr ardal. Fferm ar rent ydoedd, ym mherchnogaeth teulu a fu'n gysylltiedig â'r eglwys ers dechrau'r ganrif ddiwethaf. Tua thrigain erw oedd Tan'reglwys ei hunan ond ar un adeg rhentiai fy nhad-cu beth o ddaear Maes-y-deri, lle trigai ei chwaer, ac yn ogystal â hynny prynodd yn agos i bedwar ugain erw o dir, lle saif yr Hendre heddiw, oddi wrth yr eglwys, gan wneud daliad o tua chan erw a hanner. Fferm fawr, felly, a ddôi tua thrydedd yn nhrefn pwysigrwydd y raddfa leol – ar ôl y Plas a'r Home Farm.

Yn ôl yr un drefn hefyd, yn gyffredin, y llywodraethid materion cymdeithasol fwy neu lai gan yr un rhai ym mhob ardal. Rhyw fath o bwyllgor – answyddogol i raddau helaeth – a gynhwysai'r sgweier lleol, yr offeiriad, yr ysgolfeistr, ac un neu ddau o amaethwyr amlyca'r fro. Ac yn ddiamau, er taw fi sy'n ei ddweud, ystyrid Dafi Tan'reglwys yn un o'r rheini. Efallai fod a wnelo'r ffaith nad oedd ei fferm yn eiddo i un o'r stadau lleol, ac nad oedd yntau o ganlyniad yn gorfod capio i'r sgweier, â'r peth. Efallai mai ei gyfeillgarwch â'r ysgolfeistr, J. Gwendraeth James, oedd y rheswm; wn i ddim. Ac eto, yn wahanol i'w hynafiaid, gyda'r Methodistiaid ym Mlaenannerch yr oedd yn aelod. Neu, yn hytrach, yno y bu yn aelod nes ei ddiarddel. Fe'i torrwyd ma's, medden nhw, am dorri'r Saboth, ac aeth i'r Eglwys. Cychwynnodd ar ei ffordd i gerdded ceffylau i ryw sioe neu'i gilydd cyn hanner nos ryw nos Sul er mwyn cyrraedd mewn pryd fore Llun. Ond mae'n rhaid iddo gael maddeuant yn ddiweddarach, achos ym Mlaenannerch y claddwyd ef.

Rai blynyddoedd cyn ei farw, beth bynnag, gan mai yno y cadwai'r da bach dros y gaeaf – yn y caeau pellaf o'r clos, cwm yr Esgair a'r gelltydd cyn belled â Chwmhowni – cododd sied wair a dwy asgell iddi er mwyn hwylustod eu porthi. Agorodd lôn i gyrraedd y fan o Gwmhowni, ac yn ddiweddarach ffordd i'w chyrraedd o gyfeiriad Llwyn-coed. Ac yno, ym mil naw tri pedwar, yr adeiladwyd yr Hendre.

Wedi ei farw ef, a'r ddau fab eto yn ifanc iawn, ffermiodd Mam-gu y ddau le fel un daliad hyd nes i Nhad briodi, pan symudodd hi a Wyn i'r Hendre gan adael Nhad a Mam i ffermio Tan-yr-eglwys.

Rwy'n ofni mai braidd yn gyffredin fu fy hanes i wedi dechrau'r ysgol ym Mlaen-porth, a chanolig ddigon fy nghyraeddiadau yno. Nid wy'n cofio i mi erioed gael rhyw ias fawr o foddhad wrth feddwl am fynd yno'r bore, nac ychwaith wrth ddod oddi yno'r prynhawn. Rhyw fynd gyda'r llif a wnawn, gan led synhwyro, efallai, mai 'rhaid oedd i'r pethau hyn fod', a chan lwyddo, mae'n rhaid, i beidio â thynnu sylw arnaf fy hun drwy fod yn or-ddisglair nac yn or-dwp ychwaith. Dysgais ddarllen a sgrifennu rywbeth yn debyg i'r norm, gwlei, ond rhoddai ffigurau beth ffwdan i mi, ac fe wnânt o hyd. O, fe lwyddais i gael dau a dau i wneud pedwar yn amlach na pheidio, a hyd yn oed amlhau a rhannu a'r amrywiaethau arnynt yn burion, ond roeddwn yn methu credu'r peth, rywsut. Daliai trafod ffigurau i fod yn rhyw fath o ymarfer ymenyddol i mi, fel gwneud pos croeseiriau, a thua'r un faint o iws. Doedd gen i ddim ffydd mewn ffigwr, ac yn y fan 'na rywle y mae'r drafferth yn dechrau.

Roeddwn i wedi credu erioed fod ffigwr yn beth terfynol, pendant, yn golygu'r un peth yn hollol i bawb ym mhob oes. Ei ie yn ie, a'i nage yn nage. Mae gair yn wahanol. Gall yr un gair olygu dau beth hollol wahanol i chi ac i minnau. Yn wir, gall yr un gair olygu rhywbeth gwahanol i mi y funud hon i'r hyn y bydd yn ei olygu mewn dwyawr, dyweder, yn ôl yr oslef a'r pwyslais a roir arno, ei le yn y frawddeg, ac yn y blaen. Rwy'n medru derbyn hynny. Ond am ffigwr – wel, deg yw deg a chant yw cant wedi bod erioed ac a fydd hyd byth. Ffrwyth dychymyg yw gair, ffrwyth ffaith yw ffigwr – neu felly y dychmygwn i erioed. Ac nid wyf yn siŵr nad oedd gan ein system addysg beth rhan yn yr amheuaeth.

Roedd ein hathrawon yn ystod fy nhymor addysg i, gan nad beth yw'r drefn erbyn hyn, yn arfer rhoi rhywfaint o farciau i ni mewn arholiad, hyd yn oed os nad oedd ateb y sym yn iawn, cyhyd ag y byddai'r dull o resymu (y 'method') yn iawn. Os oedd ffigwr yn beth digyfnewid, safadwy, sut yn y byd y gallai trefn felly wneud synnwyr? A phan glywaf ar y newyddion neu pan ddarllenaf yn y papurau fod Canghellor y Trysorlys neu'r Weinyddiaeth Amaeth wedi gwneud hyn-a-hyn o filiynau o gamgymeriad yn eu syms, neu bod rhyw ystadegau hollbwysig wedi cael eu gwrthbrofi gan ystadegau diweddarach, rwy'n ofni nad yw hynny ond yn ategu fy amheuaeth i o gywirdeb ffigurau o gwbwl. Wedi'r cyfan, dyw'r ffaith fod y 'method' yn iawn ganddynt ddim yn eich gadael chi a fi damaid brasach ein cawl. A ph'un bynnag, os oes un ateb wedi cael ei brofi'n anghywir, pwy sydd i ddweud nad yw'r cywiriad yn anghywir hefyd?

Ac wrth wylio'r plant yma'n tyfu, gwelais yr un ddrama'n cael ei hailadrodd. Rwy'n cofio, rywbryd, mynd ag wyth o berchyll i'w gwerthu i'r Emlyn Quality Weaner Group ym Mhenrallt-y-gwin, ac fel arfer roedd rhai o'r rhai lleiaf yma gyda mi – Delyth a Rhian y tro hwn, a'r hynaf o'r ddwy tua'r pedair oed yma. Wrth ddisgwyl fy nhro i bwyso a graddio'r moch – ac fe allai hynny olygu hanner awr neu fwy yr adeg honno – i gadw'r plant yn ddiddig yn y car roeddwn yn arfer rhoi pobo bensel a darn o bapur iddynt a'u cael i geisio torri ffigurau a llythrennau arnynt. O dipyn i beth, drwy siwrneion wythnosol felly, roedd Del wedi dod i adnabod y rhan fwyaf o lythrennau'r wyddor yn o lew, a ffigurau i fyny at naw (roedd hi'n methu'n lân â gweld sut yr oedd un a dim, sef deg, yn gwneud mwy na naw). Anfonais hi allan i rifo'r moch yn y cart a thorrodd hi'r ffigwr wyth ar y ddalen. 'Da iawn,' meddwn i, a mynd ymlaen â'r gêm. O dipyn i beth, cefais ganddi dorri'r llythrennau BEN o dan yr wyth, a cheisio ganddi eu darllen. 'B, E, N,' meddai hi ddwywaith neu dair, yn otomatig hollol, heb unrhyw wahaniaeth yn yr ynganu i'r fel yr ynganodd yr '8' a ddynodai nifer y moch. Ac yna'n sydyn, dyma fi'n gweld ei llygaid hi'n goleuo i gyd. 'BEN – Ben!' gwaeddodd. 'Ben Ta'reglws, Wncwl Ben.' Roedd hi, yn yr ennyd honno, wedi sylweddoli y medrid trosglwyddo Ben, yr hen gymydog caredig a roddai bisyn o siocled iddi bob bore Sul – yr wyneb cadwrus hwnnw a welsai yn ei stôl rocin wrth y tân – i'r dernyn bach papur hwnnw yn ei llaw, drwy gyfrwng tair llythyren. Ond doedd dim gwaedd o adnabod wrth weld y ffigwr wyth. Dim perthnasu'r moch yn y cart â'r marc ar y papur. Gwyddwn yn iawn o'r eiliad honno i ba gyfeiriad y byddai Del yn mynd. Ond rwy'n crwydro. Un o anfanteision dilyn eich trwyn, efallai.

Rhennid ysgol Blaen-porth, 'run fath â'r rhan fwyaf o ysgolion gwledig a welais i, yn ddwy ystafell gan bartisiwn o styllod pin. Gellid tynnu'r partisiwn hwn i wneud un ystafell ohoni, a gwneid hynny'n lled fynych ar gyfer cyngherddau ac yn y blaen. Tu hwnt i'r palis yr oedd y Rŵm Bach, lle ceid dosbarth yr inffans a phlant i fyny at tua chwech oed, am wn i. Miss Edwards oedd yr athrawes yno. Yn y Rŵm Mowr teyrnasai'r Mishtir, B. J. Davies, gydag athrawes arall, Miss Street o Aberteifi, i'w gynorthwyo gyda'r dosbarthiadau iau. Ef ei hun a gymerai ddosbarth y Sgolarship, sef y rheini a ddewisid i gynnig am le yn yr Ysgol Sir yn Aberteifi, a'r plant o'r oedran hwnnw i fyny. Ac fe fyddai yno rai plant i fyny at bedair ar ddeg oed.

Roedd graddio o'r Rŵm Bach i'r Rŵm Mowr, felly, yn gefndeuddwr yng ngyrfa addysgol pawb ohonom, ac o bosib ei fod yn fwy fyth o gefndeuddwr yn fy hanes i a saith neu wyth arall o'r un oed â mi. Achos, yn ychwanegol at ddechrau dysgu 'sgrifennu'n sownd' a'r Lôdspreiyr yn Saesneg, yn y flwyddyn honno y daeth y faciwîs. Ac o'm cyfnod i yn y Rŵm Bach, rhyw dri pheth sy'n sefyll allan yn fy nghof.

Am y cof cyntaf – a dweud y gwir nid yw'n ddigwyddiad o gwbwl, dim ond rhyw atgof am ryw bum neu ddeng munud, efallai, pan deimlwn yn hollol, hollol fodlon fy myd. Nid wy'n siŵr i mi deimlo'r un fath na chynt na chwedyn. Mae rhyw feddwl gen i ei bod rywle tua diwedd mis Mai, yn gynnar yn y bore. Roeddwn wedi codi a'm gwisgo fy hunan bach, cofiwch chi, ac yn sefyll yn y cwrt o flaen y tŷ, wrth ffenest y parlwr. Roedd Nhad a Mam yn godro yn y beudy yr ochr bellaf o'r clos, ac wedi dechrau gwerthu llaeth i'r Cowangêt ers rhai misoedd. Bob yn awr ac yn y man deuai un o'r ddau allan o'r beudy â'r bwced llawn yn groes i'r clos at y llaethdy yng nghefn y tŷ, a chawn innau lyfiad neu ddau o'r ffroth oedd ar wyneb y llaeth wrth iddo basio. Yna âi'r bwced gwag yn ôl ar draws y clos ac i'r beudy drachefn, a chyn bo hir clywn y ticialau cyntaf o laeth yn swnio yn ei waelod, gan ddistewi'n ara bach fel y llenwai'r bwced, nes mynd yn ddim.

Mae'n rhaid ei bod hi'n hydref, efallai'r un flwyddyn, yn fy ail atgof, achos roedd Parc Pwllmelyn yn sofl i gyd. Wrth droi i fewn i ben y lôn ar ein ffordd o'r ysgol gwelem gawod o wylanod yn troi uwchben pen pella'r cae, a'r haul yn disgleirio ar *ddau* gastin arad gyda'i gilydd fan draw, a thractor felen yn symud yn araf tuag atom ar hyd y dalar ucha, a Nhad ar ei draed yn ei gyrru, yn canu'i gwêr hi mewn tiwn â sŵn y tractor. Doeddwn i erioed wedi gweld tractor o'r blaen, dim ond llun un, a phan arhosodd Nhad i ni gael 'studio'r rhyfeddod newydd, neidiodd Goronwy i'r sedd yn syth, ond rwy'n ofni mai bodloni ar dwymo 'nwylo o gylch peipen yr ecsôst a wnes i. Daeth ef i fedru'i thrafod fel fetran, ac aredig wrtho'i hun cyn bod yn ddeng mlwydd oed.

Hen Fordson ydoedd, a chanddi olwynion harn gyda phegiau ynddynt i roddi iddynt afael, ar y ddwy ôl. Torrai'r rheini batrwm o dyllau pert iawn, i'm golwg i, yn y tir. Dwy res o dyllau sgwâr ar letraws i'w gilydd, tua phedair modfedd o ddyfnder, fel y gwelais Mam yn gosod cidni-bêns yn yr ardd. Roedd i'r ddwy flaen gant tua hanner modfedd o drwch ar eu canol, a dorrai ôl fel cyllell yn y pridd ac a welais ymhen misoedd yn torri coes Ffan yr ast ddefaid yn glir i ffwrdd gyda'r gar wrth fwrw dom. Gorfu i Ffranc y Gaer fynd â hi i lawr i'r berllan i'w saethu.

O'r tu blaen i'r Fforden yr oedd handlen i'w thanio. Handlen a gymerai gryn dipyn o nerth, ac amynedd hefyd, i'w throi. Mwy nag oedd gan Goronwy a mi gyda'n gilydd. Rhoiswn gynnig arni fwy nag unwaith pan oedd Nhad oddi cartre, gan roi pisyn o beipen am ddwrn yr handlen i'w hymestyn i gymryd pedair llaw. Daliodd fy Wncwl Wyn holl ddrama'r perfformans o danio tractor o'r fath mewn un gair. Wedi gwneud yr holl baratoadau gofynnol, a chydag un llaw ar y *choke* a'r llall ar y *governor*, a chan ofidio na bai ganddo ddwy arall dros ben, gorchmynnodd Ddai Pen-ffin, a oedd yn was gydag ef ar y pryd: 'Cordda, Dai.'

Ond yr oedd ein Fforden ni yn fwy cyntefig hyd yn oed na honno. Mae gen i ryw feddwl mai model tua 1936 ydoedd, a thuag ail neu drydedd law pan brynwyd hi. Nid oedd iddi ond un tanc tanwydd, a pharaffîn wrth gwrs oedd hwnnw – neu TVO i fod yn fanwl gywir. Ond yr oedd angen petrol i'w thanio, ac i'w rhedeg hyd nes twymai ddigon i redeg ar baraffîn. Byddai gofyn codi clawr y carbyretor a'i lanw â phetrol, gan ddal i'w lenwi wedi iddi gychwyn tan y cyrhaeddai'r gwres angenrheidiol. Fel rhyw fath o berswâd ychwanegol, os na fyddai llwyddiant i'r cynigion cyntaf, roedd iddi rywbeth a elwid yn *primer*. Math ar lestr wy bach, bach a ddaliai tua llond gwniadur ac a arweiniai'r petrol yn syth i'r silindrau. Byddai joch neu ddwy yn y *primer* hwn yn weddol siŵr o ddenu mwg o rywle. Cedwid hen debot pridd wedi colli'i glawr ar wal y cartws at y gwaith o ddispensio'r petrol, a'r syndod yw, gyda'r holl fwg a'r gwreichion a'r cols cyfan weithiau a dasgai o gwmpas y lle, na ddigwyddai galanas yn amlach. Ond doedd neb ar y pryd yn gweld dim o'i le ar y drefniadaeth.

Beth bynnag, aeth yn danchwa fawr ryw fore. Mae'n rhaid fod rhyw fagïen wedi tanio'r petrol yn y tebot, a Nhad yn ei fraw wedi colli'r gweddill dros y tractor. Am rai munudau roedd y cyfan yn wenfflam, ond drwy ryw lwc diffoddodd y tân ohono'i hun. Rhuddwyd cefnau dwylo fy nhad ac aeliau ei lygaid a phob blewyn o'i wallt a oedd yn y golwg dan big ei gap. Ond dyna ddiwedd y tebot.

Dro arall, drwy ryw ryfedd wyrth, taniodd y Fforden ar y tro cyntaf, a Nhad, wrth ei rhoi i gadw y noson cynt, wedi ei gadael yn ei gêr mae'n rhaid. Neidiodd yr hen chwaer ymlaen yn syth gan ei wthio yn ôl a'i gefn ar y wal gerrig. Ond, drwy lwc eto, roedd y ddwy olwyn flaen yn dod allan droedfedd dda ymhellach na phen blaen y tractor, a'r pethau cyntaf i gwrdd â'r wal oedd y ddau gant haearn, gan ei adael ef yn ddianaf yn y lle gwag rhyngddynt. Ceibiodd yr hen Fforden ymlaen am ysbaid cyn iddi dagu ohoni ei hun, o fethu â mynd ymhellach, ac ni fu'r un ohonynt fawr gwaeth o'r profiad.

Ond roedd Nhad yn fecanic wrth reddf. Er nad oedd yn gawr o gorffolaeth o bell ffordd – rhyw bump a saith yma yn nhraed ei sanau, dybiwn i – a'i iechyd yn bur fregus ar hyd ei oes, roedd ganddo'r pâr arddyrnau cryfaf ar neb o'i faint a welais erioed. Datodai nyten a throai fyllt y byddwn i, hyd yn oed wedi tyfu i oedran gŵr, yn ddieithriad yn gorfod mofyn sbaner atynt – a hwnnw'n un â choes go lew iddo hefyd. Mae'n rhaid gen i mai ei ddull o odro a roddodd iddo'r fath nerth. Lle byddwn i, a'r rhan fwyaf o bawb arall a welais wrthi, yn tueddu i dynnu ar dethau'r gwartheg yn ogystal â gwasgu i ddenu diferyn ohonynt, cadwai ef ei freichiau bron yn hollol lonydd, gan wasgu â'i fysedd yn unig ac ymhyfrydu yn nerth y chwistrelliad i'r bwced. A'r hir ymarfer beunyddiol hwn a fagodd yn ei freichiau gyhyrau a oedd yn hollol anghydnaws â gweddill ei gorff.

Gwelais y Fforden honno yn ddiweddarach, pan aeth rhywbeth o'i le yn nhiriogaeth ei gerbocs neu ei chlyts, yn gatiau ar hyd llawr y cartws, ac yntau, heb anadl o help o gwbwl, wedi ei hollti'n ddau – dwy dunnell ohoni – cyn ei hatgymalu eto'n berffaith. Ni byddai hynny'n ddim i synnu ato heddiw, o bosib, gyda jac heidrolig a'r gwahanol offer sydd ar gael yn awr. Ond amdano ef – er na ellid dweud, efallai, 'run fath â Wil Bryan, mai 'cyllell a gefail bedoli oedd fy nhŵls i' – rwy'n siŵr nad oedd ganddo fawr mwy na dau neu dri ffiffti sics, bar, gordd a phwli lladd moch a dysen o sbaneri at ei wasanaeth. Ac am lyfr cyfarwyddiadau, ys dywedodd y groten fach honno wrth Waldo, 'Never 'eard of it.'

# 2

# Ceffylau

Ond er i'r tractor ddod i ysgafnhau a chyflymu gwaith y tir coch yn aruthrol, cadwem o leiaf bâr o geffylau gwaith am flynyddoedd wedyn, ynghyd ag amrywiaeth o bethau ysgafnach – ceffylau main a merlod o bob maint. Fflower, y soniwyd amdani'n barod; Deimon, Bloss, Bal, a sawl un arall yr wyf wedi anghofio'u henwau.

Roedd Mam-gu yn ffermio'r Hendre gyda chymorth Danny'r gwas, wedi i Wyn fynd i goleg Aberystwyth i astudio Amaethyddiaeth a Llaethyddiaeth. Cadwent hwy bâr o geffylau, un ohonynt yn golier fach bert iawn o'r enw Dol, gan ddod i fenthyg un arall oddi wrthym ni pan fyddai taro. Bloss, fynychaf, gan taw o ble y tarddodd yr enw. Coben lled drom, gyda'r tawelaf a welwyd erioed. Âi Goronwy a minnau a Rhiannon ar ei chefn weithiau i hôl y gwartheg o rai o gaeau pella'r cwm, a chofiaf am y cythraul unwaith, o ran melltith rwy'n siŵr, yn mynnu gwthio'i ffordd o dan lwyn o gyll nes i ni ein tri gael ein sgubo o'i chefn fel tair cleren. Ond yr oedd ynddi un hen nâd digon annymunol, a pheryglus hefyd, i ryw grwtyn bach a ddigwyddai fod yn ei harwain. Yn ôl a ddeallais i, bu unwaith mewn gambo ac arni lwyth go lydan o wair, ac wrth fynd drwy fwlch Parc y Corn aethai'r llwyth yn sownd yn y ddau bost iet. Gwylltiodd hithau, gan dynnu nes cwympo yn ei hyd, gan gicio a gwingad nes torri'r ddwy siafft yn y bôn. Tasgodd i'w thraed a 'rhedeg gered'. Byth oddi ar hynny, os byddai cart o unrhyw fath ar ei hôl, byddai'n cyflymu ei cham a moelyd ei chlustiau tua decllath o bob bwlch, ac yn bolltio drwyddo ar drot fawr, a gwae'r neb a geisiai ei dal yn ôl – roedd yn beryg iddo gael winedd ei draed wedi eu torri'n lled grop. Y peth doethaf i'w wneud oedd ei hanelu'n weddol gywir at ganol y bwlch, a rhedeg gyda hi.

Roedd Dol hithau, er yn llawn bywyd, yn un y gellid yn deg ei galw'n 'guaranteed in all gears', chwedl arwerthwyr y cyfnod, ond gwnaeth hithau un redfa y bu sôn amdani drwy'r ardaloedd am flynyddoedd. Mae ei gyrrwr y bore hwnnw, Dani'r Iard, neu D. I. Evans, Beulah, erbyn hyn, yn fyw heddiw ac yn medru tystio i bob llathen o'r cwrs hwnnw. Ac yntau'n dod i fyny o'r Hendre i Dan'reglwys yn groes y caeau ar ryw orchwyl, ar ei draed yn y cart ac, fel y bydd pob gwladwr, â'i olwg ar y ffermydd a welai'r ochr draw i'r cwm – Cwmporthman, Ffynnon-fair a Blaen-nant – yn sydyn, tua hanner ffordd yn groes i'r Cefen Mawr – deg erw o gae – dyma Dol yn sefyll yn stond a'r ddwy glust yn dechrau moelyd, y ffroenau'n lledu, a'r dyfroedd yn dechrau diferu o'r tu ôl.

Roedd oged *spring tooth* wedi ei gadael ar y dalar, a bron ym môn y clawdd – teclyn hollol gyfarwydd iddi. Mwy na thebyg ei bod, yng nghwmni caseg arall, wedi llusgo'r union oged honno yn groes i'r union gae hwnnw ganwaith, lai na deufis ynghynt. Ond am ryw reswm cafodd ei hofn. A dyma hi 'gered', gan ei chymryd hi am y bwlch pella nerth ei charnau, a'r cart yn clindarddach o'i hôl yn ei dychryn yn waeth fyth. Collwyd y cretsh o fewn yr hanner canllath cyntaf, meddai Dani, ac yntau erbyn hyn yn dal â phob gewin. Ond nid oedd mo'r cythraul a'i daliai na'i throi – a pha ryfedd, gan y credai hi mae'n siŵr mai hwnnw oedd yn ei herlid. Roedd ganddi tua chanllath i'r bwlch ac yna ryw hanner canllath yn groes i Figin y Corn, a phrin led cart o ffordd garegog a phyllog iawn, ond rhywfodd fe lynodd y gyrrwr yn ei gart drwy'r Dardanelles honno ac allan i Barc y Corn, a'r iet drwy drugaredd ar agor. Canllath a hanner gweddol gywir wedyn o dir glas gwastad – lle delfrydol i godi sbid arno – ac yna tro sgwâr bron, i'r chwith ac i Barc y Gwyddau. Bu'r tro hwnnw yn ormod i Ben Hur, ac fe'i bwriwyd gan y *g-force* yn grwn allan o'r gist ar asgwrn ei gefn ym môn y clawdd; a'r olaf a welodd o'r cart oedd ei ddiflannu i lawr y rhipyn at y llyn, gydag ambell ddarn o styllen yn y llaid i ddangos ffordd yr aeth.

Fan hyn a fan draw gwelai ambell lathen o rigol, medde fe, lle'r oedd yr olwynion wedi disgyn, ond nid yn aml iawn. Rhedodd y gaseg gyda chlawdd y llyn gydag un olwyn yn hongian drosodd; troi gyda'r Tŷ Pair ac i fyny craig y clos at y stabal. Yn ddiamau, byddai wedi bwrw'n grwn drwy'r drws petai ar agor – cart a chwbwl, neu'r hyn oedd ar ôl ohono, beth bynnag. Ond heibio'r aeth, ac yn syth at iet yr ydlan. Dwy iet mewn gwirionedd, a'r rheini'n rhai haearn ac yn cau at ei gilydd a tshaen yn eu clymu. Aeth drwyddynt heb eu gweld, ac yn groes i'r ydlan at y walcen yr ochr bellaf lle'r oedd cwymp o tua chwe throedfedd i Barc yr Obry islaw. Hyd y fan honno y daliodd siafftiau'r cart. Disgynnodd yr ochr isaf ar ei thraed, heb ddim ond y ddwy siafft a gweddillion ei hoffer, ac i lawr â hi drwy Barc yr Obry ar y goriwaered hir tua chwm yr Esgair. Roedd tua hanner canllath o lôn fach gul yn y fan honno, wedi ei naddu o'r graig ar letraws yr allt, yn troi dipyn i'r dde, ond gan gymaint ei herfa wrth ddod i lawr drwy'r cae, tua thri chan llath o ffordd, methodd y tro ac ymlaen â hi at ddibyn eitha'r allt. Pe bai wedi mynd dros hwnnw byddai wedi bod ar ben arni. Ond, drwy lwc, fe fwriodd yn ei dellni rhwng dwy goeden onnen a rhyw lathen o olau rhyngddynt. Cydiodd pennau'r siafftiau yn y rheini, gan risglo hollt fawr ym mhob un. Ond daliodd y ddwy, ac yno y caed y gaseg ymhen rhai munudau yn babwyr o chwys ac yn gwichial yn ei hofn, ond yn fyw, ac – yn wyrthiol bron – yn ddianaf, ar wahân i rai cleisiau ac ysgythriadau ar ei thrwyn a'i brest a'i choesau blaen. Ac am flynyddoedd wedyn aem ninnau blant i lygadu'r creithiau ar y coed a'u dangos i'n cyfeillion wrth adrodd iddynt stori achubiaeth wyrthiol Dol. Gwaetha'r modd, hawliodd y *grass disease* arswydus hwnnw yn 1945 hithau hefyd yn ysglyfaeth iddo, fel y gwnaeth â thua naw o geffylau eraill, rhwng yr Hendre a Than-yr-eglwys.

Yn y blynyddoedd hynny roedd i grwtyn gael ei ofyn i arwain y ceffyl pawl ar gynhaea gwair yn ddyrchafiad cymaint ag a fyddai iddo gael gyrru car heddiw; ac yr oedd ambell chwech neu swllt yn y fusnes hefyd, yn y llefydd gorau. Rwy'n cofio Mam-gu yn estyn swllt i mi yn yr Hendre am arwain wedi dod adre o'r ysgol, pan na châi John Pen-ffin, y gwas yno ar y pryd, lawer mwy na swllt y dydd. Roedd arwain o stacan i stacan ar gynhaea medi yn jobyn bach y medrai rhywbeth newydd-ddechrau'r-ysgol 'ma ei wneud, ond os, drwy ryw ffawd anghredadwy, y gofynnid iddo arwain y llwyth yn ôl bob cam i'r ydlan, wel, roedd lle'r gwas mowr ar y fferm honno mewn perygl! Dyw'r ffaith y medrai'r hen geffylau, lawer ohonynt, wneud y daith heb neb wrth eu pennau nac yma nac acw.

Ond un diwrnod – un diwrnod nefolaidd fythgofiadwy – fe ges i fod adre o'r ysgol am ddiwrnod cyfan i ddreifio; ie, dreifio cofiwch, nid arwain, y ceffyl traso a ninnau'n bwrw dom dato. Roedd gorifyny lled galed o bwll y domen yn yr ydlan, i fyny drwy iet y clos, heibio i'r Llyn Fach ac at fwlch Parc Tan Fynwent. Y pryd hwnnw roedd y Lôn Fach yn dod i gwrdd â hewl y ffarm ar bwys y bwlch hwnnw, lôn a redai wedyn ar y gwastad gyda gwaelod Parc y Borfa, Parc Brynarfor a chyn belled â Pharc Pen-ffin a Pharc Maesyderi, ac yr oedd y tato y flwyddyn honno yn un o'r caeau hyn. Felly roedd angen ceffyl i gynorthwyo'r ceffyl siafft i fyny'r rhan serthaf o'r daith. Offer traso amdano – hynny yw, offer 'redig cyffredin ond gyda britys rywfaint yn ysgafnach na britys cart i gadw'r sbreder rhag taro ar ei arrau. Bechid y sbreder hon wrth lygaid ym mlaenau siafftiau'r cart, a thynnai'r ddau geffyl wedyn gyda'i gilydd – ein hymadrodd ni oedd 'Un ar ôl y llall a rheini 'da'i gilydd'. Fy swydd i gyda'r ceffyl traso, Deimon, wedi cyrraedd y gwastad lle nad oedd mwyach angen ei chymorth, oedd dadfachu, codi'r sbreder a'i hongian ar yr hêms, a dychwelyd i lawr y rhiw i'r domen yn barod i gynorthwyo ceffyl a llwyth arall i'r un daith. Roedd Goronwy gymaint â hynny yn gryfach na mi, ac ni synnwn i ddim nad oedd ef, druan, yn gorfod ei hala hi 'mlaen gyda'r dynion yn y domen. Gwyn eu byd y rhai gweiniaid, ambell waith.

Roedd 'gennym ebol melyn, a hwnnw'n bedair oed', un adeg, ac y mae gweddill yr hen bennill hwnnw yn gweddu'n berffaith iddo hefyd. Fe neidiai ac fe branciai ac fe redai bedair milltir heb feddwl ddwywaith. Ond am y pedair pedol arian a'r feinir wen, nid wyf lawn mor siŵr, achos nid oedd wedi ei dorri i fewn. Nid oedd wedi ei dorri y pen arall chwaith, o ran hynny – ac efallai mai o'r fan honno y tarddai peth o'i ynni. Rwyf am sôn amdano am ddau reswm. Yn un peth, doedd ganddo ddim enw. 'Yr Ebol Melyn' oedd e o'r cychwyn, er na fu gyda ni yn hir iawn. Yn ail, dyna'r unig geffyl a welais erioed a fyddai'n neidio yn ddiberswâd. Mwy na thebyg mai hynny a'i serchodd yn llygaid fy nhad o'r cychwyn, achos roedd ceffylau neidio yn ffefrynnau mawr ganddo erioed. Fel y gwelsoch chi ŵyn yn llamu a champro o gwmpas yn y gwanwyn, gan neidio dros dwyn nad yw yno, byddai'r Ebol Melyn bob hyn-a-hyn yn cymryd cwrs ar draws y cae gan roi anferth o naid yma a thraw, ac yna'n ôl ag ef i bori. Oni bai ei fod yn hollol asynnaidd, gellir gyda hir ymarfer a dyfalbarhad hyfforddi unrhyw geffyl, o'r teip iawn wrth gwrs, i neidio clwydi bychain, polion, a hyd yn oed perthi. Gwnaeth fy nhad hynny â degau ohonynt. Ond yr oedd hwn yn wahanol. Neidiai o ran hwyl, am wn i.

Collwyd ef o Barc Cefn Beudy ryw ddiwrnod, ac wedi cerdded oriau i'w chwilio gwelwyd ef ar ddamwain o ben clawdd yr ydlan yn campro ar Frest y Cnwc i lawr yn y cwm, a'r haul yn ei rawn a'i gwt felen. Wil yr Esgair oedd yn ffarmio yno'r pryd hwnnw. Emyr Hywel, yr oedd Wil yn ewythr iddo, sy'n ffermio tir y tylwyth erbyn hyn. Anfonwyd fi i'w mofyn adref, gan na feddylid y byddai hynny'n anodd. Roedd Wil yn malu pan gyrhaeddais y clos. 'Cer draw i agor y bariwns,' meddai wrthyf. 'Fe ddo' i i roi help i ti 'mhen rhyw ddeng munud.' Ei yrru adref y byddwn, wrth gwrs. Doedd neb wedi ei ffrwyno erioed, na chael penwast amdano o ran hynny. Euthum draw gyda gwaelod yr allt dri lled cae bach – iet yn y bwlch cynta, bariwns yn yr ail – a dechrau agor y bariwns i'r Frest lle'r oedd yr Ebol Melyn yn fy ngwylio o draw, ei ben i fyny a'i gwt ma's yn syth, yn edrych fel un o gerfluniau'r Groegwyr gynt. A dweud y gwir, yr oeddwn wedi cael peth ofn wrth ei glywed yn chwythu drwy'i ffroenau a phystylad; roeddwn hefyd yn dechrau dyfalu sut gythraul yr aeth e i fewn i'r cae a'r bariwns ar gau. Ces fy ateb chwap iawn. A minnau wedi symud dau bolyn isaf y bariwns ac yn paratoi i afael yn y trydydd – roedd hwnnw bron bum troedfedd o'r llawr ac yn gymaint ag y gallwn ei ymestyn – dyma fi'n clywed sŵn carnau'n dod, ac fe ddeifiais i'r clawdd o'r ffordd. A'r Melyn yn dod am y bwlch yn ei herfa. Doedd e ddim yn geffyl mawr – rhywbeth bach dros dair llaw ar ddeg efallai – ac fe fyddai wedi bod yn haws o ddigon iddo fynd o dan bolyn uchaf y bariwns. Ond na, yr oedd yn rhaid iddo ef gael ei neidio. Whiw, dros ei ben a digon yn sbâr. A chyn 'mod i wedi gorffen synnu am hynny, dyma fi'n ei weld yn ei gwneud hi am yr ail fariwns – hwnnw yr oeddwn heb ei agor – a thros hwnnw fel pe na bai yno. Dim ond y glwyd ym mhen pella'r lôn ar waelod yr allt oedd rhyngddo a chlos yr Esgair yn awr, ond cyn ei chyrraedd roedd yn rhaid iddo gael troi o'i ffordd i neidio cropyn eithin neu ddau. Cymerodd yr iet fel wennol, heb adael blewyn arni, a phan aeth Wil a minnau i fesur yn ddiweddarach roedd ôl ei garnau yn codi dair llath yr ochr yma i'r iet, a'u hôl yn disgyn dair llath yr ochr draw. Roedd wedi hen gyrraedd adre ac yn pori'n dawel ym Mharc Cefn Beudy drachefn erbyn i mi gyrraedd y diwrnod hwnnw. Rywbryd yn ddiweddarach, a chriw ohonom wedi ei gritio yng nghornel iet y clos gan dybied ei bod yn bryd cael penwast amdano i dreio gwastrodi peth arno, neidiodd yr iet honno – pum troedfedd o leiaf – yn glir o'i sefyll a heb herfa o gwbwl, a chydag un neu ddwy rech o ffarwél, carlamodd i fyny'r hewl, gan droi am y Lôn Fach ac allan o'n golwg ni, ac o'm cof innau.

Nawr mae'n bosib fy mod, gyda'r holl geffyla blaenorol, wedi creu'r argraff fy mod yn ddyn ceffyl diargyhoedd. Nid felly. Mae'n wir, yn y blynyddoedd cynnar hynny, fod ceffylau yn rhan fawr o'n bywyd bob dydd. Oes felly oedd hi. Roedd egin diddordebau diweddarach heb impio eto. Bu gennyf ddiddordeb mewn ceffylau a hoffter ohonynt ar hyd fy oes, ond nid mwy na'r rhelyw o anifeiliaid y fferm. Ond roedd Nhad yn wahanol. Ceffyl oedd popeth iddo ef – hynny yw, ym myd anifeiliaid – ond yr oedd ganddo ddiddordebau eraill megis cerddoriaeth, ac yr oedd hynny bron yn anochel. Onid oedd ei dad o linach Dafi Dafis Blaenpistyll – llinach cyn enwoced ym myd meirch ag yw ym myd cerdd yng ngodre'r sir yma? Mae Dafi Lewis, mab Dafi Dafis, eto'n fyw yn naw deg a phedair ac yn ymgorfforiad perffaith o ddiddordeb y llwyth yn y ddwy wedd hon ar gelfyddyd; achos nid oes gennyf unrhyw amheuaeth iddynt ddyrchafu magu ceffylau i fod yn wedd arall ar gelfyddyd, fel y gwnaeth llawer o'u tebyg trwy Gymru wrth gwrs. Nid peth masnachol, bob dydd, yn unig mohono. Ond er cymaint yr hoffwn gadw'r ddwy agwedd hon ar eu harbenigrwydd ar wahân er mwyn eglurder a chysondeb, rwy'n ofni fod y ddwy yn ymgordeddu drwy'i gilydd yn anwahanadwy yn eu hanes. Fel y dywedodd Dafi Lewis ei hun wrthyf am ei dad yn ôl yn yr hen ddyddiau pan oedd tonic sol-ffa yn dechrau gwreiddio yn y broydd hyn. Roedd Dafi Dafis yn arwain corau yn un ar bymtheg oed ac yn cynnal dosbarthiadau sol-ffa o Benralltceibwr yn Nhrewyddel i fyny at y Deiniol yng Nglynarthen. Eu cynnal ar y storwsydd ac yn y sguboriau, meddai ef. A phan synnais i at yr amser yr oedd yn ei dreulio, petai'n ddim ond i drafaelu'r fath bellteroedd yn wythnosol, ateb Dafi Lewis oedd: 'O, wn i ddim 'na *i* – roedd e fynycha'n mynd â rhyw gobyn neu rywbeth wedi hanner 'i dorri i fewn, ac yn mowddo tipyn ar hwnnw ar y ffordd. Torri ceffyle i fewn a thorri core i fewn yr un pryd, twel'; roedd canu a cheffyle'n mynd 'da'i gilydd ym Mlaenpistyll styl.'

Mae gwŷr meirch erioed wedi bod yn enwog am y cymêrs yn eu plith, ac nid yw'r gwŷr wrth gerdd ymhell iawn ar ei hôl hi yn hynny o beth chwaith. Ond fe lynwn, hyd y mae hynny'n bosib, at yr ochr geffylol, fel petai, am y tro. Yn y dychymyg, wrth gwrs, y mae'r pethau hyn yn fyw i mi, ac yn y cof sy gen i o hanesion a glywais yn ystod fy oes. Deunydd ail-law, fel petai, ond maent yn fyw 'u gwala ar leferydd sawl un o'r hen bobol. Dafi Lewis a Hughie'r Bigni, er enghraifft. Gwŷr nad yw'r hen ogoniant wedi pylu dim yn eu golwg. Mae'r ddau yn dal i sôn am Ddafi Tan'reglwys, fy nhaid, er iddo farw ymhell cyn fy ngeni i, fel petai wedi ei gladdu'r wythnos ddiwetha. Ac yr oedd ef, mae'n sicr, yn un o'r ffigurau hanner chwedlonol hynny y mae'r dychymyg yn eu coleddu wedi i'r cof ballu.

Beth bynnag, nid yw'n anodd o gwbwl gen i gonsurio gw
eledigaeth o ramant y Sadyrnau hynny, a Dafi'n bwrw allan o Dan'reglwys tua hanner dydd am Aberteifi, a'r Dafi arall yn cychwyn ar yr un siwrnai o Flaenpistyll. Dau gefnder, dau biler cymdeithas; a'r ddau gel a'u cerbydau yn adlewyrchu hynny:

> A serennog geiniogau
> Grawn y ddôl ar groen y ddau . . .

39

ys dywedodd Isfoel. Y ddau'n cwrdd tuag ysgol Pen-llech-yr-ast, efallai, a chwrs fawr wedyn o'r fan'ny i'r dre. Dau yr oedd dangos ceffyl yn ei holl ogoniant yn ail natur iddynt. 'Tynnu i lawr' yn yr Hope and Anchor neu'r Commercial, a phobo lasiaid cyn mynd o gylch eu gwahanol negeseuon a'u 'llawer o bethau' yn y masnachdai. Siawns nad âi yn lasiaid neu ddau arall hefyd wedi gorffen, ac o bosib yn un wedyn i hyrwyddo'r daith adre; a'r ddwy elfen – yr ymarferol a'r delfrydol, y pen a'r galon – wedi eu digoni am wythnos arall.

Bydd y sawl sy'n adnabod Aberteifi yn gwybod am leoliad y tafarndai a'r capeli ym Mhendre: y Commercial a'r Hope and Anchor ar y naill ochr, a'r Tabernacl a chapel yr Hope (cyn ei dynnu i lawr) ar y llall, yn union gyferbyn â'i gilydd. Roedd Dafi Dafis nid yn unig yn godwr canu ym Mlaenannerch, ond yn arweinydd cymanfaoedd ac yn gyfansoddwr hefyd. Yn wir, un o'n dyletswyddau a'n pleserau ni yn blant oedd mynd ar fore'r Calan i ganu 'Annwyl Iesu, rwy'n dy garu' – tôn blant fendigedig o'i gyfansoddiad ef – y tu allan i ddrws Glan-ffos lle'r oedd yn byw yn ei flynyddoedd olaf. Ac yr wy'n ei chyfri yn addas iawn mai fi, o bawb, a ddaeth o hyd i sgrôl hardd iawn a gyflwynwyd iddo fel gwerthfawrogiad am dymor o drigain mlynedd yn codi canu ym Mlaenannerch, yn lowsed y beudy yno wedi iddi fod ar goll am flynyddoedd. Mae'r sgrôl honno bellach yn ôl yn ei phriod le ar wal y festri. Bid siŵr, roedd Dafi Dafis yn ŵr cyfarwydd â'r Tabernacl, a'r Tabernacl ag ef.

Ond ryw nos Sadwrn digwyddodd anffawd ryfedd iddo. Ac yntau wedi cwblhau dyletswyddau'r prynhawn yn y Commercial – yng nghwmni fy nhad-cu, mwy na thebyg – ac yn tywys ei farch porthiannus allan o'r stablau yn y cefn, gan ymbaratoi am y ras arferol adref, cafodd y ceffyl drawiad ar y galon neu rywbeth, gan syrthio'n farw yn union o flaen y drws. Fel y gellid disgwyl, roedd y *Tivy-Side Advertiser*, y papur lleol, yr wythnos wedyn yn cyfeirio gyda syndod, a pheth blas, at y digwyddiad anffodus: 'David Davies, of Blaenpistyll, the famous local horseman and conductor' ac yn y blaen, 'whose horse dropped dead on Saturday night outside the Commercial Hotel ...' Ac y mae'r wasg erioed, wrth gwrs, er nodi digwyddiad yn eiriol gywir, yn hen gyfarwydd â rhoi ei lliw ei hunan ar y peth! Mynnodd y 'famous conductor' iddynt gynnwys cywiriad yr wythnos wedyn – nid o flaen y Commercial ond o flaen y Tabernacl!

Fe dybiwn i ei bod yn ofynnol i ddyn ceffylau llwyddiannus fod cyn chwimed ei feddwl â'i barabl, a gorau i gyd, yn ôl D. J. Williams beth bynnag, 'os byddai ganddo dipyn bach o'r cythraul wrth gefn, yn ogystal'. Ac mae'n rhaid mai un felly oedd Ce'nder, fel y clywais i Ddafi Lewis yn sôn amdano.

Megis y mae pawb yn 'comrade' i Arthur Scargill neu yn 'wasi' i drigolion Cilgerran, roedd pawb yn 'ce'nder' i John Jenkins. Roedd rhai am ddweud iddo gychwyn allan i fod yn ffeirad cyn iddo 'dorri'i goes'. Ond, os cymharol fyr fu tymor ei ymwneud â'r 'barchus, arswydus swydd', nis gadawodd cyn ei arfogi ei hun â goslef deilwng o draddodiadau uchaf gwŷr y *Gas and Gaiters*, a rheffyn o adnodau pwrpasol at bob gofyn ynghyd â rhai o'i gyfansoddiad ef ei hun. Ac wedi hynny ni byddai byth yn brin o'r ymadrodd mwyaf clasurol bwrpasol i gyfarfod ag unrhyw achlysur.

Arwain march fu rhan, beth bynnag, o'i waith am gyfnod go faith, a'r Comet Bach oedd ei geffyl – un o ddisgynyddion Old Comet, siŵr o fod. Mae'n debyg i'r cel bach gael ei daro'n wael rywbryd, ac yn ei hyd ar lawr. Galw'r Ffarier Bach wedyn, a hwnnw yn ôl ei arfer yn cyflawni'i wyrthiau yn ddirgel hollol, er a holid arno. Ce'nder yn rhy bruddglwyfus o galon i fentro i olwg y claf, eithr gyda'r nos yma yn perswadio Owen Amos i ddod gydag ef ar ei 'visiting hour'. Nesáu yn bendrwm at y stabl ac atolwg yn clywed y cel yn dechrau ymystwyrian yn y sarn ar drawiad clocsen ei feistr o'r tu allan. Yn y fan, ei ffydd a adferwyd iddo, ac meddai'r Ce'nder: 'Owen, y bore hwn yr oedd ffon bara mewn perygl, ond wele, daeth iachawdwriaeth i'r tŷ hwn.'

Tua'r adeg yma prynasai boni, gyda'r bwriad o'i marchogaeth wrth arwain y Comet Bach i'w wasanaeth. Digon tebyg iddo godi ei fastwn unwaith yn ormod mewn rhyw ocsiwn neu'i gilydd ar ôl bod yn codi'i fys bach sawl gwaith yn ormod yn y Rŵm Ford. Beth bynnag am hynny, daeth yn berchen poni na fyddai neb ond y cythraul ei hun yn fodlon ei harddel, heb sôn am ei brwchgáu. Roedd hi'n cicio, roedd hi'n cnoi, ac yr oedd y 'wing' fowr arni yn y stabal. Yn wir, prin yr âi diwrnod heibio nad oedd rhyw newydd wyrth yn ei natur yn 'dod o hyd i'r golwg'. A daeth yn amlwg, yn enwedig i'w gydnabod – na freuddwydient am ollwng y fath fargen i fynd yn angof am eiliad – y byddai'n rhaid i Ge'nder gael gwared ohoni, er adfer i'w priod le ei enw da fel beirniad ceffyl a'i lygad am fargen. Ond pa fodd y medrai roi unrhyw fath o destimonial i'r fath boni ar ben ffair, nad oedd ynddi yr un tebygrwydd i geffyl normal, rhagor na bod yn berchen pen a chwt a phedair coes – ac nid oedd garantî ar yr un o'r rheini yn rhyw hir iawn?

Ond i ffair yr aeth. Ffair Fedi Castellnewydd. Ac yn wir i chi, heb fod yn hir iawn, dyma ddarpar brynwr yn dechrau llygadu poni Ce'nder, a hwnnw heb fod yn rhy awyddus i ddala pris, hyd y gellid barnu, ac ar yr un pryd yn sefyll rhwng y poni a llygad barn. Nid er mwyn cuddio hynny o'i beiau a allai rhag y werin, 'ych chi'n deall, ond 'jist rhag ofon' y gallai hi dowlu cic fach 'ynghanol yr holl sŵn 'ma'. Wedi rhyw bum munud fach weddus o sôn am y tywydd a phethau felly, fe ddaethpwyd i ryw fath o gytundeb, ac am wn i nad oedd pymtheg punt wedi cael ei awgrymu neu o leiaf feddwl amdano. A rhywfodd neu'i gilydd fe ddaeth dwy law dde i gyffyrddiad pan nad oedd Ce'nder yn disgwyl, rywsut, er iddo wneud ymdrech deg i dynnu'n ôl y foment olaf. Ac fe dalwyd y pymtheg sofren tra oedd gwlith yr hiraeth yn dechrau crynhoi yn llygad y gwerthwr.

Prin fod y sofren olaf wedi disgyn i waelod poced britys na thorrodd yr argae, a'r Ce'nder wylofus yn cyfaddef yn edifeiriol iawn iddo 'werthu poni'r Misus – y boni fach ffeina wisgodd bedol ariôd'. Roedd hi wedi bod 'fel whâr' iddo, a 'shwd wedd mynd garte i wmedu'r Misus' ac yntau wedi gwerthu ei phoni hi. Lled-awgrymwyd gan y saethweddi daer fod y poni o bosib yn haws ei thrafod na'r Misus, gan gyrraedd cleimacs calonrwygol drwy ymbil am gael rhoi yr arian 'nôl a dileu'r fargen. Ond na, fel y gellid disgwyl, roedd y prynwr am ddal at yr hyn a enillodd mewn bargen deg. Na, nid âi yn ôl ar y ddêl hyd yn oed am y chweugain ychwanegol a gynigid ar gledr llaw mor agos, ac mor ddiogel o bell. Un cynnig olaf arni: 'Dewch gyda fi, Ce'nder, i weld y polîs, canys hwnnw sydd ŵr cyfiawn.' Ac felly y bu. Cyflwynwyd i'r gŵr glas holl gymhlethdod y cês, gan ddisgwyl dyfarniad y Daniel hwnnw. 'Bargen yw bargen' oedd y ddedfryd; a'r hyn a fendithiodd braich cyfraith Ei Fawrhydi, na thanseilied dyn, na'i Fisus, na'i boni na dim a'r a berthyn iddo.

'O, wel 'te, dyna hi wedi ei gwerthu, a'i gwerthu na ddaw hi ddim yn ôl, chwaith,' meddai ef a fu'n gefnder i bawb, wrth fwrw tua'r Red Cow, yn sicr yn ei wybodaeth mai 'British Justice' yw sylfaen cyfiawnder y byd.

# 3

## O cenwch glych fy mebyd

Ond mae'n hen bryd dychwelyd i'r Rŵm Bach, a hynny bron
â bod am y tro olaf. Roedd y plant hynny a oedd yn byw
bellaf o'r ysgol yn dod â'u tocyn ganddynt i'w fwyta ar
hanner dydd, a'i fwyta, yn ôl fel byddai'r tywydd, allan ar
yr iard neu yn y lobi, neu yn wir yn eu seddau. Am y lleill,
plant y pentre, a'r rheini nad oeddent yn byw fwy na rhyw
filltir i ffwrdd, aent adref i ginio, a ninnau blant Tan-yr-
eglwys yn eu plith. Rhyw bedwar can llath, os hynny, oedd
gennym o fwlch yr ysgol i ben y lôn, a phe digwyddai'r bola
fod yn galw'n anarferol o daer, tynnem blet drwy'r fynwent,
dros y sticil i Barc Tan Fynwent, yn groes i'r Parc Bach ac at
y tŷ.

Bu Goronwy am rai blynyddoedd yn y cyfnod hwn yn
rhyw hanner byw gyda Mam-gu yn yr Hendre – yn rhannol,
gallwn feddwl, i fod yn gwmni iddi tra oedd Wncwl Wyn i
ffwrdd, ac yn rhannol hefyd, rwy'n tybio, am mai ef, ei hŵyr
cyntaf, oedd cannwyll ei llygad. Yn sicr, ni fedrai Non bach
wneud rhyw lawer o'i le yn ei golwg hi. Deuai i fyny o'r
Hendre yn groes i'r Cefen Mawr yn y boreau, ac aem i'r ysgol
gyda'n gilydd wedyn, Rhiannon ac ef a minnau. Wrth gwrs
dôi ef adre gyda ni hanner dydd, ac mae'r cof am ambell
bwdin reis a chyrens ynddo a gaem ar y prydiau hynny yn
codi chwant bwyd arnaf y munud yma. Nid oes gennyf
unrhyw syniad pendant am ba hyd y parodd y drefn hon,
ond mae'n rhaid fod hynny wedi bod am dymor go lew, o
leiaf yn ddigon hir i'n cyfoedion yn ddieithriad gyfeirio ato
fel Non yr Hendre. Ond nid cyhyd chwaith ag i beri i mi

anghofio'r tro hwnnw ar brynhawn poeth o haf, a ninnau'n dod adref o'r ysgol, y cronnwyd y rhewyn dŵr ym mwlch Parc Bach gennym, a ninnau'n matryd yn byrcs gan gael 'molchad hyfryd yn y dyfroedd claear. Byddai ef, pe medrai y prynhawn hwnnw, wedi hen redeg at ei fam-gu i osgoi'r farn a ddaeth arnom wedyn.

Ond ni chofiaf i'r teithiau hynny yn ôl a blaen i'r ysgol fynd yn faich arnaf erioed. Wedi'r cyfan, gan amlaf byddem yn cwrdd â phlant Pen-ffin ar yr hewl fawr, a phlant Llwyn-coed efallai, ac ar bwys y Lady Road bedwar neu bump arall a ddôi o'r cyfeiriad hwnnw. Erbyn cyrraedd yr ysgol byddem yn agos i bymtheg.

Rywfodd, byddwn i'n teimlo fod tipyn mwy o arbenigrwydd i'r daith tua'r ysgol wedi cinio nag i'r siwrnai yn y bore. Byddem wedi gadael tua hanner plant yr ysgol, ugain neu ragor ohonynt, yn bwyta'u tocyn rywle ar yr iard. Roedden nhw'n rhydd i chwarae wedyn, a ninnau'n colli amser ar hyd y ffordd. Ac yn fynych pan gyrhaeddem yn ôl, byddai rhywbeth cyffrous wedi digwydd. Rhywun wedi torri ffenest neu rywun arall wedi ei gadw i fewn – llawer mwy o newyddion na phan gyrhaeddem yn y bore, rywsut.

Rhyw brynhawn roedd cyffro anarferol yn ein disgwyl, a Mishtir allan ar yr iard yn rhoi cymorth cyntaf i Hywel y Rhos. Roedd hi'n ddiwrnod braf, ac yntau wedi dringo i ben un o'r coed ffawydd oedd o gylch yr ardd i fwyta'i docyn. Daeth rhywbeth drosto a llewygodd ar y brigyn, gan gwympo i lawr 'fel brân wedi'i saethu', meddai Ifor Tai-bach wrthyf. Ond roedd yn stacan bach o grwtyn cryf, iach yr olwg, ac ni fu fawr gwaeth y prynhawn hwnnw. Mae'n rhyfedd meddwl ei fod yntau wedi'i gladdu ers sawl blwyddyn.

Nid oedd Miss Edwards yn y Rŵm Bach ryw fore, a gorfu i Miss Street ddod i fewn i gymryd ei lle. Aeth y bore yn hanner dydd, a ninnau adref, ac erbyn dod yn ôl y prynhawn roedd cyffro arall yn y gwersyll. Cyraeddasai'r newydd beth oedd wedi digwydd i Miss Edwards. Wrth iddi fynd adref i Bont-hirwaun y noson cynt ar ei beic cawsai ddamwain erchyll. Yn wir yr oedd rhai o'r bechgyn mwyaf, yn eu doethineb mawr, yn ei throi hi heibio yn barod.

Digwyddai Bois y Coed, gan taw pwy oedd y rheini, fod yn cwympo allt y Neuadd ar y pryd ac mae'n debyg fod rhyw goeden yr oedd peryg iddi gwympo ar do'r Plas ei hun, ymhell islaw. Penderfynwyd y byddai'n rhaid rhoi rhaff weier amdani i'w chwympo i gyfeiriad diogel, gan redeg y rhaff allan dros y clawdd ac yn groes i'r hewl a'i sicrhau wrth goeden arall yr ochr draw, tua hanner y ffordd i lawr Rhiw'r Neuadd, ar ei man mwyaf serth. Nid oedd fawr o draffig ar y ffordd yr adeg honno, wrth gwrs, ac ni feddyliodd neb y byddai Miss Edwards yn dod ar ei beic heb feddwl llai na'i hedfan hi i lawr y rhiw yn ôl ei harfer. Mae'n debyg fod yr haul rywfaint yn ei llygaid, ac ni welodd mo'r weier o gwbwl nes i honno ei dal yn union yn groes ei gwddf a'i bwrw yn anymwybodol i'r clais. Bu ond y dim iddi gael ei lladd yn y fan a'r lle a bu'n wael iawn am fisoedd, ac erbyn iddi ddod yn ôl eto i'r ysgol yr oeddwn i wedi mynd i'r Rŵm Mowr.

Ni fu pethau'r un fath byth wedyn. Nid fod popeth wedi digwydd yr un bore, wrth gwrs, nac yn yr un wythnos chwaith. Ond dros gyfnod o ryw flwyddyn neu ddeunaw mis yma, dyma hi'n rhyfel, y faciwîs yn dod, tractor, mynd ma's i'r Rŵm Mowr, cinio yn yr ysgol a Miss bron â chael ei lladd. Ac yr oedd ein Miss ni, fel pob Miss arall a fu erioed, fel hanner chwaer i ni, neu ail fam efallai'n wir. Byddai unrhyw seicolegydd gwerth ei halen yn medru olrhain unrhyw gymhlethdodau yn fy isymwybod i, pe bai gen i rai, yn ôl i'r cyfnod hwn.

Un o'r pethau cyntaf i ddigwydd oedd gorffen canu cloch yr ysgol. Fel ym mhob ysgol arall am wn i, y gloch a'n galwai o'n chwarae ac a brysurai ein camre ar hyd y priffyrdd a'r caeau yn y boreau. Roedd hi fel rhyw fagned a dynnai'r cylch o egin-ddinasyddion i gymdeithas â'i gilydd, i chwarae, i chwerthin, i gyd-ddarganfod meysydd newydd – ac i wylo hefyd. Roedd ei sain hi fel gweld bothe rhyw olwyn gart, a phob sbocen yn estyn allan i bedwar ban yr ardal. Ac fe'i distawyd dros nos, ar arch rhywun oddi fry nas gwelsom erioed ac nad oedd ganddo wyneb – un o'r 'Nhw' bondigrybwyll sy'n cawlio popeth.

Bu'n rhaid i Mishtir gael rhyw gloch llaw fach bitw yn ei lle, rhywbeth tra thebyg i gloch syrjeri meddyg, a'i sain tua'r un mor groesawus. Ond ni welais erioed blentyn yn rhedeg ato tua naw y bore nac am un y prynhawn, a'i wynt yn fyr i gael bod o flaen y lleill, a bron yn llifedu o'i flaen, 'Syr, Syr, odi hi'n bryd canu'r gloch? Ga' i ganu'r gloch, Syr? Plis, Syr?' Wrth gwrs, y plant oedd yn byw agosaf a enillai'r anrhydedd bron bob dydd – roedd ganddyn nhw fantais o filltiroedd ar rai ohonom – ond, weithiau, weithiau, fe enillwn i'r ffafr. Chware teg i Mishtir: gweinyddai degwch yn ôl ei allu yn y mater hwnnw, beth bynnag am faterion mwy poenus! Dychmyger yr anrhydedd, yr awdurdod, ie, a'r grym a roddai cael bod yn glochydd-un-funud i blentyn bach. Am un eiliad fer, hyfryd, roedd ganddo'r gallu i dynnu ei gyd-ddisgyblion mwy talentog efallai, mwy eu maint yn sicr – y bechgyn mawr â'u dyrnau celyd a'r merched mawr â'u trwynau yn yr awyr, y bwli a'r cyfaill, y gelyn a'r brawd hŷn, i gyd o dan ei orchymyn ef. Ond fe fygwyd tafod ein cloch ni – ac i beth? Rhag i'r Jyrmans diwyneb hynny hefyd, a drigai rywle y tu draw i'r môr a welem yn llinell las o Ben Cribach i Ddinas Lochtyn, ei chlywed? A sŵn drylliau'r Tywyn yn blaen ar y gwynt? A drylliau mwy y Pennar yn eu hateb bob awr o'r dydd? Ac Injin Sam yn seinio whît ar bob clos ffarm wrth ddyrnu, y medrech ei chlywed yn Llandygwydd?

Na, dim ond yr enghraifft gyntaf, rwy'n ofni, o'r hen fyd mawr cas y tu allan yn tra-arglwyddiaethu ar ein pethau bach cartrefol, preifat ni. I beth oedd eisiau plygu i'r drefn honno? Pam na fu gwrthryfel yn erbyn y Nhw dienaid, di-weld a thwp hefyd? Pam na adawsant i ni ein cloch, pe na bai ond i'w dangos eu hunain yn fwy dynol na'r hen Jyrmans cas hynny nad oeddent ddim gwell nag anifeiliaid, yn ôl a ddeallem ni? Ni buasai'r Wôr Effyrt wedi bod fawr gwannach.

Ni thrawyd nodyn o'r gloch honno wedyn nes i'r ysgol gael ei gwerthu i fod yn gartref i artist – Gerwyn Thomas – a gychwynnodd yr arfer o'i chanu i groesawu'r flwyddyn newydd ym mil naw saith pedwar. Nid rhyfedd i rai ohonom ddod o bell i glywed y canu hwnnw. Y neb sy'n dal i freuddwydio am adfer 'y glendid a fu' yn ein cenedl, dechreued drwy ddod â'r hen glychau yn ôl i'r ysgolion, a'n hysgolion yn ôl at y plant.


Tua'r un adeg, hefyd, gorffennodd ein teithiau ni adref i ginio oherwydd dechreuwyd paratoi cinio yn yr ysgol. Mae gen i ryw feddwl mai Mishtir a ddechreuodd y peth o'i ben a'i bastwn ei hun, a barnu wrth y drefn – neu'r diffyg trefn yn wir – a fabwysiadwyd. Mae'n wir nad oedd dim llawer o waith dethol ar y meniw – cawl, cwlffyn o fara a gaing o gaws. Ond yr oedd yn hyfryd. Cyfrannem bobo geiniog y dydd at y cig a'r bara a'r caws, a dôi'r rhan fwyaf o'r llysiau o ardd yr ysgol, heblaw am ambell sachaid o dato neu bwn o swêds o rai o'r ffermydd. Y merched hynaf yn paratoi'r cyfan, a'i rannu i ni i'w fwyta yn ein desgiau. Erbyn tua hanner awr wedi deg bob dydd, byddai boeler cast tua chwe galwyn yn ffrwtian yn braf ar dân y Rŵm Mowr – tân coed a glo gyda giard haearn o'i flaen, a'r clytiau llestri ac yn y blaen yn hongian ar hwnnw i'w sychu, ond heb fod yn addas o gwbwl i ferwi cawl arno. Nid oedd agos digon o ddyfnder i'r grât i dderbyn y fath foeler yn ddiogel, a pherfformans digon ticlis, y byddai'n rhaid i ddau neu dri o'r bechgyn cryfaf droi ato bob rhyw dri chwarter awr, fyddai codi'r boeler i roi rhagor o lo ar y tân. Aeth yn alanas fwy nag unwaith, a'r rhyfeddod yw na chafodd neb ei sgaldio yn ddifrifol. Un tro yn arbennig, a'r llestri wedi eu rhannu a'r cawl yn ferw, roedd rhyw ddau mwy di-hid nag arfer yn codi'r boeler allan dros y giard. Fe gollodd un ei afael a dyma hanner y cawl ar lawr, ac er ei fopio ar unwaith roedd y saim wedi treiddio i fewn i'r styllod nes bod teirllath sgwâr o flaen y tân mor llithrig ag unrhyw rinc sglefrio. 'Short rations' fu hi y diwrnod hwnnw, a'n hunig gysur oedd gweld Miss Street, nad oedd yn rhy hoff gennym, yn mesur ei hyd ar y sleid wrth drio estyn bonclust i rywun.

Menyw sarrug oedd y Miss Street hon. Hen ferch, mi awn ar fy llw, er nad oes gennyf brawf o hynny chwaith, ond diawch, pwy a'i priodai? Galwem y Mishtir yn Syr a galwem Miss Edwards yn Miss, ond am ryw reswm roedd Miss Street yn hawlio ei theitl llawn. Ni fedraf dyngu na siaradai Gymraeg, ond ni chlywais erioed mohoni yn gwneud hynny. Os mentraf i, o bawb, ddweud hynny, gwisgai braidd yn anniben neu yn hen-ffasiwn efallai. Dillad trwm o dwîd tywyll, hetiau amrywiol ac amryliw fel sidelli, a sanau leil tew (ond rwy'n gweld fod rheini yn ôl yn y ffasiwn erbyn hyn!) a shŵs dipyn trymach na chlocs rhai ohonom ni blant, ac y mae hynny'n ddweud go fawr.

Disgyblreg lem, a chan mai ati hi yr aem yn syth wedi dod o'r Rŵm Bach, hi fyddai'n ein dysgu i 'sgrifennu'n sownd'. Rhes o lythrennau ar dop y tudalen, a ninnau wedyn yn eu copïo orau y medrem. Treulio hanner bore, weithiau, yn mynd i fyny'n ysgafn ac i lawr yn drwm, a chware teg iddi, os gwnaech chi'n wych fe gaech rhyw hanner edrychiad ganddi y medrech dyngu ei fod yn gysgod gwên – ar wyneb rhywun arall. Ond hawyr bach, fe wnâi'r ffys rhyfeddaf o ddal y pin sgrifennu. Roedd yn rhaid ei ddal ar ongl arbennig, a'i goes yn pwyntio at un o'ch ysgwyddau – fedra i ddim bod yn siŵr p'un ar y funud – ac oni wneid hynny caem gnap ar gymalau'r bysedd â chefn pren y dwster, fel na fedrem ei ddal ar unrhyw ongl o gwbl wedyn am beth amser.

Ond rwy'n credu mai gyda Miss Street yr oeddwn pan ddeuthum ar draws pennill arbennig. Efallai i ni gael ein gorchymyn i ddarllen i'n difyrru ein hunain tra âi hi ymlaen â rhyw waith arall, ni fedraf gofio yn iawn. Adroddais y pennill wrth lawer un ledled y wlad wedi hynny, yn y gobaith y deuwn o hyd i rywun arall sy'n ei gofio, ond yn ofer hyd yn hyn. Yn wir, aeth rhai cyn belled ag awgrymu mai ffrwyth fy nychymyg i fy hunan ydyw. Ond er mor anodd gen i weithiau yw gwahaniaethu rhwng yr hyn yr wy'n ei gofio a'r hyn yr wy'n dychmygu fy mod yn ei gofio, rwy'n berffaith siŵr yn yr achos hwn.

Rwy'n medru gweld y tudalen yn blaen yn llygad fy meddwl yn awr. Tudalen ochr dde mewn llyfr tuag wyth wrth chwech; teitl y pennill, 'Bugeilio'r Gwenith Gwyn', ychydig i'r dde ar ben y tudalen, ac odano lun amlinell o ferch fach a blodau yn ei gwallt yn eistedd ar ben sticil a chae o wenith o'i blaen, a dau neu dri aderyn bach uwchben yr ŷd fel petaent am ddisgyn, a'r pennill odano – popeth ond enw'r llyfr ac enw'r bardd. Fel hyn yr âi:

> Eisteddai merch ar gamfa'r cae
> A'i phen dan flodau'n dryfrith
> I gadw'r adar bach i ffwrdd
> Rhag disgyn ar y gwenith;
> Rhôi ganiatâd i'r deryn to
> A'r asgell fraith gael disgyn
> Rhag ofn ei fod yn eos fach,
> A dyna deimlad plentyn.

Ac er nad oeddwn yn rhy siŵr beth oedd 'tryfrith', roedd y pennill yn gwneud tipyn mwy o synnwyr i mi nag un Wil Hopcyn.

Erbyn hyn roedd peryglon amlwg grât Rŵm Mowr, ynghyd efallai â rhai cleisiau llai amlwg ar bart ôl Miss Street, wedi darbwyllo Mishtir ei bod yn bryd adolygu trefn mater y cawl. Ac o rywle cafwyd stof baraffîn ac iddi dri phabwyr at y gwaith. Lleolwyd hi ym mhen pella'r Rŵm Bach, o dan y ffenest a edrychai allan ar barc Pant-glas, ac o hynny ymlaen ar honno y byddai'r Pair Dadeni yn berwi. Ac os bu dyfais i arbed llafur erioed, y Stof oedd honno. Dim rhagor o godi'r boeler i roi'r glo ar y tân – gellid ei adael ar y stof wedi iddo ferwi a chodi'r cawl allan ohono â lletwad. Roedd arni botel wydr fawr ar ei hochr, fel potel Scott's Emulsion yn siop y cemist, lle medrid gweld faint o oel oedd ynddi. Tri phabwyr crwn tua thair modfedd ar draws, a simne enamel glas i bob un, gyda drws bach gwydr i'w agor pan fyddai angen trin y pabwyrau. Ond, fel y rhan fwyaf o'r pethau modern 'ma, roedd iddi broblemau nas ceid o dan yr hen drefn ar yr hen le tân. Pan fyddai'n cynnau'n normal, a phethau'n gweithio'n iawn, roedd cylch glas o fflamau i'w weld drwy ffenest fach y simne. Ond weithiau, am ryw reswm, âi'r fflam yn felen ac yn fwy, a chyn pen fawr o dro byddai mwg du yn dod ohoni fel stemar. Roedd y peth fel petai'n bwydo arno ef ei hun rywfodd – mwy o fwg yn tynnu mwy o fflamau melyn, a mwy o fflamau melyn yn gwneud mwy o fwg du, a hwnnw'n fwg a oedd yn disgyn yn hytrach na chodi, gellid barnu, achos fe orchuddiai stof a boeler, ffenest a desg a phlant a llawr â haen o lwch du o fewn eiliadau.

Wn i ddim a ddaethpwyd o hyd i achos y fflamio hyn, ond wedi pob galanas o'r fath byddai'n rhaid trimio'r pabwyrau, glanhau'r simneiau a sychu'r pibau olew a'r botel a'r cyfan cyn ei haildanio. Ac yn ddieithriad, y sawl a âi ynghyd â'r oferholio hwn fyddai Vincent Tai-bach. Nid wy'n credu fy mod yn gwneud cam ag ef wrth ddweud mai prin y gwelid ei eisiau yn y dosbarth, ac o dipyn i beth gwnaeth Vincent y stof a'i chymhlethdodau yn diriogaeth gyfan gwbwl iddo ef ei hun. Daeth yn ddealladwy i bawb, a Mishtir yn eu plith, nad oedd neb arall i gyffwrdd â'r stof neu fe bwdai. Fel y gwelir gydag ambell organ mewn capel weithiau. Vincent fyddai'n ei pharatoi a'i chynnau yn y bore, ac wedi gorffen cinio ni byddai'n ddim ganddo ei datgymalu bob yn sgriw, gan ofalu gorffen ei rhoi'n ôl wrth ei gilydd tua chwarter awr cyn y byddai'n bryd mynd adref. Aeth y drefn hon ymlaen, am wn i, hyd nes dechreuwyd anfon bwyd allan i ysgolion gwledig o ganolfan yn Aberteifi.

Cyrhaeddai mewn tuniau faciwm alwminiwm arbennig, a'i cadwai'n boeth a blasus am oriau, ond, ar wahân i ambell ginio Nadolig bendigedig a safon di-fai y gweddill, yr unig beth cofiadwy ynglŷn â'r drefn honno oedd i Miss Street golli un o'i hetiau hyllaf ryw brynhawn. Aeth yn dalihô fawr a holi a chroesholi'r ysgol i gyd, ond ni ddaeth yr het i glawr y prynhawn hwnnw. Fe'i cafwyd fore drannoeth wedi cael *return ticket* i Aberteifi yn un o'r tuniau gwag a gynhwysai'r grefi y diwrnod cynt. Am wn i nad oedd wedi gwella'i golwg rywfaint hefyd.


Mae'n siŵr gen i fod y 'darllenydd mwyn' erbyn hyn wedi hen ddod i'r casgliad nad yw manylion ynglŷn â dyddiadau ac yn y blaen yn un o'm cryfderau i. 'Tua'r adeg yma' ac 'yn y cyfnod hwnnw' y mae'r rhan fwyaf o bopeth yn digwydd. A dyna fu fy ngwendid ym maes hanes erioed. Mae popeth y medraf i fy mherthnasu fy hun yn bersonol ag ef wedi digwydd yn ystod rhyw ddoe digon annelwig, a phopeth na fedraf fy mherthnasu fy hun ag ef wedi digwydd yn ystod rhyw echdoe tipyn mwy annelwig sy'n ymestyn yn ôl o gynnau fach i Genesis, am wn i. Mater o gywirdeb y ffeithiau: mater o ddehongliad personol yw eu heffeithiau. Mynegwyd y peth gan ryw ŵr ffraeth o'r broydd hyn, gyda mwy o ddoethineb nag y tybiai, efallai, pan fynegodd fod yna ''slawer dydd cyn y 'slawer dydd sy nawr'. Ond ni fwrïadwyd i'r gyfrol hon fod yn llyfr hanes (hanesyddol, efallai, ond mater arall yw hynny!).

Felly, nid yw'r union ddyddiad y cyrhaeddodd y faciwîs o gymaint pwys i mi â'r ffaith eu bod wedi cyrraedd. Yr oeddwn tua phump a hanner oed pan dorrodd y rhyfel, ac felly prin y gellid disgwyl i mi gofio Chamberlain a'i bisyn papur a'i 'Peace in our time', na Churchill a'i 'Nefa biffô' chwaith. Ond rywle'n agos i'r ddeubeth yna daeth bysiau â ffoaduriaid y blits i'n plith ni. Hyd hynny, rhywbeth digon annelwig – a digon cyffrous yn wir – yn digwydd 'bant' oedd y rhyfel. Gwelswn yn y papurau lun ambell long yn cael ei suddo, mae'n wir, a gwyddwn fod hwn-a-hwn o'n cymdogion wedi 'mynd i'r armi', ond rhywfodd, rhywbeth yn digwydd i bobl eraill, y Nhw annelwig, oedd rhyfel. Hytrach yn debyg i'r Brenin Alffred hwnnw a'r cacennau.

Ond ar drawiad dyna fwseidiau o blant 'run fath â ni (wel bron â bod, beth bynnag) yn disgyn yn ein plith, a hanesion erchyll y bomio yn fyw ar eu gwefusau (pan fedrem eu deall). Ac eto, derbyniwyd y peth gennym, hyd y medraf i weld wrth edrych yn ôl, heb unrhyw ffws o gwbwl. Fel y byddem yn derbyn un neu ddau yn ein plith nad oedd yn hollol yr un fath â phawb arall (ac yr oedd un neu ddau o'r rheini). Neu fel y bydd llond clos o ieir yn derbyn iâr neillgoes. Mae'r iâr druan yn gorfod ymdopi orau y gall o fewn ffiniau ei hanfantais, ond nid oes yr un o'r lleill, wedi'r cyffro cyntaf, yn gwneud unrhyw sylw arbennig ohoni.

Aethai Joan ac Elsie Cwmhowni y prynhawn hwnnw i gwrdd â'r bws ar sgwâr yr ysgol, a dosbarthwyd iddynt ddau frawd, Billy a Charlie, ryw flwydd neu ddwy yn hŷn na mi. A chroesent yn ôl, gan gerdded wrth gwrs, i lawr y cwm drwy glos Tan'reglwys. Yr oeddwn i ar y pryd wedi bod yn torri cledren onnen yn yr allt at ryw bwrpas neu'i gilydd, ac yn ei llusgo ar hyd y ffordd gul, leidiog a arweiniai o'r clos, gyda gwarchglawdd y llyn, at Barc yr Obry, a'm coesau mwy na thebyg yn gaglau hyd at fy mhengliniau. Ar bwys cornel y sgubor daethom i gwrdd â'n gilydd, y naill yn llygadu'r llall i fyny ac i lawr, a'r geiriau cyntaf a lefarwyd oedd gan Charlie: 'Cor blimey, Billy, see 'is legs?' A synnu yn ddirfawr a wnaethant.

Bu'r merched, Joan ac Elsie, yn ddigon doeth i adael i'r iâ doddi am ysbaid, gan ganiatáu i'r ddau grwt ddod â bwcedaid o fwyd i'r moch gyda mi, tra oeddent hwy eu dwy yn torri gair neu ddau â Mam; a minnau, bid siŵr, yn ddigon balch o'r cyfle i gael dangos fy seis i'r ddau ddieithryn hyn. Wrth edrych dros y drws ar ryw bedwar neu bump o byrcs yn rhuthro am eu cafn, a'r twlc efallai a thipyn o angen carthu arno, a'u coesau hwythau hefyd yn lled gaglog, meddai Billy: 'Cor, no wonder they're called pigs!' Ac ni fûm yn siŵr iawn hyd heddiw at bwy y cyfeiriai. Ond clywais yn ddiweddarach iddynt hwythau, o fewn hanner awr iddynt gyrraedd Cwmhowni, orfod cael eu tynnu o'r llyn, hyd eu fforchogau yn y mwd, wrth dreio dal gotiar a welsent yn nythu yn y brwyn yn ei phen pellaf.

Mae gen i ryw feddwl i nifer plant yr ysgol godi i bymtheg a thrigain wedi i'r faciwîs ddod, a'r ddwy ystafell yn orlawn. Yn wir, roedd un dosbarth allan yn lobi'r merched hyd yn oed. Ond rwy'n ofni na fedraf gofio hanner yr wynebau, heb sôn am eu henwau. Mae pawb, greda i, wrth geisio galw i gof ei gyd-ddisgyblion, yn medru cofio'r rhai oedd yn hŷn nag ef yn burion, ond dim ond ychydig iawn o'r rhai oedd yn iau. Ond mae rhai, wrth gwrs, yn sefyll allan ar gyfrif rhyw hynodion a oedd yn perthyn iddynt.

Stephen Potter, er enghraifft, a arhosai ym Mhant-y-celyn yng Nghwm Bowls. Ef oedd y cyntaf erioed i mi ei weld a ddioddefai oddi wrth epilepsi. Câi fit yn ei ddesg neu allan ar yr iard yn chwarae. Distawai ei leferydd am ryw hanner munud, dôi golwg ryfedd drosto a'i lygaid yn rowlio i fyny i'w ben nes nad oedd dim ond y gwyn yn y golwg, ac yna llithrai i'r llawr mor llipa â chlwtyn llestri. Wedi'r tro neu ddau cyntaf, gadewid ef yno am ryw funud, fwy neu lai, ac yna dadebrai, gan godi i'w draed, snwffial unwaith neu ddwy a sychu'i drwyn yng nghefn ei lawes, a chario 'mlaen fel pe na bai dim wedi digwydd.

Ronald Prince, wedyn. I'r Dryslwyn yr aeth ef. Crwtyn tal,

cryf, a garw hefyd. Rwy'n ofni fod Mishtir wedi cymryd cas ato ef o'r cychwyn, ac nid heb beth achos. Os bu dilincwent erioed, Prince oedd hwnnw – crwtyn y cythraul, does dim dwywaith. A chan fod y gansen yn beth hollol normal yn y dyddiau hynny, prin yr âi diwrnod heibio na châi ef ei blas. Arf Mishtir yn y cyfeiriad hwn oedd y Pointer Du. Darn o bren caled, tua dwy droedfedd a hanner o hyd, yn meinhau o ryw fodfedd o drwch yn ei fôn hyd at tua chwarter modfedd yn ei flaen. Offeryn a fwriadwyd yn y lle cyntaf, mi gredaf, i bwyntio at wahanol nodweddion y gwledydd ar y map, neu wahanol nodau'r erwydd ar y modiwletor pan gaem wersi cerddoriaeth. Gwaetha'r modd, roedd yn dwlsyn gorddefnyddiol at weinyddu cosb hefyd. Y dynged arferol fyddai gorfod dod allan o flaen y dosbarth i dderbyn un neu ddwy, neu dair weithiau, o strabs ar bob llaw, ynghyd â rhai yn groes i'r pen-ôl mewn achosion gwir ddifrifol. Ac fe ganolwyd dicter y bechgyn mawr ar y Pointer hwn, gymaint felly fel yr aeth rhywun i'w mofyn o'r cwpwrdd mawr wrth ymyl desg Mishtir a'i dorri'n ddarnau ryw brynhawn pan nad oedd Mishtir yno, a Miss Street yn y Rŵm Bach am ryw bum munud (neu'r Tŷ Bach, efallai'n wir, waeth rwyf o dan yr argraff ei bod yn arfer ganddi dynnu ambell fygyn), a'i roi ar y tân.

Ni synnwn i ddim nad Ronald Prince oedd y pennaf cynllwyniwr yn y fusnes honno chwaith. Wedi'r cyfan, roedd ganddo ef fwy o achos na'r rhan fwyaf ohonom. Ond, os rhywbeth, o'r ffreipan i'r tân fu hi. Achos wedi hynny byddai'r troseddwr druan yn gorfod mynd allan i'r ardd i dorri un o'r coed pys (yr oedd ef ei hun wedi helpu i'w casglu y gwanwyn hwnnw, mwy na thebyg) a'i dwyn yn ôl i'r Mishtir gael ymarfer ei fraich arni. Bu'n bwnc llosg, os goddefir yr ymadrodd, am amser wedyn p'un ai torri cansen braff ai un fain fyddai'n gadael lleiaf o'i ôl arnom. Canys gorfodwyd y rhan fwyaf ohonom yn ein tro i gario ein croesau ein hunain fel hyn.

Mae eraill o'r faciwîs yn sefyll allan yn y cof am resymau mwy pleserus. Fel yr Hutchinsons – Eddie, Eric a Rosie. Cocni o'r Cocnis oedd Eddie. Ffraeth, parod ei wên, y cyntaf ym mhob rhyw hwyl, a bachgen, hyd yn oed yn yr oedran cymharol dyner hwnnw, a gymerai ei frawd a'i chwaer iau o dan ei adain; ac er mai byr o gorff ydoedd, gwae'r neb a wnâi'r gwaethaf ag un o'r ddau.

Anfonwyd Eddie ac Eric i Faen-gwyn at Dafi ac Ann James – nid oedd yno le i fwy na dau – ryw filltir dda o'r ysgol, a Rosie, na fedrai fod yn hŷn na rhyw chwech oed, i Lain-wen, filltir neu fwy ymhellach. A bu'r ymwahanu sydyn ac anorfod yn ormod i'r groten fach. Criodd ei hunan yn sych o hiraeth am ei brodyr drwy'r diwrnod cyntaf hwnnw, ac mae'n rhaid fod Dai a Sara Jên, Llain-wen, ei rhieni maeth newydd, wedi ceisio ei chysuro drwy ddweud wrthi nad oedd Maen-gwyn ond rhyw chwe lled cae go lew i ffwrdd, ac efallai wedi pwyntio'r tŷ a'r tai ma's iddi, draw yn y pellter. Erbyn y bore roedd Rosie, fel rhyw gath fach a aethai ar goll, rywfodd wedi ffeindio'i ffordd yn ôl at y gweddill o'r dorraid, ar hyd y cloddiau a'r cleisiau gan fewial bob cam o'r daith. Ac ym Maen-gwyn y cartrefodd wedi hynny – lle neu beidio.

Ac fe ddechreuodd Eric garu. Caru yng ngole dydd, cofiwch chi, â Connie Martin a oedd wedi ei hanfon at Gwendraeth James, yr hen sgwlyn, a'i ferch Phebi. Merch bert oedd hi hefyd – gwallt hir melyn a dau lygad glas, glas. O rywle yng Nghaint, mi gredaf. O rywle, beth bynnag, lle'r oedd cnau mwy o faint nag a welswn i erioed yn tyfu. Cnau cob, bron gymaint â'r plwms a oedd gennym ni. Derbyniodd rai o'i chartref rywbryd, a chefais innau ddyrnaid ganddi pan ddaeth i lawr i Dan'reglwys yng nghwmni Gwendraeth – siwrnai a wnâi hwnnw yn lled fynych. Câi Eric ei wahodd i'r tŷ ar brynhawn Suliau, a hebryngai Connie adref o'r ysgol bob dydd, tra rhyfeddem ni i gyd at y fath arddangosfa gyhoeddus.

Ond nid dyna'r unig syndod a gawsom. Aeth yn ffeit rywbryd rhwng dau faciwî, a dau frawd hefyd, yn ôl yr argraff sydd gen i, ac ni welsom erioed y fath beth. Pan âi'r cecru yn ymdaro weithiau rhyngom ni fechgyn yr ardal, rhyw gwdwmo digon trwsgl fyddai hi fynychaf – llawer o weiddi a bygwth, a chwpwl o ergydion at y frest a'r bol tan i'r naill neu'r llall gael digon arni a chilio'n ôl, heb fod yr un o'r ddau fawr gwaeth. Yn wir, gan mor gymharol ddiniwed y ffrygydau, nid peth anarferol fyddai i'r ddau wrthwynebydd fel ei gilydd hawlio'r fuddugoliaeth. Ond am y faciwîs, 'nelu am y pen yn syth a bwrw â'u holl nerth heb yngan gair – cegau, trwynau a llygaid. A heb fod un o'r ddau yn ildio modfedd; dim ond sefyll fan'ny a rhoi a derbyn ergydion bob yn ail nes bod y gwaed yn tasgu, fel y gwelswn luniau o'r hen ymladdwyr pen mynydd.

Nid oedd siop Mari Pari ond rhyw hanner canllath o'r ysgol, ac yn aml iawn rhedem i fyny am werth ceiniog o hyn a'r llall hanner dydd – rheini ohonom a fyddai'n ddigon ffodus i fod â cheiniog ganddynt, ond medrid gwneud hewl go lew ohoni ar ddimai yr adeg honno. Safem ni, y diniweitiaid gwladaidd ag oeddem, a'n capiau yn ein dwylo tan y gwelai'r siopwraig yn dda i holi i ni beth yr hoffem ei gael, ac atebem ninnau yn wylaidd ddigon, er taw fi sy'n ei ddweud e: 'Plis a ga' i werth dimai o sherbet?' neu ryw losin tebyg. Ond am y faciwîs – hawyr bach, fe allech dyngu eu bod nhw'n berchen y siop. Dod 'fewn ac yn syth ymlaen at y cownter heb na 'plis' na dim. 'I'll have a penn'orth' o hyn a 'ha'penn'orth' o'r llall, fel 'taen nhw'n gwneud cymwynas â Mari i ddod i fewn o gwbwl. Ac rwy'n ofni i fwy o'u harferion hwy lynu wrthym ni nag a lynodd o'n harferion ni wrthynt hwy.

# 4
## Holt, hw gôs ddêr?

Bron ar ddechrau'r rhyfel dechreuwyd codi'r gwersyll sydd erbyn heddiw yn wersyll arbrofi rocedi – yr RAE – yn Aberporth ar Fanc y Pennar, ac ar yr un pryd sefydlwyd maes awyr ym Mlaenannerch, rhyw filltir a hanner i ffwrdd. Cymerwyd dros bedwar can erw o dir, siŵr o fod – erwau lawer o dir uchaf Trecregyn, a Phennar Isaf a Phennar Uchaf i gyd, ond gadawyd tŷ fferm Pennar Uchaf i sefyll fel rhyw oasis yn yr anialwch, yr holl dir rhwng y ffordd o Barc-llyn i Lainmacyn a chraig y môr o Draeth Cribach i Draeth y Gwyrddon. Y traeth hwnnw, yn ôl traddodiad lleol, lle golchwyd corff morwr croendu i'r lan wedi llongddrylliad allan yn y bae lawer blwyddyn yn ôl, ac a ysgogodd y pennill coffa rhyfedd hwnnw:

> Dyn du o wlad bell,
> Petaet ti o'r wlad hon ni fyddet fawr iawn gwell,
> Gorwedd yma gyda'th dadau,
> Pan godan nhw, coda dithau.

Golchwyd corff dienw arall hefyd i'r lan yn Aber-porth yn ddiweddarach yn y rhyfel, ond cafodd y truan hwnnw goffâd tipyn mwy teilwng o'i aberth. Gosodwyd 'Y Morwr Di-enw' yn destun cywydd yn Eisteddfod Bryn-mair ddwy neu dair blynedd yn ddiweddarach, ond flynyddoedd cyn i mi ddechrau ymddiddori mewn pethau o'r fath. A mwy nag unwaith clywais D. J. Evans, Awelfa, yn canu clodydd y gystadleuaeth honno. Ef oedd ysgrifennydd yr eisteddfod ac felly cafodd weld y cywyddau i gyd. Gwyndaf yn beirniadu, ac yr oedd y cewri i gyd i fewn: T. Llew Jones, Alun y Cilie, Isfoel, a John Lloyd Jones, Penparcau, yn ôl a glywais i. Ond Penparcau aeth â hi. Cofiai Dai John ambell berl o gwpled yma a thraw o'r cywyddau – digon i fagu awydd am glywed y cyfan mewn unrhyw un a rhithyn o lên ynddo, ond bu raid i mi aros tan un naw saith naw ac Eisteddfod Caernarfon cyn bodloni'r awydd hwnnw. Yno ar y maes, digwyddais daro ar Llion, mab hynaf Johnny Jones, Perthygopa (gŵr cyntaf Megan Lloyd-Ellis, gyda llaw, a bardd Cadair Ddu mewn eisteddfod arall yn Aber-porth yn y pumdegau), a fu'n athro yn Nhre-garth am flynyddoedd, a chyd-ddisgybl â mi yn Aberteifi. Cofiai ef gywydd John Lloyd bob gair. Ond cwpled o gywydd Isfoel sydd ar y garreg fedd ym mynwent Sant Cynwyl hefyd:

> Yma daeth i draeth ar dro
> A'r don yn elor dano.

Ond rwy'n crwydro. Yr hyn y bwriadwn ei ddweud oedd mai fel y Pennar yr adnabyddir y gwersyll gennym ni o hyd. Clywais fy rhieni-yng-nghyfraith yn dweud lawer gwaith fel y daethai rhyw wŷr dieithr i gerdded y caeau am ddiwrnodau lawer, heb ofyn hawl a heb ddatgelu dim o'u neges. Cyn pen fawr o dro rhoddwyd mis i John Henry Jones adael Pennar Isaf. Mis – wedi cenedlaethau o amaethu uwchben y môr. Byr iawn fu ei ateb i drahauster y swyddogion hynny, ac nid ei brinder Saesneg oedd yr unig reswm chwaith – 'You are taking my home.'

Prynodd y teulu dŷ gerllaw, a oedd yn wag ar y pryd, a dygwyd ef yno yn ŵr claf. Ni ddaeth i lawr dros risiau ei gartref newydd ond unwaith wedi hynny, a'i gario a gafodd y pryd hwnnw. Un o gelanedd cyntaf yr Ail Ryfel Byd.

Ym Mlaenannerch aeth daear Maes-y-deri, Pen-bryn, Pen-cnwc a Phen-lan, tua chan erw a hanner i gyd, i wneud maes awyr – y Drôm i ni. Ac nid oes amheuaeth nad yw'r ddau sefydliad hyn ar hyd y blynyddoedd wedi bod yn ffactor bwysig yn economi'r ardaloedd. Pa un a yw'r bendithion a ddaeth yn eu sgil yn gorbwyso'r colledion sy'n fater arall.

Mae gen i frith gof am Danny, gwas yr Hendre, a Danny arall oedd yn Nhan-yr-eglwys yn bwrw draw gyda'u ceffylau a'u ceirt yn y bore i halio i'r contractwyr a oedd yn adeiladu yno. Arferid rhoi sinc ar loriau cistiau'r ceirt i arbed peth traul ar y coed, gan mai cywain cerrig adeiladu a brics oedd eu gwaith pennaf. Byddai'r rhan fwyaf o ffermydd yr ardal â cheirt yno, ac yn ddiamau roedd y tâl a enillid felly yn hwb sylweddol i ffyniant ariannol. Rwy'n cofio gweld Wil Blaen-nant yn pasio ar yr hewl drympeg heibio i Barc Pwllmelyn, lle'r oeddwn yn dilyn fy nhad wrth ryw orchwyl, ac yn galw ar Nhad o siafft y cart: 'Diawl, Abba, 'achan, i beth wyt ti'n poeni fan'na, 'achan? Dere draw i'r Klondike, 'achan!'

Nid oedd cymaint o waith adeiladu ar y Drôm. Y gwaith pennaf yn y fan honno oedd gwastatáu'r cloddiau ac yn y blaen, gan nad adeiladwyd rynwe yno tan ddechrau'r saithdegau. Hyd hynny, a thrwy gydol y rhyfel, codai'r awyrennau a disgynnent ar y borfa – fwy neu lai, beth bynnag. Ond fe ddown at hynny yn y man.

Fel yr âi'r rhyfel yn ei blaen, a'r gweithwyr yn y Pennar a'r gwersyll milwyr oedd yn gysylltiedig ag ef yn cynyddu, a'r awyrenwyr ym Mlaenannerch, roedd y galw am lety yn lleol yn cynyddu fwyfwy. Cadwai unrhyw dŷ yr oedd ynddo ystafelloedd i'w cynnig letywyr, a theuluoedd cyfan yn aml. Ac âi plant y rheini i'r ysgolion lleol, wrth gwrs, gan ychwanegu at y Saeson yn ein plith. Ac nid oedd pawb ohonynt yn gymdogion rhy dderbyniol chwaith.

Lletyai teulu o'r enw Fukes yn Llwyn-coed, a dôi Betty'r ferch i'n hysgol ni, a chreadur go siarp ei thafod oedd hi hefyd. Mae'n bosib ei bod yn dilyn ei mam yn hynny o beth, er nad oedd ei thad yn bictiwr o sirioldeb chwaith. Achos rhyw fore, a hi Betty mae'n amlwg wedi cario rhyw glep am Mishtir adre gyda hi, chwap wedi amser chwarae'r bore (neu 'hanner dy' bach' i ni) dyma Mrs Fukes yn martsio i fewn i'r

Rŵm Mowr heb guro'r drws na dim a dechrau ei flagardio o flaen y plant i gyd. Gwelem hwnnw yn dechrau gwynnu o'i goler i fyny, arwydd lled sicr fod storom i ddod, a phetai hi'n deall ei thywydd hanner cystal ag a wnaem ni, byddai wedi ei gadael hi yn y fan. Ond na, roedd hi'n mynd i ddangos i'r netifs 'ma be oedd be, ac nad oedd 'Our Betty' ddim yn mynd i gael dioddef o dan sgwlynnod hanner call, ac roedd hi'n ei hagor hi ma's gymaint fyth. Nawr mae'n rhaid i mi ddweud hyn am Mishtir, doedd e ddim yn un i godi'i lais – dyn y weithred oedd e. Ni ddywedodd air tra oedd hi, Madam, yn traddodi, ond pan stopiodd hi i gael ei hana'l, cododd o'r tu ôl i'w ddesg, cydiodd yn ei dwy ysgwydd a'i chodi'n grwn o'r llawr a'i chario allan drwy lobi'r bechgyn a'i rhoi i lawr y tu fa's i'r drws, a'i gau a'i gloi. Ac fe ddylai hynny fod wedi bod yn ddiwedd arni. Ond na, yn nhraddodiad gorau yr Ymerodraeth, 'retreat and regroup' amdani, ac ymhen hanner awr yr oedd yn ôl gyda 'reinforcements' – Mr Fukes. Gwarchae fu hi wedyn: y ddau Fukyn oddi allan yn hamro ar y drws a thua chwech o'r bechgyn mwyaf, wedi maddau'r Pointer Du am y tro, â'u hysgwyddau oddi fewn, a Mishtir â'r pocer yn cochi yn y tân rhag ofn y byddai'n rhaid i Hercules unwaith eto sefyll yn y bwlch. Ni fwriadai ein Hercwlff ni wneud hynny'n ddiamddiffyn. Mae'n fwy na thebyg mai'r pocer a oerodd gyntaf y bore hwnnw.

Nid rhyfedd, felly, fod y newidiadau hyn yn amlwg iawn yn atgofion fy nghenhedlaeth i o'n mebyd. Ar ein ffordd i'r capel ar y Sul ni byddai'n ddim i ni basio tua chant o awyrenwyr yn martsio'n drefnus y ddwy filltir o ffordd o'r Drôm i'r eglwys, a rhyfeddwn i at y ffordd y byddai pob clun trowsus yn y llinell yn plygu'n union yr un fath gyda phob cam. Byddai yno fand bychan ar achlysuron arbennig, a martsiem ninnau gyda hwy nes cyfarthai rhyw foi yn y pen blaen a mwstas ganddo a bastwn dan ei gesail, rywbeth neu'i gilydd. Ciliai pawb ohonom â'i gwt yn 'i din wedyn.

Caem fynd i'r pictiwrs i'r Erodrom weithiau hefyd, os

caem rai o'r awyrenwyr i fynd â ni i fewn – ac nid oedd hynny'n anodd gan fod rhai ohonynt yn byw yn ein cartrefi. Eistedd yno ar y gwastad yn pipio rhwng ysgwyddau a rownd i yddfau'r rhai o'n blaen; y lle'n llawn mwg a'r prosiector o'r tu cefn i ni lan fry yn taflu pelydryn yr un fath yn gywir ag y gwelswn yr haul yn dod i fewn i'r sied wair drwy dwll yn y sinc. Ffilmiau arwrol y dydd – *In Which We Serve, We Dive at Dawn, The Song of Bernadette*, a'u tebyg. Ond nid oeddem heb sylwi, hyd yn oed yr adeg honno, fod y rheini ohonom yr oedd gennym chwiorydd hŷn yn cael ein gwahodd yn amlach na'r lleill.

Bu teulu o'r enw Withinshore yn lletya yn Nhan'reglwys am dymor, a'r gŵr yn gogydd yn y Llu Awyr, ac nid yn anaml y caem ddanteithion ar y bwrdd na fyddai ond gweision Ei Fawrhydi, a'r rheini yn rhai go uchel yng ngraddfa'r crach hefyd, fel arfer yn eu cael, yn gyfnewid am ambell balfais neu ochr mochyn, ffowlyn neu wyau ffres. Yr oeddwn wedi profi ffesant a samwn wedi'i fygu ymhell cyn i mi weld yr un o'r ddau yn y cnawd. Nid yn aml iawn, cofiwch, ond yn ddigon aml i mi benderfynu mai dyn sgadenyn a chig moch oeddwn i. Ni byddai'n ddim, chwaith, gweld dau neu dri yng nglas y Llu Awyr yn torchi llewys ar y caeau gwair a'r ŷd, a gwlithyn bach yn llygad ambell un am feysydd tebyg ymhell tu hwnt i'r Frenni Fawr a welem draw.

Bron o'r dyddiau cyntaf roedd batri o fagnelau trymion yn y Pennar, a thaniai'r rheini bron drwy'r dydd. Ac yn rhyfedd iawn, bron yn ddieithriad byddem yn gweld y pwff o fwg fel cwmwl cotwm fry uwchben y môr dipyn cyn clywed y sŵn. Gan taw beth oedd y rheswm, roedd rhywbeth yn tynnu llygad dyn allan i'r môr, beth bynnag y byddai'n ei wneud ar y pryd, ar yr union eiliad y byddai dryll yn tanio. Mae'r un peth yn hollol yn digwydd heddiw pan fo roced yn dirwyn ei chwt i'r entrychion. Gwylio'r môr yn fanwl wedyn, a draw bron ar y gorwel gwelem helm o ewyn yn codi lle disgynnai'r fagnel. Ar yr awel yn aml iawn clywem guriadau drylliau'r Tywyn wrthi yr ochr draw i'r bae, a chyfrifem hynny yn arwydd o dywydd teg.

Tanient at dargedau arbennig a dynnid wrth gwt awyrennau a godai o'r Drôm – Hurricanes gan fwyaf – a daethom yn gyfarwydd yn gynnar iawn â phob math o enwau a theipiau dieithr. Yr Ansons araf, dibynnol, dwy injan; y bomers trymion, Lancasters a Blenheims, trymach, arafach, pedair injan; a'r pethau ysgafnach, buanach, fel y Spitfires a'r Hurricanes a fyddai'n gwibio fel clêr o gwmpas drwy'r dydd gwyn gan wneud pob math o gampau yn yr awyr. Troi drosodd, hedfan ar eu cefnau, mynd i fyny mor uchel fel mai prin y medrech eu gweld yn y cymylau, a deifio i lawr wedyn yn syth ar eu pennau, fel curyll ar ôl cyw. A 'looping the loop', wrth gwrs. Cyfrifid hynny, gallwn feddwl, yn orchest arbennig gan beilot, beth bynnag y gallai ei bwrpas fod. Ac yng ngwir draddodiad bechgyn Biggin Hill a'r Battle of Britain, magodd sawl peilot ryw awra o ryfeddod o'i gwmpas. Dywedir i ryw Flight Sergeant Smith, o ran hwyl ryw ddiwrnod, ddeifio i lawr o'r cymylau yn ei Spitfire gan frawychu pawb ar y Drôm, a hedfan i fewn drwy un drws i'r hangar ac allan drwy'r llall heb gwrdd â na philer na pholyn fflag, ac i fyny wedyn i'r entrychion. Ond am y targedau y bwriadwn sôn.

Darn o liain coch llachar oedd y targed cyntaf, tua chwe throedfedd o led a phedair llath o hyd, a phren pwrpasol yn ei ben blaen wedi ei bwyso â phlwm i'w gadw ar i fyny yn hytrach nag ar ei orwedd yn yr awyr. Rowlid hwnnw i fyny a'i gario yn yr awyren hyd nes byddai allan ymhell dros y môr. Yna gwelid y targed yn cwympo allan ohoni, yn dadrowlio ac yn cael ei dynnu drwy'r awyr tua chanllath o'r tu ôl ar ben gwifren fain. Roedd honno ar ryw fath o ril, achos gellid tynnu'r targed i fewn a'i ollwng allan fel y byddai angen. Am wn i nad amcan y tanio oedd ymarfer criwiau'r drylliau yn eu crefft, gan gadw'r peilot a'r awyren yn weddol ddiogel yr un pryd.

Yn awr ac yn y man byddai rhai o'r drylliau yn fwy llwyddiannus na'i gilydd, gan rwygo ambell dwll yn rhai o'r targedau, ac ni byddai'n ddim gweld awyren yn dychwelyd i lanio a'i tharged yn fflapian yn rhubanau o'r tu ôl iddi, a chatiau ohono yn disgyn ar bennau'r coed ac ar hyd y caeau. A chan brinned dillad gwely, ac yn wir pob math arall o ddillad yr adeg honno, buan y gwelodd ein mamau a'n chwiorydd amgenach defnydd i'r targedau na'u gwastraffu fel hyn ar y Wôr Effyrt. Nid yn anaml, chwaith, naill ai o ddamwain neu o raid, datodid y wifren dynnu, neu fe dorrai, nes bod targed cyfan yn torri'n rhydd. A byddai rhyw bâr o lygaid yn siŵr o fod wedi ei weld yn disgyn, a ninnau blant yn flaenaf yn yr helfa i gael gafael arno. Mae'n rhaid gen i fod ein llygaid cyn amled yn yr awyr y dyddiau hynny ag oeddent ar y llawr. Âi'r si fel tân gwyllt rhyngom: 'Targed lawr yn y man a'r man,' ac i ffwrdd â ni fel pac o gŵn hela i chwilio amdano. A'r hyn a'n synnai bob amser fyddai cymaint pellach i ffwrdd y disgynnai'r targed na'r lle y dychmygem y byddai. Gweld un yn disgyn draw ar Gefn Ffynnon-fair efallai, neu i gyfeiriad Rhos-wen neu Gyttir Bach, ond erbyn cyrraedd yno – dim byd – a gorfod bwrw ymlaen filltir a mwy weithiau cyn cael gafael arno. Ond daethom yn gamsters diogel arni gydag amser. Roedd cael gafael ar darged cyfan fel ffeindio ffortiwn. Y pren a'r pwysau plwm yn werth y byd fel coesau picwerchi, y wifren ddur yn gwneud lein ddillad fendigedig, a'r gôb haearn arni yn ddefnyddiol bob amser ar y fferm, a'r lliain ei hun bron yn amhrisiadwy yng ngolwg gweinyddesau'r cylch.

Ond wrth gwrs roedd yr hyn yr edrychem ni arno fel casglu manna o'r nefoedd yn drosedd ddifrifol, yn wir yn deyrnfradwriaeth bron, yng ngolwg yr awdurdodau. Cynigid gwobr o chweugain, rwy'n credu, ar un adeg i'r sawl a ddychwelai darged yn gyfan i'r Drôm, ond beth oedd chweugain o'i chymharu â thuag wyth llath o ddefnydd? A ph'un bynnag, roedd cwningen yn ddeuswllt yr adeg honno. Mae sens o bopeth, on'd oes? Dim ond Iwan Rhyd-y-gaer ac Ifor Ger-y-llan y gwn i amdanynt a ddaliodd awdurdodau'r Drôm ar eu cynnig a dychwelyd y trysor, ond gan na welsant byth mo'r chweugain nid yw'n ddim i synnu ato mai prin, o hynny ymlaen, fu nifer y dychweledigion.

O bryd i'w gilydd âi si drwy'r ardal fod 'search' yn y man a'r man. Hynny yw, fod yr awdurdodau ynghyd â Wil Blac-owt neu ryw Special Constable arall, wedi disgyn ar ryw dŷ arbennig y tybid fod ynddo darged wedi'i guddio, i chwilio amdano. Am rai dyddiau wedyn gwelid cyffro mawr drwy'r fro a chwilio prysur ar hyd y buarthau am fannau diogel i'r ysbail, ac am rai nosweithiau byddai llai nag arfer o ddillad gwely gan rai ohonom, tra byddai gwarcheidwaid y 'defence of the realm' yn pocro yma thraw hyd y tai ma's a'r ydlannau.

Yn ddiweddarach defnyddid targedau ar ffurf hosan enfawr o ddefnydd gwyn a oedd yn rhyw groesiad rhwng sidan a neilon. Roedd mwy o fri ar y rheini nag ar y rhai coch, hyd yn oed. Gwnaent grysau heb eu hail, a hyd yn oed rai o'r pethau mân hynny na fyddai'r merched, yn yr oes honno beth bynnag, yn sôn amdanynt. Ac nid un na dwy briodas wen a gysegrwyd o dan fantell sbarion y Llywodraeth, achos yn ychwanegol at golledion damweiniol roedd gan ambell beilot gariad ymhlith merched y fro, ac mae lle i amau fod targedau'n dod i lawr yn amlach dros gartrefi'r rheini na'r rhelyw o'r boblogaeth!

Medrai pawb ohonom raffu enwau'r gwahanol fathau o awyrennau ar flaenau ein bysedd – y Lancasters a'r Lincolns, yr Halifax a'r Blenheims – enwau y daethom i wybod yn ddiweddarach eu bod yn gyfarwydd yng nghylchoedd uchelwriaeth Lloegr, ond nad oeddent yn golygu dam bit o ddim i ni ar y pryd. Ond yr oedd un math o awyren – Tiger Moth wrth ei henw swyddogol, ond 'Cwîn Bî' i bawb ar lafar

– a ddaeth yn arbennig o hoff gennym. Awyren ymarfer ydoedd, a dwbl adain iddi, y byddai'r egin beilotiaid yn dysgu hedfan ynddi cyn mentro i'r pethau buanach a pheryclach. Arni hefyd, i raddau helaeth, y datblygwyd y dechneg o lywio awyrennau drwy gyfrwng radio – hynny yw, heb beilot o gwbwl. Ac yn nyddiau cynnar techneg o'r fath roedd damweiniau yn anochel. Prin yr âi wythnos heibio nad oedd un ohonynt yn cwympo fel brân wedi ei saethu ar gae rhyw fferm neu'i gilydd: Llwyn-coed, Pen-lan, yr Hendre, Tan-yr-eglwys – y ffermydd agosaf at y Drôm – achos am ryw reswm, wrth lanio y digwyddai galanas fynychaf. Erbyn meddwl hefyd, nid oes gennyf gof am un yn cwympo ar y ffermydd yr ochr bellaf i'r Drôm oddi wrthym ni – Cyttir Mawr, y Rhosgadeiriau a Threfwtial, ac i lawr i gyfeiriad Tre-main. A'r rheswm, wrth gwrs, yw fod y gwynt yn y parthau hyn yn chwythu fynychaf o gyfeiriad y de a'r de-orllewin, ac fel y gŵyr pob gwylan, mae awyren yn codi a disgyn yn erbyn y gwynt. Felly, ein hochr ni fyddai'n ei dal hi bron yn ddieithriad.

Oni ddigwyddem weld targed yn disgyn yn rhywle, dim ond cadw llygad go fanwl ac yr oedd siawns go lew y gwelem Gwîn Bî yn cwympo o fewn milltir neu ddwy. Mae mannau Waterlŵ llawer ohonynt ar hyd caeau'r plwyfi hyn yn fyw ar gof llawer ohonom hyd heddiw. Parc Pwdwr yr Hendre, Parc Corn Tan-yr-eglwys, Gweirglodd Hir Llwyn-coed, Parc Gweun'rafon Cwmhowni, Parc Capten y Rhos, a llawer eraill. A ninnau'n helpu Nhad i garthu'r ydlan ryw ddiwrnod, ac Iwan Rhyd-y-gaer gyda ni fel arfer – diwrnod lled wyntog ymlaen ym mis Ebrill yma – roedd Cwîn Bî wedi bod yn corganu uwchben yr allt ers peth amser. A Mam newydd ein galw i ginio, digwyddais i ac Iwan godi ein llygaid bron gyda'n gilydd a gweld yr awyren fach yn ymladd yn erbyn y gwynt, draw uwchben allt yr Esgair. Mae'n rhaid fod rhywbeth wedi mynd o'i le ar y radio, achos dechreuodd ddringo'n syth i fyny gan wynebu'r gwynt, nes o'r diwedd iddi gael ei chwythu drosodd, fel y gwelsoch chi gartŵn o fwnci yn dringo coeden i'r top gan ddal i ddringo wedi i'r goeden orffen.

Pesychodd ei pheiriant unwaith neu ddwy, aildaniodd wedyn, stopiodd, a chwympodd hithau fel carreg gan roi tro neu ddau cyn mynd o'n golwg tu hwnt i goed yr allt. 'Down twîls' yn y fan a'r lle, waeth faint a waeddai Nhad, ac i ffwrdd â ni fel milgwn i lawr drwy Barc yr Obry gan ddisgwyl gweld y rec ym Mharc y Poni neu rywle'n agos. Ond na, hanes cyfarwydd y targedau oedd hi wedyn, ac yr oeddem ym Mharc Gweun'rafon Cwmhowni a bron ar y ffin â Ffynnonwen pan ddaethom o hyd iddi. Roedd y rhan fwyaf o'i gweddillion fel carn o sgrap rhyw ugain llath o'r clawdd, gydag ambell bisyn o'r propelar a darnau disberod o bren a metel yma a thraw ar hyd y cae. Daethai i fwrw glaw mân yn drwm erbyn hyn a ninnau'n wlyb hyd y croen ond yn hidio dim, ac aeth yn hwyr brynhawn cyn i ni benderfynu na fedrem, wedi'r cyfan, gario Cwîn Bî adref gyda ni. Ond fe roisom gynnig teg arni. Cafodd Goronwy un rhwyf o'r propelar yn gyfan, o bren *teak* bendigedig, ac mor drwm fel mai prin y medrai ei godi ar ei gefn, ac mai prinnach fyth y medrai godi ei draed o'r mwd wedi gwneud hynny. Aethai cinio a charthu'r ydlan dros go' ers oriau, ond erbyn hyn dechreuem arswydo rhag y farn i ddod. Gorfu i Iwan a mi ei hwynebu, ond am Non, gan nad oeddem ond rhyw bedwar lled cae go lew o glos yr Hendre, dihangodd ef am loches at ei fam-gu, hyd nes i amser dynnu colyn y Cwîn Bî arbennig honno wedyn.

Mae'n wyrthiol bron, o edrych yn ôl, cyn lleied o ddifrod a wnaed yn yr ardal gan y damweiniau mynych hyn. Wedi'r cyfan, gallasai awyren yn hawdd fod wedi cwympo ar ben rhyw dŷ neu glos ffarm neu bentre hyd yn oed. Ond, pryd bynnag y digwyddai galanas, gallech fentro mai dau neu dri o blant a fyddai yno gyntaf. Roedd yr awdurdodau mor awyddus â ni i ddarganfod pob rec cyn gynted ag oedd bosib, i gael gweld beth aethai o'i le ac yn y blaen. Ond rhywfodd, er eu holl fanteision hwy mewn mapiau a jîps a phob math o offer soffistigedig, roedd gwybodaeth leol a'r reddf i dynnu plet yn drech bron bob tro.

Er hynny, wedi cyrraedd y fan dyngedfennol a darganfod trychineb ddiweddara'r Ymerodraeth yn gynt na'r arbenigwyr unwaith yn rhagor, doedd 'na fawr ddim mewn gwirionedd y byddem yn ei wneud. Pocedu rhyw wyneb cloc neu gatyn o radio efallai, na wyddem yn y byd mawr beth oeddent a llai fyth beth i'w wneud â nhw, a rhyw sefyllian o gwmpas yn gyffredinol a bod o dan draed. Eisiau gweld – hynny oedd y peth mawr. Wrth gwrs, cam cyntaf y filitariaeth pan gyrhaeddai fyddai gorchymyn dau neu dri o filwyr arfog i warchod y safle. Ac y mae'n rhaid ei bod yn olygfa digon chwerthinllyd i weld dau sentri yn cynrychioli holl adnoddau urddasol militariaeth y Deyrnas Unedig, *fixed bayonets* a chwbwl, yn sefyll yn eu sbats mewn rhyw gae bach di-nod yng Ngheredigion yn gwarchod carn o sgrap rhag bwriadau dieflig a chynllwynion teyrnfradwrus hanner dysen o blant ysgol cegagored.

Ond fe'n sobrwyd hyd fêr ein hesgyrn gan un ddamwain. Drwy drugaredd, gan iddi ddigwydd o fewn rhyw ganllath i ffin y Drôm, yr awdurdodau eu hunain a gyrhaeddodd gyntaf y tro hwnnw, neu dyn a ŵyr beth allai fod wedi digwydd.

Tuag amser te rhyw brynhawn, a'r Hurricanes a'r Spitfires wedi bod wrthi yn codi a disgyn fel arfer ac yn hedfan o gwmpas drwy'r dydd, paratôdd un ar gyfer codi unwaith yn rhagor. Yn ôl y drefn, tynnid hi allan o'r hangar gan dractor fechan, yna tanio'i pheiriant a'i holwyno'n araf i ben pella'r Drôm, bron ar ffin Parc Main Llwyn-coed, a throi ei thrwyn i'r gwynt, a chwythai y diwrnod hwnnw o'r de-dde-orllewin, bron yn union o gyfeiriad Capel Blaenannerch. Gan ddilyn y paratoadau arferol, arhosodd yno am funud neu ddwy a'r peilot yn refio'r peiriant i'w eithaf ac yna'n ei arafu bron i'r dim, gan brofi pob cloc a lifar a brêc arni. Yna, wedi ei fodloni, ailrefio eto, ac arwydd i'r *ground crew* dynnu'r blociau o dan yr olwynion, ac i ffwrdd â hi ar ei herfa o tua thri chwarter milltir i godi.

Ond mae'n rhaid nad oedd popeth yn iawn. Fel y digwyddodd sawl canwaith cyn hynny, a sawl canwaith wedi hynny, aeth rhywbeth bach o'i le. Erbyn iddi gyrraedd y pen pellaf, prin y codasai ugain troedfedd o'r llawr, a hithau'n anelu'n syth am y capel, ac erbyn hynny yn gwneud tua chan milltir yr awr. Methodd â'i glirio yn llwyr, a daliodd ei holwynion yng nghribyn y to gan rwygo darn helaeth yn yfflon a chan ei bwrw hithau yn din-dros-ben yn ei blaen. Drwy drugaredd, crafangodd dros y capel a'r ffordd fawr a thrwy'r bwlch rhwng Cartrefle a Llwyn-onn yr ochr bellaf a chwympo ychydig lathenni i fewn yng nghae Cyttir Bach. Ffrwydrodd y cyfan yn belen wenfflam, ac er i'r gwasanaethau brys gyrraedd o fewn munudau nid oedd gan y peilot druan obaith.

Wedi oeri o'r uffern mewn rhai oriau, cafwyd ei weddillion yn golsyn du, ac nid oedd ar ôl o'i awyren ddigon i lenwi cart. Cynhaliwyd cyrddau'r capel i gyd yn y festri am rai misoedd wedyn, ac mae lliw gwahanol y llechi ar chwarter uchaf y to yn aros yn goffa iddo hyd heddiw. Ni chofiaf i mi fynd i chwilio am Gwîn Bî, na tharged chwaith, wedi'r prynhawn hwnnw.

Dro arall, gorfu i fomer Halifax enfawr geisio glanio ar y Drôm wedi iddi fynd i ryw gyfyngder, a'r lle yn llawer rhy fach iddi. Wedi disgyn, byddai un o'r rheini yn rhedeg am agos i filltir cyn arafu digon i'w throi, heb sôn am aros. Ond bu'n rhaid iddi roi cynnig arni. Mae'n rhaid fod y gwynt o'r môr y diwrnod hwnnw, achos daeth ei holwynion i lawr tua hanner y ffordd yn groes i'r Drôm a hithau'n dod o gyfeiriad yr Efail, ond nid oedd gan rywbeth o'i maint a'i phwysau hi obaith stopio, a rhedodd ar draws y borfa i gyfeiriad Pen-cnwc, gan fwrw drwy'r clawdd ffin tua dau can llath yn is i lawr na iet y clos fel pe na bai yno, ac ar ei phen i'r wal gerrig o gwmpas y Glennydd. Yno y bu am rai diwrnodau tan i graeniau enfawr ddod i'w symud, ac nid oedd fawr gwaeth. Ond tyrrai pobl o bell ac agos i'w gweld, ac yr oedd lled un adain iddi yn llenwi'r heol.

A'r rhyfel bron â dod i ben, os nad yn wir wedi gorffen eisoes, bu damwain go ddifrifol arall. Dechreuasid arbrofi rocedi yn y Pennar erbyn hynny, ac aeth un ar wyllt. Methwyd â'i llywio allan i'r môr fel yr arferid a disgynnodd yn ydlan Pennar Uchaf, cartref Keziah Davies, Alawes Pennar, yr adeg honno. Roedd hi'n hydref hwyr a'r ydlan yn llawn helmi ŷd, ac aeth y cyfan ar dân. Dim ond o drwch y blewyn yr arbedwyd y tai ma's a'r tŷ fferm, ond ni chafodd neb niwed.

A chan i mi grybwyll y domen sgrap honno yn y bigws rhwng Pen-lan a'r Drôm a'r peryglon dwl y bwriem ein hunain iddynt, cystal ymhelaethu ychydig. Y Dymp oedd ein henw ni ar y domen honno. Bwrid iddi bob math o bethau y tybid nad oedd eu hangen mwyach o'r Drôm – ac nid yw adrannau'r Llywodraeth erioed wedi bod yn enwog am eu cynildeb. A ph'un bynnag, mae'r hyn sy'n sgrap i un yn wastraff i rywun arall.

Gan fod modd i ni gyrraedd y Dymp heb gael ein gweld o'r Drôm, aem yno yn awr ac yn y man i sbrwlian drwy'r chwarter erw o annibendod, gan ddod o hyd i bob math o bethau. Tuniau paent laweroedd heb brin gael eu hagor; bocsys a chistiau pren heb fod ddim gwaeth na newydd; tuniau *dubbin* a ddefnyddiai'r Llu Awyr ar eu hesgidiau ac a wnâi lawn cymaint o les ar ein clocs ninnau, wrth y degau; barb weier a physt ffensio a choed adeiladu o bob math, a bwledi o sawl calibr yn eu cwyr a heb eu tanio. Fynychaf byddem yn llusgo'r hyn a fedrem rhyw ddau neu dri lled cae a'u cuddio er mwyn dod yn ôl i'w mofyn yn ddiweddarach, fel cadnoid yn dwyn ffowls.

Ond mae mentro yn mentro mwy, ac o dipyn i beth

gwelodd rhywun y gellid, gyda phinsiwrn a feis, dynnu'r pennau o'r bwledi hyn ac arllwys y powdwr allan. I fod yn fanwl, nid powdwr ond nodwyddau o *cordite* wedi'u pacio'n dynn i gorff y fwled. Gellid tanio'r *cordite* hwn wedyn yn weddol ddiogel a chael tipyn o hwyl ag ef. Sut yn y byd y buom yn ddigon ffodus i beidio â'n chwythu ein hunain yn ddarnau sy'n ddirgelwch, achos ni byddai'n ddim i rai ohonom fynd i'r ysgol a bwled neu ddwy neu binsiad o *cordite* yn rhydd yn ein pocedi. Ond ni ddihangodd pawb ohonom yn llwyr ddianaf.

Daeth Goronwy adref ryw ddiwrnod wedi bod draw yn y Dymp wrtho'i hun, a chydag ef 'Browning Machine Gun' o ryw awyren, yn gyfan hyd y gwelem ni. Roedd y *breech* a'r pin tanio a phopeth i'w gweld yn iawn, a chafwyd bwledi i'w ffitio, ac wrth gwrs roedd yn rhaid rhoi cynnig arno. Ond rhywfodd neu'i gilydd roedd rhan o gorff y fwled yn dal yn y golwg wedi ei llwytho, a phetaem rywfaint yn gallach (ond mae'n rhaid nad oeddem ond prin chwarter call i ddechrau ffidlan â'r fath beth yn y lle cyntaf) byddem wedi gweld y perygl. Ni fedrem ddod o hyd i driger ar y dryll yn unman. Gan mai dryll o awyren oedd, fe daniai drwy gyfwng rhyw fath o fotwm, siŵr o fod, ond gwelodd Goronwy y medrai weithio'r pin tanio â hoelen, ac fe wnaeth.

A phan ffrwydrodd y fwled, byrstiodd y metel allan drwy'r gwagle yn y *breech* gan friwio pennau tri o fysedd ei law dde. Ond drwy ryw ryfedd wyrth, pan wnaed archwiliad manwl o'r clwyfau o dan ddŵr y pistyll, er y boen a'r sioc cafwyd nad oedd ond wedi ei ysgythru yn go ddifrifol ac nad oedd asgwrn na gïau wedi torri. Rwy'n credu mai 'bwrw'r bai ar y barb weier' a wnaed y prynhawn hwnnw.


Tra oeddem ni blant yn cael hwyl ar yr anturiaethau hyn, roedd ein tadau a'n hewythredd, ein brodyr hŷn a'n cyfeillion ymhlith y gweision ffermydd yn chwarae sowldiwrs. Yr oedd gorfodaeth gyfreithiol ar bob gwryw o fewn rhychwant rhyw oedran arbennig i ymuno ag un o'r Gwasanaethau Amddiffyn. Rhai, fel Mishtir a Dan Gelli-deg, yn yr ARP – Air Raid Precautions – na wn ym mhle yr oedd eu canolfan, ond gwn iddynt gael bobo het harn a bandyn am fôn y fraich gyda'r llythrennau hynny arnynt. Eraill, fel Wncwl Wyn, yn Wylwyr y Glannau ac yn cwrdd yn rhywle yn Aber-porth, ac eraill eto, fel Wil Blac-owt, yn fath o heddlu arbennig – y Special Constables. Ond i drwch mawr gwrywod y fro, yr Hôm Gârd oedd y penyd.

I rai, roedd y cyfle i gael benthyg ychydig awdurdod ffug dros dro yn bleser pur, a chael gwisgo iwnifform ac arni ddwy streipen ar y fraich y cam nesa i'r nefoedd, a phetai rhywun yn cael ei ddyrchafu i'r stad hollol lesmeiriol o fod yn berchen tair streipen, roedd yn barod i gymryd lle'r Hollalluog, 'tae hwnnw'n riteirio. I eraill eto, fel fy nhad, roedd yr holl beth yn chwarae plant hollol ac yn dân ar eu croen. (Ond petai yn yr Hôm Gârd adran o'r Cafalri, byddai'n fater arall – ni synnwn i ddim y byddai Nhad wedi cychwyn yn Fejor, o leiaf, gyda'r rheini.)

Cwrddai ein sgwad ni mewn hen gaban to sinc ar bwys siop Blaenannerch, lle saif Rhos-ddu heddiw, lle rhoddid i bob un iwnifform, fwy neu lai, a dyna'r unig agwedd o'r fusnes a groesewid yn gyffredinol. Achos yn ogystal â'r sgidiau a'r trowsus a'r crys a'r siaced gaci, nad oeddent i gael eu gwisgo ar unrhyw esgus ond ar waith yr Hôm Gârd, rhoddid i bawb gôt fawr a siaced ledr heb lewys iddi. A daeth y ddeubeth hynny yn gymaint o iwnifform i'r gweision ffermydd ag a fuont erioed i'r *British Army*. Allan ar y tir ym misoedd oer y gaeaf yn 'redig, neu ar dywydd mawr yn dyrnu ac yn y blaen, roeddent yn fendigedig. Nid âi awel o wynt drwyddynt, achos yr oedd i'r gôt fawr labedi llydain a choler uchel y gellid eu cau'n ddiogel rhag y rhewynt meinaf. Ond yr oedd yr olwg ar y cotiau hynny yn dod ar eu parêd wythnosol yn rhyw led-awgrymu fod eu perchnogion lawn mor gyfarwydd â chario pletiau o wair ar eu hysgwyddau â chario dryll.

Mae'n rhaid fod y rhingylliaid hynny o wersyll y Pennar a ymgymerodd â'r dasg o ddrilio'r glasfilwyr gwladaidd hyn bron â thorri hynny o galonnau oedd ganddynt. Meddylier am geisio cael gan gowmyn ac arddwyr tri phlwy fartsio'n drefnus ac ysgwyddo Lee Enfields a'u clapio wrth eu hochrau a stampio'u traed gyda'i gilydd, a'r holl sibolethau sy'n perthyn i ddrilio sgwad o filwyr. Coesau brwsys câns a phethau o'r fath oedd eu harfau ar y dechrau, yn ôl y sôn, a phwy all feio'r awdurdodau am hynny. Doedd eu hanner nhw ddim yn saff â choes picwarch, serch â reiffl.

O dipyn i beth, fel y cynyddai'r sgwad mewn medrusrwydd a phrofiad, rhoddwyd iddynt ddrylliau, a gedwid wrth gwrs o dan glo yn y caban, ac a fu'n gyfle i sawl un na thybiwyd fod ynddo ddefnydd milwr o gwbwl, yn ôl y sôn eto, ddangos medr anarferol a llygad cyrull am y targed. Roedd y dwylo a fu'n trafod twel' bôr o'u bachgendod yn saethu brain ar y caeau ŷd neu wningod wrth ffureta, yn dod i'w helfen. Ymhen y rhawg, cynyddasant mewn gwybodaeth ddigon i'w hanfon allan ar fanŵfers. A'r prynhawniau Sul hynny y daeth Sgwad Blaenannerch gyntaf i olwg y cyhoedd. Ymleddid brwydrau ffug yn y caeau cyfagos, a rhyfeddod mawr i ni blant oedd gweld Williams Man-a'r-man a Harris Lle-a'r-lle, gwŷr y cyfrifem ni eu bod yn eu llawn bwyll a'u hoedran, yn gorwedd yn y cleisiau yn wlyb diferu ac yn rhedeg yn eu cwman o fan i fan dan y cloddiau, yn gywir fel y gwnaem ninnau wrth chwarae cwato neu gowbois. Ac aem ninnau i chwarae gyda nhw.

Gyda'r nos ar noson eu cyfarfod wythnosol, aem i bipio drwy'r crac yn nrws y caban a cheisio clywed beth oedd yn mynd ymlaen. Sleifio'n llechwraidd wedyn i lawr at y sgwâr yn y tywyllwch, lle byddai un neu ddau o'r milwyr rhan-amser yn cadw rhyw esgus o warchodaeth, gan sefyll fel pyst a'u drylliau gwag wrth eu hochrau. Pan glywent sŵn ein traed byddai'n ofynnol iddynt ein sialensio, wrth gwrs: 'Holt, hw gôs ddêr?' a gwaedd o ateb gennym ni, wedi gofalu fod gennym hanner canllath o flaen arnynt – 'Mwsolini, twll dy din di', ac adref drwy'r caeau nerth ein traed.

Aethai'r si ar led ers wythnosau fod 'manŵfers mowr' i fod rhyw brynhawn Sul arbennig, fod Sgwad Rhydlewis i ymosod ar y Drôm a Sgwad Blaenannerch i'w hamddiffyn. Ac fel y nesâi'r diwrnod mawr, yr un oedd y testun siarad rhwng pob dau. Doedd gêm rygbi rhwng Lloegr a Chymru, na Lerpwl yn erbyn Everton, na hyd yn oed Thatcher *versus* Kinnock yn yr oes hon, ddim ynddi. Bu polisho mawr ar fyclau ac esgidiau, ysgwyd yr hadau gwair o'r cotiau mawr a sychu'r caglau o'r cotiau lledr am ddiwrnodau ymlaen llaw. Mynegodd rhai o fetrans y Rhyfel Cyntaf, yng ngoleuni eu gwybodaeth unigryw o strategaeth filwrol, eu barn am y canlyniad tebygol, a pharatôdd yr holl ardal am ddiwrnod na bu ei debyg ers pan laniodd y Ffrancod yn Abergwaun.

Erbyn un o'r gloch, a'r perfformans i ddechrau am ddau, roedd rhwng dwsin ac ugain ohonom, yn blant a mamau ac ambell henwr na châi ymuno yn y frwydr, wedi dod ynghyd ac yn eistedd ar wal Tŷ-mawr ar fin y ffordd fawr yng nghanol y pentre, lle y medrem gadw llygad ar yr holl weithgareddau. Chwap wedi dau, gwelem gar Ifan Williams, Coed-llwyn (nid dyna'i enw iawn, gyda llaw) yn pasio – bron yr unig gar yn yr ardal ar y pryd – a dyrchafwyd Williams yn serjant bron ar unwaith!

Ymhen dim, o'r cysgodion bron, daeth dwsin neu ragor o Sgwad Blaenannerch i'r golwg ac yn edrych yn bleser i'w gweld, chware teg. Gorchmynnwyd Dan Pant-glas i warchod sgwâr yr ysgol rhag ofn y byddai'r gelyn-ddyn yn dod i lawr o gyfeiriad Cwm Bowls, achos consensws barn y doethion oedd y byddai'n rhaid iddynt frwydro'u ffordd i lawr yr hewl drympeg at y Drôm, a ninnau'n gobeithio gweld tipyn o *hand-to-hand combat*. Rhoddwyd Wil George y Cwm i warchod ciosg y ffôn o flaen y Siop – mae *communications* wedi bod yn hollbwysig erioed yn y brwydrau mawr sydd wedi newid cwrs hanes. A chware teg iddo, dangosodd 'initiative beyond the call of duty', waeth er mwyn gwneud ei waith yn fwy effeithiol, ynghyd efallai â chael cyfle i dynnu mygyn ar y slei, aeth i fewn i ardd ffrynt Gwendraeth gyferbyn, a gwthio pen ei ddryll allan drwy'r clawdd prifets.

Ni ddigwyddodd fawr o ddim wedyn am amser, ar wahân i gar Williams (y Tanc, fel y'i galwyd byth wedyn) yn hwylio yn ôl a blaen bob ryw hyn-a-hyn, ond roedd y gyrrwr yn rhy brysur, a ninnau braidd yn ofni'r tair streipen, i ni gael dim gwybodaeth ganddo. Disgwyl wedyn, a chloncan ymysg ein gilydd am hanner awr siŵr o fod, nes i rai ddiflasu a mynd adref. Er mwyn torri peth ar yr undonedd yn fwy na dim, aeth pedwar neu bump ohonom draw ryw ganllath i ben lôn Tan'reglwys ac i ben y clawdd, lle ceid *grandstand view* o'r Erodrom. Prin ein bod ni wedi cyrraedd nag y clywem weiddi a hwrê fawr o'r cyfeiriad hwnnw, a thua hanner cant o wŷr mewn caci yn llawenychu a gorfoleddu ar ei chanol. Nid oedd dim amdani wedyn ond rhedeg nerth ein traed y filltir o ffordd i Flaenannerch i gael gweld beth oedd wedi digwydd. Bois Rhydlewis oedden nhw, wedi 'dod a gweld a choncro' heb danio ergyd na 'Holt, hw gôs ddêr?' na dim. Roeddent wedi martsio o Beulah i lawr y ffordd gefn i Neuadd Cross, allan ar bwys Pen-maen, i lawr heibio i Ffynnon-llygoden a Thŷ'r Ddôl ac allan i sgwâr Blaenannerch. Ar y sgwâr honno, a'i gefn ar ffin yr Erordrom lle mae Cross Inn Antiques heddiw, roedd gweithdy cerrig beddau John Davies. Aethant i fewn drwy ddrws y ffrynt ac allan drwy ddrws y bac i'r Drôm. 'Mission accomplished with no exchange of fire.'

# 5
## Mishtir

Yn ychwanegol at geisio cyfrannu i ni yr wybodaeth lyfryddol arferol, roedd gan ein hysgolfeistr ni ddau ddiddordeb mawr. Yn wir, gallai rhywun arall yn deg eu galw'n obsesiynau ynddo. Ond mae'n well gen i gredu mai fel ceinciau cyd-ddibynnol o goeden lydanach addysg y gwelai ef y cwbwl. Y ddeubeth hynny oedd ymgyrch y rhyfel – y 'War Effort', ys dywedai ef – a'r Clwb Ffermwyr Ieuanc.

Byddai rhyw gylchlythyr neu'i gilydd yn cyrraedd yn wythnosol bron oddi wrth ryw adran o'r Llywodraeth. Cynilo pres yn y National Savings, arbed pob math o sosbenni a thegellau alwminiwm, crynhoi papur wast, ac, wrth gwrs, 'Dig For Victory'. Am y llestri alwminiwm, crynhowyd hanes y rheini mewn pennill o waith W. R. Evans y clywsom ei ganu yn rhai o gyngherddau Bois y Frenni yn yr ysgol fwy nag unwaith:

> Y mae tebot, jwg a thegil
> Aliwminiwm Ani Jên
> Nawr yn hedfan gydag Ifan
> Ac yn rhan o'i eroplên.

Ond er 'mod i'n gwybod yr hanes am hatling y weddw yn burion, rwy'n methu'n lân â gweld fod cyfanswm yr holl arian a gynilwyd gan blant ysgol Blaen-porth drwy'r rhyfel i gyd wedi bod yn ddigon i dalu am gymaint ag un roced a daniwyd o'r Pennar mewn hanner eiliad. Ond pwysleisid hyd at syrffed gymaint o les oedd y fusnes i ni. Un a hanner y cant neu rywbeth tebyg, a chaem ein cyflyru felly i ddod â'n chwe cheiniogau bach bob bore Llun fel y cloc. Hatling y weddw mewn gwirionedd, ond ymhell cyn cyrraedd Standar' Ffaif, roeddem wedi dod i gredu fod tynged Prydain yn dibynnu arnom ni. Roedd yr hen beiriant propaganda yn gweithio ofar-teim. Efallai y byddai angen rhai ohonom yn nes ymlaen.

Ond pan drawai rhywbeth ym mhen Mishtir roedd e'n bwrw iddi i'r carn. Yr holl ffordd neu ddim oedd ei athrawiaeth ef. Buom yn casglu papurau newyddion a chylchgronau, hen bapur wal a llyfrau o bob math – 'sboniadau a chwbwl – o bob tŷ a thwlc yn yr ardaloedd, a chrynhoi'r cyfan i stabal yr Eglwys i'w pacio a'u clymu'n fwndeli teidi. Caem ryw esgus o wobr wedyn, ond y wobr orau y medrwn i ei chael heddiw fyddai cael mynd yn ôl eto i arbed dyddiaduron yr hen Syr Edward Pryse, Neuadd Tre-fawr, rhag cael eu difa. Cawsom gryn hanner dwsin o'r rheini wedi'u rhwymo mewn lledr coch, ac er na chefais i ond pip fach arnynt wrth eu rhwymo'n fwndel, rwy'n siŵr y byddent erbyn hyn yn talu gwell llog nag un a hanner y cant y Sefings.

Yna canfuwyd fod y deiet cenedlaethol yn brin o ryw fitaminau neu'i gilydd, ac anfonwyd i ni'r wybodaeth fod y fitaminau hynny i'w cael yn ddigonedd mewn egroes, neu fale bwci fel y byddem ni'n eu galw – yr aeron cochion pigfain hynny, ffrwyth y rhosyn gwyllt. Ac at ddiwedd tymor yr haf gwelid y rhan fwyaf o blant Rŵm Mowr yng nghwmni Mishtir yn cerdded y cloddiau a'r perthi i'w casglu, ac wrth gwrs roedd gwybodaeth fanwl gan lawer ohonom, a gasglwyd wrth hela Cwîn Bîs a thargedau o'r mannau lle'r oedd y falau bwci i'w cael. Daliai Mishtir ar y cyfle i roi i ni wersi natur, ac ymhlith yr wybodaeth newydd a gawsom – ond nid ganddo ef bid siŵr – yr oedd y ffaith fod had falau bwci, yr hadau bach mân, mân hynny a'r blewyn bach ynghlwm wrth bob un, yn goglais yn gythreulig o'u gollwng i lawr y tu fewn i grys rhywun.

Deuem yn ôl â'r helfa i'r ysgol, a'n bysedd yn gwaedu a'n

cefnau'n cosi, a'u berwi wedyn ar stof Rŵm Bach. Wedi ychwanegu siwgr, y byddai'n rhaid cael cwponau arbennig cyn y caech chi ddim ohono, gadewid y trwyth i oeri mewn potiau jam (rhagor o gasglu), ac ymhen amser fe galedai yn rhywbeth tebyg i fêl pinc. Anfonid y potiau jam i ryw ganolfan, a chaem ninnau eto ryw wobr fach ddibwys a'r ymdeimlad hyfryd ein bod yn cyfrannu'n sylweddol at y Wôr Effyrt ac i iechyd dyniolaeth yr un pryd. Felly y bodlonid pawb yn yr ymgyrch honno: y Llywodraeth, a gâi ei 'rose hip syrup'; y sawl yr oedd angen fitaminau arno; ni blant wrth weld ambell gyfaill yn rhwbio'i gefn ar y wal fel hwch wrth bost iet; a Mishtir, a gâi'r cyfle i fod o les i Brydain gan roddi i ninnau wersi natur a hanes lleol yn y modd gorau posibl ar yr un pryd.

Mae'n fwy na thebyg y bydd llawer yn dal i gofio'r poster hwnnw a'r llun o'r dyn a'i droed fawr ar ei bâl a'r geiriau 'Dig For Victory' uwch ei ben. Mwy na thebyg hefyd fod eisiau atgoffa rhai o drigolion y trefi yn nyddiau blwng y rhyfel am yr angen i ni godi ein bwyd ein hunain er mwyn arbed gorfod ei gludo dros y moroedd, a'r moroedd hynny wrth gwrs yn ferw o longau tanfor a sawl math arall o berygl. Ond mae'n fy synnu i erioed fod yr hyn a oedd yn ddoethineb hunan-amlwg adeg y rhyfel yn mynd yn ffolineb ar gyfnodau o'r hyn a elwir yn heddwch. Mae'r sawl sy'n trin y tir yn cael chwarae teg, yn wir yn cael ei ddyrchafu'n arwr pan fo'i angen, a chael cic yn ei din pan fo'r cymylau wedi cilio rhywfaint. A bwrw bod disgrifiad Napoleon ohonom ni Brydeinwyr yn gywir – 'A nation of shopkeepers' – a ydyw hynny'n unrhyw reswm i'r siopwr esgeuluso'i ardd gefn a'i throi yn faes chwarae?

Ond prin fod angen y poster hwnnw ar ysgol Blaen-porth. Yr oeddem wedi hen arfer â chodi ein llysiau ein hunain yng ngardd yr ysgol, ac yn gynnar iawn yn yr ymrafael cafwyd gardd fawr Rôd-seid yr ochr arall i'r hewl o'r ysgol yn ychwanegol at ein gardd ni, a byddai rhywrai ohonom yn honno rhyw ben o bob dydd os byddai'r tywydd yn caniatáu, yn palu, yn hofio ac yn hau. Roedd y rhan fwyaf o ddigon ohonom yn blant ffermydd ac yn hen gyfarwydd â rhofio, fforchio a whilbero, a chyfrifem ein hamser yn yr ardd fwy neu lai fel gwyliau. Byddai ras fawr i gychwyn i lawr i'r sied yng ngwaelod yr iard lle cadwai Mishtir ei gar a'r offer garddio. Roedd yno un gaib fach ysgafn y byddai pawb am ei chael, ac wedi cyfnod o gwffio a bygylu, lluniwyd rhyw fath o rota er mwyn i bawb gael ei dro i ddefnyddio'r twlsyn hwnnw. Gallai dyn feddwl wrth y cniff a oedd ar y gaib fach ei bod yn mynd ei hunan, neu fod sedd arni!

Yr oedd gardd Rôd-seid bron yn anialwch pan gafwyd hi – buasai yno fwthyn neu ddau yn yr hen ddyddiau – a bu'n rhaid clirio drysi a llwythi o gerrig yr hen sylfeini cyn rhoi pâl yn agos iddi. Ond o dan gyfarwyddyd Mishtir, a'n goleuodd i ddirgelion rhywbeth a elwid yn 'bastard trenching' (yr hoffem ei enw yn fawr wrth gwrs), cafwyd siâp go lew arni mewn byr amser. Yr oeddem wedi hen gyfarwyddo â phethau fel pys a ffa, tatws a bresych, cennin a wynwyn ac yn y blaen, 'llysiau syml pobl dlawd' fel petai, ond yn awr – o dan gyfarwyddyd pellach o du'r Llywodraeth mwy na thebyg – dechreuwyd codi rhyw bethau digon dieithr i ni: *kohlrabi, lentils* (corbys), sbinais ac *asparagus*. Lled gyntefig oedd ein trefniadaeth garthffosiaeth yr adeg honno wrth reswm – styllen a thwll ynddi a bwced oddi tani yn lafetri'r bechgyn a'r merched fel ei gilydd, a dirprwyid rhywun i'w harllwys o bryd i'r gilydd fel byddai angen. Ond roedd Mishtir ni yn ffermwr organig ymhell cyn i'r chwiw ddiweddaraf yma gael ei breuddwydio amdani, ac yr oedd wedi cael gennym dorri twll dwfn yn nhalcen y sied dŵls, allan o'r golwg, lle'r arllwysid y bwcedi carthion. A hwnnw, yn ychwanegol at lwyth neu ddau o ddom o rai o'r ffermydd, fyddai achles y gerddi. Ac y mae'n rhaid i mi ddweud, ni welais i ddim gwell wynwyn na chynt na chwedyn. Roeddwn wedi hen adael yr ysgol pan euthum i ddechrau meddwl pwy oedd yn edrych ar ôl y gerddi ar y gwyliau. Neb ond Mishtir wrtho'i hun, wrth gwrs.

A chydiai'r gweithgarwch garddiol hwn yn hapus iawn wrth ddiddordeb mawr arall Mishtir – y Clwb Ffermwyr Ieuanc. Yn wir, bron na ddywedwn mai ffermwr wedi colli'i ffordd oedd B. J. Davies. Gwyddem mai Ben oedd ei enw cyntaf – fe'i galwem wrth yr enw hwnnw yn ei gefn, a Ben Bach hefyd weithiau, achos nid oedd yn gawr o gorffolaeth o bell ffordd. A bu cryn ddyfalu yn ein mysg beth allai ei ail enw fod. Wyn Nant-erin, rwy'n credu, a solfiodd y broblem gyda gwreiddioldeb os nad gyda chywirdeb – Ben Jamin Davies.

Sylfaenodd y Clwb yn y pentref, a'r ysgol wrth gwrs yn ganolfan iddo, yn gynnar yn ei yrfa. Y clwb cyntaf i gael ei sefydlu yng Nghymru, a'r clwb cyntaf y tu allan i Loegr i ennill Tarian Effeithiolrwydd y Ffederasiwn. Daeth nifer o'r aelodau cyntaf yn ffigurau amlwg yn y mudiad yn ddiweddarach – Wncwl Wyn, Emrys Tŷ-llwyd, Edward Pwll-y-broga a Gwyn a Hywel y Rhos. Tyfasai'r to hwnnw yn ffermwyr hŷn erbyn ein hamser ni, a rhai o'n gwersi cyntaf oedd dysgu sut i ymddwyn yn drefnus mewn pwyllgor. Penodid un yn ysgrifennydd a'r llall yn gadeirydd am y tro, ac yn y blaen, ac fe'n hyfforddid yn yr eirfa addas – Saesneg, wrth gwrs. Nid oedd pawb ohonom mor amlieithog â'n gilydd, fodd bynnag, a thrwsgl ddigon oedd ymdrechion y mwyafrif a dweud y gwir.

'Nawr 'te, cwyd di Dic ar dy dra'd i gynnig, ac fe gei dithau Iwan eilio.'

'Beth ydw i i fod i' weud, Syr?'

'Wel, gweda "*I propose*" fel-ar-fel, y magotsyn! A gweda dithe "*I second*" ar 'i ôl e.'

Wedi dwywaith neu dair o'r ymarfer hyn, dyma droi at Vincent Tai-bach:

'Ti Vincent, cwyd di nawr i gynnig.'

Ac meddai hwnnw, wedi clirio'i wddwg a llyncu'i boeri ddwywaith neu dair:

'I, I, I, I suppose I am second.'

Ond chware teg i Mishtir, ar yr ymarferol y rhoddai'r pwyslais mwyaf, o ddigon. Dysgem droi rhaffau ar y grîn o flaen Tŷ'r Ysgol, yr unig ddarn o dir, gyda llaw, o fewn y ffiniau na welwyd erioed roi pâl ynddo. Un tröwr o dan y ffenest a'r llall ar bwys clawdd yr hewl, a thua decllath o gortyn beinder rhyngddynt. Gweithiem benwast neu aerwy o'r rhaffau yn ddiweddarach.

Cyhoeddai'r Ffederasiwn lyfrynnau ar bob agwedd o ffermio: *Bee Keeping, Pig Keeping, Poultry Keeping* ac yn y blaen – rwy at fod yn siŵr fod rhai ohonynt yn y tŷ yma o hyd. Ond yma eto nid oedd y theori yn ddigon, roedd yn rhaid cael rhoi'r ddamcaniaeth ar brawf ymarferol. Bu dau gwch gwenyn gennym yn Rôd-seid am dymor, ond gan fod y garddwyr yn prinhau fel yr amlhâi'r gwenyn, rhoddwyd y gorau i'r fenter honno.

Prinder lle, rwy'n siŵr, oedd yr unig reswm na chedwid moch, ond buom am hir amser yn magu ffowls – yn lobi'r merched! Eu deor mewn inciwbetor gan nodi'n fanwl y tymheredd a phob manylyn arall, a gwae'r neb heb achos teilwng a agorai'r drws a'r 'Keep Out' arno, rhag i'r gwres ddisgyn ac i Mishtir ganfod dim ond wyau clwc yng nghyflawnder yr amser.

Cadwem enghreifftiau o'r gwahanol fridiau i fyny at oedran dodwy, a hyfforddid ni yn y gamp o'u beirniadu a dethol y goreuon, canys y mae rhagor rhwng iâr a iâr fel sydd rhwng seren a seren. Âi Mishtir i'r lobi a dod yn ôl â iâr o un o'r batris weier, a'i dal yn ei gôl o flaen y dosbarth tra dangosai ef fel y byddai gan unrhyw iâr ac ynddi argoel dod i ddodwy dri lled bys o wagle rhwng gwaelod asgwrn ei brest a'r twll y deuai'r wy ohono. Mae'n ffaith weddol hysbys fod iâr ddodwy ar brydiau yn dueddol i ddomi'n denau, a byddai wedi bod yn ddoethach iddo ef efallai beidio â ffidlan yn ormodol yn y parthau hynny, ac nid oedd yn syndod o gwbwl i ni pan wnaeth rhyw White Leghorn yr union weithred honno nes bod ffrwyth ei hymdrech yn rhedeg i lawr gwasgod Mishtir ac i fewn i'w boced wats. Ond twt lol, ni byddai ffermwyr go iawn yn poeni am ryw fanion felly.

Yn ei thro, dewisid un o ffermydd yr ardal i ni wneud astudiaeth ohoni – ei thir, ei maint, y cnydau a dyfid, ei stoc a manylion felly. Golygai hynny ddod o hyd i fapiau a pharatoi graffiau ac yn y blaen. Yn wir, troai cwricwlwm yr ysgol o gwmpas gweithgareddau'r Clwb i raddau helaeth. Ac nid drwg o beth oedd hynny. Caem ddigon o ymarfer darllen, ysgrifennu, symio ffigurau, daeareg leol a hanes, a'r cyfan mewn modd diddorol a byw, a hynny hanner canrif cyn iddi ddod yn ffasiynol i blant gymryd at brosiectau fel y gwneir yng ngoleuni'r wybodaeth ddiweddaraf. Ond fe'm trawodd pa fore, wrth weld un o'r plant yma yn paratoi i fynd i'r ysgol – llyfr neu ddau mewn un bag ar ei gefn, ac mewn bag arall bâr o welintons rhag ofn y byddai'n bwrw glaw amser chwarae, pâr o ddaps i wneud ymarfer corff ynddynt a ffedog i'w gwisgo wrth gael gwers arlunio – gymaint ar ei hôl hi yr oedd ein hoes ni. Dim ond y dillad y safem ynddynt a fyddai gennym ni i arddio, trafod ffowls, gwacáu bwcedi'r lafetri a gwneud ein gwersi.

Ymddengys i mi heddiw fod Mishtir, un ai o fwriad neu o ddamwain, wedi taro ar yr union fformiwla i ennyn diddordeb ei ddisgyblion. Yn un peth, fe gydiai awydd naturiol pob plentyn am berthyn i ryw fudiad, yn enwedig os oes i'r mudiad hwn fathodyn, â'i frwdfrydedd heintus ef ei hun. Yn ail, roedd y rhan fwyaf o weithgareddau'r Clwb yn weddol gyfarwydd i blant ffermydd, ac yr oedd cymryd rhan ynddynt yn hwyl, fwy neu lai, yn hytrach nag yn galedwaith addysg ffurfiol. Hynny a ddysgem, fe'i dysgem heb yn wybod i ni ein hunain fel petai. Ac yn drydydd, mae perthyn i ryw fudiad yn ei ddyddiau cynnar, cyn y bo rhif yr aelodau yn mynd yn rhy fawr, yn cynyddu'r siawns am lwyddiant, ac y mae llwyddiant yn magu llwyddiant a brwdfrydedd ychwanegol.

Cymerem ran yn ralïau a chystadlaethau'r mudiad ar hyd a lled y sir. Cystadlaethau siarad cyhoeddus, gwybodaeth gyffredinol – 'Knowledge Bees' fel y'u gelwid – a chystadlaethau adnabod blodau, porfeydd a phlanhigion o bob math, a hynny'n golygu mynd allan i'w casglu i ddechrau wrth gwrs. Ac yr oedd trafaelu i'r achlysuron hynny yn anturiaethau ynddynt eu hunain. Gan fod petrol wedi ei ddogni a cheir yn gymharol brin, a bysiau allan o'r cwestiwn, nid yn anaml y perswadid perchen lori wartheg i'n cludo. Llorio'r gist â gwellt glân a'n llwytho ni iddi fel torraid o foch, ond gyda'r siars bendant ein bod i fod yn hollol ddistaw wrth fynd drwy bob tref a phentref rhag ofn y byddai plismon ar y sgwâr, neu'n waeth fyth sbesial constabl.

Ymwelem â ffermydd lleol cyn amled yn oriau'r ysgol ag ar y Sadyrnau, ffermydd lle byddai'r dulliau diweddaraf a'r peiriannau mwyaf modern ar waith. Gwar-llwyn, Rhydlewis, lle gwelsom whilber yn rhedeg ar raels yn carthu'r beudy, a gweld tacl gwneud silwair am y tro cyntaf. A Phantyderi ym Moncath, lle gwelsom barlwr godro na welsai'r un ohonom ddim byd o'r fath erioed, wedi'i deilio â theils gwyn i gyd ac yn edrych yn debycach i ysbyty na'r hyn yr arferem ni weld gwartheg ynddo. A llawer anturiaeth gyffelyb a ddaeth i'n rhan tra oeddem, yng ngolwg yr awdurdodau addysg beth bynnag, eto'n ddisgyblion ysgol gynradd.

Ond er y bri a roddai ar grefft gyntaf dynolryw, nid esgeulusai Mishtir agweddau mwy traddodiadol addysg. Fel ysgol eglwys, dysgem y Credo a phethau tebyg, a dôi'r Canon E. Lee Hamer i'n harholi yn y 'Catechism'. Byddai tystysgrifau i'r sawl a ddôi drwy'r prawf hwnnw yn llwyddiannus.

Caem wersi canu yn yr hen nodiant a'r sol-ffa, a'r modiwletor wedi ei hongian dros y bwrdd du, a'r Pointer Du, am unwaith, yn ei briod swydd. Cawsom yn ein dwylo hefyd ar un adeg *Allwedd y Tannau*, ac ymarfer canu Cerdd Dant – peth go anarferol yn yr ardaloedd hyn ar y pryd. Brodor o Dreorci oedd Mishtir, ac felly roedd siawns go lew fod elfen at gerddoriaeth ynddo, ond o ble daeth y duedd hon at Gerdd Dant? Mae enwogrwydd Treorci ym myd canu corawl yn hen hysbys, ond nid oedd yr adeg honno, ac nid yw o hyd, yn un o gadarnleoedd canu penillion.

Gosodiadau syml oeddent gan fwyaf, ond swynol dros ben, ac alawon fel 'Llwyn Onn' a 'Nos Galan' yn ffefrynnau. Ac ni fuom fawr o dro cyn dysgu canu cystal ag unrhyw Ddan Puw o'r Gogledd 'na.

> Os collodd Gwalia feibion glân
>   O lwyfan cân y teulu,
> I swyno'i chalon estron iaith
>   Ers amser maith sy'n methu,
> A daw y delyn eto'n ôl
>   I gôl aelwydydd Cymru.

Yr oeddem yn gyfarwydd â chlywed canu penillion mewn cyngherddau ac yn y blaen, ond nid yr hyn a elwir yn Gerdd Dant heddiw ydoedd, eithr rhywbeth a elwid yn Ddull y De, nad oedd hyd y gwelaf i yn ddim ond rhoi geiriau gwahanol ar alawon cyfarwydd, neu o leiaf ar ryw fath ar gyfaddasiadau o osodiadau cyfarwydd. Megis a geid gan Ifan Nant-y-popty a Jo Wernynad. Canai Ifan benillion o waith Isfoel fynychaf, a'r rheini yn ymwneud â materion lleol. Offer ffermio a'r 'light railway' i'r Ceinewydd, er enghraifft. (Ni welwyd mohoni byth, ond fe gafodd gân – peth od yw dychymyg bardd ontefe!) Ni chollodd Ifan mewn cystadleuaeth am ddeng mlynedd, medden nhw.

Penillion o'i waith ei hun a ganai Jo, ac yr oedd galw mawr arno yntau mewn cyngherddau o bob math. Nid yn anaml y comisiynid ef (yn ddigon annheilwng, siŵr o fod) i ganu cerddi arbennig ar gyfer cyngherddau i groesawu rhai o'r bechgyn adref o'r rhyfel. Mae eto lawer ohonom sy'n cadw ar gof yr hen ganeuon lleol hynny. Pan fo'r hwyl yn uchel, megis ar Ddydd Iau Mawr, yr ŵyl arbennig honno rhwng dau gynhaeaf nas gwelir yn unman ond yn Aber-porth, siawns na fydd rhywrai yn pitsio un o ganeuon Jo. 'Cân Capten Dafis', fynychaf. Cân a ganai Jo tua dechrau'r rhyfel gyntaf, mae'n debyg, pan geisiai'r Capten hwnnw ricriwtio'r bechgyn lleol i'r fyddin:

Capten Dafis Neuadd-wen
Sy'n awr yn wyllt ei dymer
Am gael gwŷr i fynd i Ffrainc
I ladd yr ynfyd Gaiser;
Gwell i'r diawl fynd yno'i hunan
Yn lle poeni'r tlawd a'r truan,
Byddai'n fendith i bob corff
Yn Aber-porth a phobman.

Ewch i'r dre mewn cart a cheffyl,
Trowser rip neu drowser brethyn,
Chwi gewch weled pwy fydd yno,
Yr hen Gapten yn ei foto,
Ac yn brawlan wrtho'i hunan
'There's a man to kill the German'.

Darn, a darn bach yn unig, o'r gân yw hwn'na wrth gwrs. Ond fe welir nad yw mesur y ddau bennill yn gyson, ac mae'n anodd gweld sut y medrid bod wedi'i chanu'n rheolaidd ar alaw 'Nos Galan', achos rhyw fath o addasiad ar honno, neu ar osodiad arni beth bynnag, yw nodau'r gân. Ond dros y blynyddoedd mae rhywbeth go ddiddorol wedi digwydd, gredaf i. Gan amled y canwyd y gân dros y blynyddoedd, yn ddigyfeiliant wrth gwrs, mewn tafarnau ac yn y blaen, mae'r gyfalaw wedi dod yn alaw ynddi'i hun erbyn hyn. Mae'r Dr Meredydd Evans yn dal mai rhywbeth felly oedd tarddiad mwy nag un o'n halawon gwerin, megis 'Mae Robin yn Swil'.

Gan i mi ar ddamwain, megis, godi sgwarnog yr hen brydyddiaeth leol, cystal ei dilyn bellach hyd nes i mi naill ai ei dal hi neu ei cholli am y dydd. Tuag adeg codi'r Hendre, ac am sawl blwyddyn wedyn, gweithiai gŵr o'r enw Dafi Jones y Rhyd yn achlysurol yno. Campwr ar godi cloddiau – cerrig neu fate – a'r lliaws crefftau eraill yr oedd galw amdanynt yn y cyfnod hwnnw. Gŵr, ys dywedwn ni, na ellid tynnu twlsyn o'i law. Yn wir, pan ddarllenais i gyntaf ddisgrifiad D. J. Williams o Ddafydd Trefenty, 'yr hen weithiwr gwedwst, cydwybodol', Dafi Jones y Rhyd a welwn yn llygad fy meddwl. Gŵr tal, main – nage, di-gig efallai fyddai'r gair gorau – a chanddo fwstashen lled drom; a'r agosaf y deuai at regi fyddai'r gair 'Baw' gyda phwyslais go drwm arno.

Daethai i fyw i'r Rhyd o Gwm-bwch, Rhydlewis, lle buasai'n ffermio am gyfnod, ac adnabyddid ef weithiau fel Dafi, neu Dai Cwm-bwch wrth gwrs. Ef oedd y cyntaf i mi ei glywed a siaradai yn y trydydd person bob amser – 'Shw' ma fe?' ac yn y blaen. Cyn cyfarwyddo â'r peth, byddai dyn braidd yn barod i edrych dros ei ysgwydd i weld a oedd rhywun arall yn y cwmni. A rhai ohonom ni blant yn ei ddilyn wrth ryw orchwyl neu'i gilydd, petai un ohonom yn digwydd cwympo byddai gan Ddafi ei jôc fach barod: 'Baw, doed y rhocyn bach drwa at Dafi Jones i Dafi Jones ga'l 'i godi fe.' Ac wedi cysuro tipyn arnom: 'Gweded e, nawr 'te, shwd a'th hi arno fe i gw'mpo fel *na*?' ac yn y blaen.

Roedd hefyd yn dipyn o brydydd, ac o edrych yn ôl dros y blynyddoedd rwy'n credu ei fod yn cynrychioli un agwedd ddigon pwysig, ac anodd ei hesbonio hefyd, ar y grefft honno. Hyd y gwn i, nid oedd yn gynganeddwr, ond fe fyddai traw cynganeddol yma a thraw yn ei benillion – rhyw glec braidd-gyffwrdd, fel pe bai yn 'cofio am y pethau anghofiedig' yng nghelfyddyd ei gyndadau. Mae enghreifftiau ddigon, wrth gwrs, o brydyddion o'r fath ledled y wlad. Rwy'n medru amgyffred, mi gredaf, sut y bu i gyfundrefn y canu caeth ddatblygu yn y lle cyntaf a chael ei throsglwyddo wedyn gan system y pencerdd a'r ofydd yn nyddiau'r Cynfeirdd a nawdd yr uchelwyr. Ond wedi trai y traddodiad hwnnw, beth a gadwodd hedyn y peth yn fyw hyd nes iddo ailfrigo? Dafi Jones a Jeri'r Cilie a'u siort. Ond sut? Yr oedd mwyafrif y boblogaeth yn anllythrennog, felly nid drwy ddarllen yr hen gampweithiau y gwnaent hynny.

Mae enghreifftiau lawer o'r peth yn ein hiaith bob dydd. Er enghraifft, ac er gwaethaf y ffaith y gallai rhai feddwl ei fod yn amrwd braidd, rwyf braidd yn siŵr mai Dafi Jones a luniodd y cetyn pennill hwn amdano ef ei hun; ac adroddem ni blant ef gydag arddeliad:

> Dai Cwm-bwch ar gefen yr hwch
> Halodd yr hwch i rechen.

Meddylier wedyn am y briod-ddull ryfedd honno, 'Petai'r byd yn mynd yn bedyll', sy'n golygu 'er gwaethaf popeth' neu 'beth bynnag a ddigwydd'. Ni fedraf fi ddychmygu unrhyw reswm dros y fath ymadrodd ond bodolaeth y traw cynganeddol.

Bardd Cocos y Gogledd yw Bardd Talcen Slip i ni, gan taw beth y gall tarddiad y fath deitl fod. A dyweder a fynner am y math hwnnw o brydydd, mae'n rhaid addef ei fod yn gweld pethau'n wahanol i'r rhelyw o blant dynion. Yr enwocaf o'r brid hwnnw yn y parthau hyn oedd Jac y Bardd, nad oedd medden nhw yn llythrennog, mwy na llawer arall y pryd hwnnw. Ond yr oedd yn fydryddwr wrth reddf, a'i benillion yn cael eu cadw'n fyw gan y traddodiad llafar. Gŵr ffraeth a pharod ei ateb mae'n debyg, fel y disgwylid i brydydd fod. Rhyw hen adlais, ni synnwn i ddim, o'r carisma a briodolid i'r cyfarwyddiaid a'r derwyddon mewn oesoedd a fu. Lladdwyd Jac yn ŵr cymharol ifanc pan gaeodd y tir amdano wrth iddo dorri ffos i waith dŵr Llechryd, gerllaw

Wern-medd. Mae stori amdano yn mynd i balu'r ardd i ryw widw fach ar fore Sadwrn, a Jac wedi hen gyrraedd a phalu am ddwyawr agos cyn iddi godi. Bore oer, sych, fel y gwelsoch chi at ddiwedd mis Mawrth yma'n aml. Honno'n ei gyfarch gan ddweud: 'Jiw, mae'n oer bore 'ma, on'd yw hi? Ry'ch chi'n siŵr o fod bron â sythu. Dewch i'r tŷ i chi ga'l rhywbeth bach i'ch twymo. Ma gen i bersli wein ac mae e'n beder oed.' Mae'n bosib nad hynny'n union oedd gan Jac yn ei feddwl, chwaith, pan arllwysodd hi ryw lond gwniadur i waelod ei gwpan, ac meddai, wrth gwympo'r cynnwys ar un llwnc a sychu'i swch yn ei lawes: 'Diawl, mae e'n fach ar 'i oed, hefyd.'

Trigai ym Mhen-maen, draw ar y Ledi Rôd; ac yn Nhŷ'r-ddôl islaw trigai gŵr arall a oedd hefyd yn teitlo ei fod yn fardd. Nid oedd yr oes honno, mwy na hon, yn nodedig am ledneisrwydd y naill fardd tuag at y llall. Cwrddodd y ddau yn ydlan y Cringae wrth y gwair, mae'n debyg: Jac ar ben y das a'r llall yn crafu o gwmpas a gofalu amdani – swydd ddigon pwysig, ond un a'i rhoddai dan beth anfantais seicolegol gan fod Jac gymaint â hynny yn uwch nag ef. Yno y lluniodd Jac, yn ôl y mabinogi lleol, y clasur hwnnw:

> Dyw bardd Tŷ'r-ddôl ddim bardd yt ôl,
> Mae clopa'i ben yn rhy bell 'nôl,
> A thra bo diffyg ar y brein
> Ni ddaw i sgidie bardd Pen-mein.

Nid nepell o'r Pen-mein hwnnw mae capel Blaenwenen Fach. Capel y Bedyddwyr, nad oes llawer ohonynt y ffordd hyn (mae hi'n wahanol yn nhop Sir Benfro), a daeth gweld wyneb Tom Herbert, y milfeddyg o Aberaeron, ar y teledu un noson â hanesyn a adroddodd wrthyf rywbryd i'm cof. Rhai o'i hynafiaid oedd yn berchen Blaenwenen pan godwyd y capel mae'n debyg, a hwy a roddodd y tir, a chodwyd y capel a'i dalcen ynghlwm wrth y tŷ. Wedi rhai blynyddoedd torrwyd taid Tom Herbert allan o'r capel am ryw reswm – y capel a gododd ef ei hun i raddau helaeth. Ond ni phoenodd hynny fawr ddim arno. Torrodd dwll drwy'r wal o gegin fach y tŷ drwodd i'r capel y tu cefn i'r pulpud, ac o hynny ymlaen medrai dderbyn y moddion ar ei eistedd o flaen y tân yn fan'ny!

Rwy'n ofni fod canlyn rhai o fynych ddiddordebau Mishtir wedi fy arwain i gyfeiriadau na fwriadwn fynd iddynt gynnau fach. Ond dyna yw union effaith dilyn Gamaliel o'i fath ef. Cychwynnodd grwpiau chwarae recorder hefyd, yn ddiweddarach, a hynny eto ymhell cyn i ysgolion ddechrau gwneud hynny yn gyffredinol, ond ysgol Aber-porth a gafodd y fantais fwyaf o'r syniad hwnnw. Symudasai i'r ysgol honno yn gynnar yn y pumdegau, ac nid oedd ei farw disyfyd yno yn ddim llai na galanas. Digwyddai Siân, fy ngwraig, fod yn dychwelyd o Aberteifi ar y bws gydag ef y noson drychinebus honno.

# 6

# Cynnarddegau

Tua diwedd 1943 trawyd fy nhad yn wael iawn gan niwmonia. Rhoddai ef y bai, weddill ei oes, ar y prynhawnau hynny y bu'n chwarae plant ac yn gwlychu a sythu bob yn ail ym moliau'r cloddiau gyda'r Hôm Gârd. Ond mae'n debyg mai pur fregus fu ei iechyd oddi ar pan oedd yn blentyn. Bu'n lled wael pan oedd tua'r pymtheg oed yma, ac mae'n bosib mai hynny, ynghyd â marw'i dad, oedd y rheswm iddo adael yr Ysgol Sir wedi rhyw ddau dymor yno.

Gwaethygodd yn gyflym iawn, ac o fewn wythnos barnai'r meddyg, yr enwog Ddoctor Budd o Gastellnewydd Emlyn, ei fod yn rhy wael hyd yn oed i'w symud i ysbyty. Pender-fynodd y byddai'n rhaid iddo gael llawfeddygaeth yn y man lle'r oedd. Prynhawn Sul oedd hi, a chariai Mam ddŵr berw mewn tegellau a sosbenni, a'r anghenion eraill, i fyny i'r llofft. Deallwn beth o'r sgwrs rhyngddynt. Byddai'n rhaid tapio i'w ysgyfaint dde a gosod piben yno i geisio tynnu'r crawn a'r llid oedd ymron â'i ladd.

Wedi paratoi'r cyfan, anfonwyd Mam o'r ystafell wely ac eisteddem yn y gegin fach. Daeth y meddyg i lawr atom ymhen rhyw awr a golwg bryderus iawn arno. Sais ydoedd, byr ei eiriau a byrrach ei amynedd, ond athrylith does dim dwywaith amdani. Cymerodd gadair fy nhad o flaen y tân a thanio'i bibell gan bwyll bach. Ac yno y bu am hir amser yn syllu i farrau'r grât gan smocio'n gymylau o fwg a gwreichion, ac ni ellid bod yn siŵr ai siarad â Mam a wnâi ai ag ef ei hunan – hynny a ddywedai o gwbwl. Ond cafwyd ar ddeall ei fod wedi methu â thapio'r ysgyfaint yn llwyddiannus; fod y biben yn ormod i fynd rhwng yr asennau, ac y byddai'n rhaid torri darn o asen allan.

Ac yn y cyfyng-gyngor hwnnw y brwydrai. P'un ai i'w mentro hi ai peidio. Os gwnâi, a fyddai fy nhad yn ddigon cryf i ddal y driniaeth? Ond eto, oni wnâi, doedd ond un peth yn ei aros.

Yna, ac yntau newydd lwytho'i bibell am tua'r trydydd tro, cododd fel bollt o'i sedd a'i tharo allan ar y pentan. Trawodd y bibell ym mhoced dde ei siaced, a'r mwg eto heb gilio'n llwyr ohoni, a chyda dau gam roedd yn y gegin ac i fyny'r grisiau, ddwy ar y tro. Pan ddaeth i lawr ymhen amser, ymolchodd yn y badell enamel ar y ford, gofynnodd am gwpanaid o de ac aeth yn ôl i stôl Nhad a llwytho'i bibell eto, ond gan edrych allan drwy'r ffenest y tro hwn. 'Quite a nice day, isn't it,' mynte fe.

Daeth Nhad drwyddi yn ddigon da i'w symud i Ysbyty Aberteifi ymhen rhai dyddiau, a bu yno am wythnosau. Cofiaf amdanom ni'r plant yn mynd i'w weld adeg y Pasg, a'r tri hynaf ohonom ar ein ffordd i gymanfa ganu'r Tabernacl. Aeth Margaret, nad oedd yn llawn bedair oed, i gysgu gydag ef yng ngwely'r ward, ac yr oedd Mary yn rhy ieuanc i boeni ym mha wely y cysgai.

Drwy'r gwanwyn hwnnw ac am fisoedd wedi hynny, bu'n rhaid i ni ddibynnu ar gymdogion i wneud gwaith y fferm. Roedd Wyn, wrth gwrs, yn gwneud ei orau i redeg yr Hendre a Than'reglwys gyda'i gilydd, ac nid oedd gwas yn un o'r ddau le. Deuai Jams Tai-bach neu un o'r meibion acw i 'redig am rai diwrnodau; a phobl Cwmporthman, Llwyn-coed, Ffynnon-wen, Maesyderi, Tŷ-Mawr – pawb yn ei dro, yn nhraddodiad gorau ardaloedd gwledig. Rhedai Goronwy a minnau adref o'r ysgol ganol dydd i garthu'r beudy a'r stabal a chario gwair a gwneud y dwt o gylch y clos. Malu hefyd. A golygai hynny danio'r injan Blackstone a'r ddwy olwyn fawr drom. Gwyddem y dechneg o'i phoethi a'i thanio, ac nid bach o dasg oedd hynny. Byddai'n rhaid cynnau lamp debyg i breimys yn ei phen blaen i ddechrau, ac aros i honno boethi math ar bentan cast uwch ei phen. Pan gyrhaeddai'r pentan hwnnw wres y byddai poeriad yn rowlio oddi arno yn hytrach na sticio arno, byddai'r injan yn barod i'w thanio. Yna dodem goes sbaner i ddal y falf ecsôst ar agor i leihau'r tyn tra byddem ni, un wrth bob olwyn, yn dechrau eu troi. Ara bach i gychwyn, ac yn cyflymu, cyflymu o hyd, nes na fedrem fynd ddim cyflymach; yna tynnai un ohonom y sbaner i ffwrdd, ac os byddai ffawd o'n plaid byddai'r beltiau yn cletsian a'r gwerthydau yn troi o fewn dim amser.

Ar un o'r adegau hynny bu'n rhaid i ni wisgo Cora, yr hen gaseg froc fawr honno o Lwyn-coed a oedd gyda ni am y dydd ar ei therm o wasanaeth trugaredd, i'w rhoi yn y cart at ryw orchwyl. Prin fy mod i'n cyrraedd llawer mwy na hanner ffordd at ei hysgwydd, ac yr oedd Non yn fyrrach o gorff na mi. Daethpwyd dros y broblem o wisgo'r coler a'r hêms a'r britys drwy ddringo i ben côr y stabal a'u gwisgo o'r fan honno; a'r hen gaseg, chware teg iddi, mor dawel ag oen yn wyneb y driniaeth anarferol hon. Ond sut oedd cael ffrwyn amdani, a'i phen tua llathen yn uwch nag y medrai'r un ohonom ei ymestyn? Bwriwyd rhaff am ei gwddw a'i harwain allan i'r clos gan geisio cael ganddi ostwng ei phen. Ond dim. Yna cafodd un ohonom y syniad o mofyn y whilber a sefyll yn honno i gael mantais, a deuthum o fewn tair modfedd i lwyddiant hefyd. Ond erbyn hyn, a'r gaseg wedi goddef ein nonsens ni am tua hanner awr, roedd yn dechrau anesmwytho. Ac fel y gŵyr y cyfarwydd, nid yw llawr whilber y llwyfan diogelaf i ddawnsio arno, a digwyddodd yr anochel. Moelodd y whilber a'm bwrw yn grwn allan ohoni. Gwylltiodd y gaseg yn y clindarddach, a chodi'n syth ar ei thraed ôl, gan aros felly am hydoedd, dybiwn i, fel talcen eglwys fry uwch fy mhen. Ond chware teg iddi eto, ni cheisiodd ddianc, ac rwy'n credu mai Mam a ddaeth i'r adwy y tro hwnnw hefyd.

Pan ddaeth fy nhad adref, nid oedd fawr gwell na chorff

eildwym. Mae'n rhaid ei fod wedi cyrraedd pan nad oeddwn i o gwmpas, achos pan glywais ei fod wedi cyrraedd, a mynd i lawr i'r gegin i'w weld, prin fy mod yn ei nabod. Roedd ei wyneb fel gweren, a'i lygaid yn ôl ymhell yn ei ben, a rhwng ei fod yn eistedd o dan fantell y simne, a'r cornel hwnnw yn dywyll heblaw am olau'r tân arno, rhoddai'r cyfan i mi ymdeimlad o arswyd na wnaeth clywed ei lais egwan ond ei ddwysáu. Ni chredaf i mi fentro'n nes ato na chornel y drws, ond er gwaetha'r cwbwl cryfhau a wnaeth dros yr wythnosau canlynol.

Dôi cydnabod a chymydog heibio i'w weld yn fynych, wrth gwrs, ac ymhlith y selocaf ohonynt yr oedd Gwendraeth James, ei hen ysgolfeistr a chyfaill mynwesol ei dad Dafi Tan'reglwys, a'r ysgolfeistr pan ddaeth Mam yn athrawes gyntaf i Flaen-porth. Ond nid yw hen ysgolfeistri fyth yn ymddeol – rhoi i fyny maen nhw. Byddai ganddo ryw broblemau neu gwestiynau i ni yn ddi-ben-draw. Beth yw prifddinas y Man-a'r-man, neu enwau rhyw frenhinoedd, afonydd, mynyddoedd – ac wrth gwrs, y 'Mental Arithmetic' tragwyddol. Gymaint felly nes i ni gymryd cas perffaith ato, neu ddychmygu i ni wneud hynny beth bynnag. A chododd yn ein pennau ei fod yn rhaid rhoi stop ar yr ymwelydd siôn-holwr hwn.

Prin y byddai neb yn dod ar droed i Dan'reglwys drwy iet y clos. Deuent i fewn drwy iet Parc Bach ac ar hyd y llwybr i lawr drwy'r cae hwnnw at y stepiau cerrig i lawr i gwrt y gegin fach. A'r fflach o weledigaeth a gawsom oedd 'nelu maglau ar hyd y llwybr hwn gan obeithio dal Gwendraeth yn un ohonynt, fel 'tasen ni'n trio dal cadno. Doedd y ffaith mai gefn dydd glân golau y deuai'r sgwlyn, a'i fod felly'n medru gweld pob magl yn berffaith amlwg, ddim wedi gwawrio arnom a buom wrthi am fore cyfan yn hollti pegiau a gweithio maglau cortyn beinder, nes i John Webb y postman faglu yn un ohonyn nhw, a chawsom ei farn ef amdanom mewn tua thri gair – ac yr oedd yn ail-ddweud ei hun mewn dau o'r rheini!

Ar ambell brynhawn Sadwrn âi Goronwy a minnau draw i'r Dyffryn, ym mhlwy Llangoedmor. Wncwl Dan ac Anti Anna Maud oedd yn ffermio yno. Modryb fy nhad oedd hi mewn gwirionedd, chwaer ifancaf Mam-gu'r Hendre, a'u plant, Alun a Margaret, felly yn rhyw fath o ail gefndryd i ni. Ond fe fu'r berthynas rhyngom erioed yn glosiach na hynny. Aem ar bobo boni, fynychaf, ac unwaith neu ddwy yn ddau ar gefn Bloss. I fyny'r Ledi Rôd heibio i gapel Blaenwenen Fach, a thynnu plet o'r fan honno yn hytrach na rowndio heibio i blas Pant-gwyn a Phen-llwyn-du, yn groes i Ben Caer Bica, rhyw hen gornelyn rhoslyd o dir yr aem drwyddo i gaeau uchaf y Dyffryn.

Roedd Pen Caer Bica yr adeg honno yr hyn a alwem yn 'Bishyn Padis'. Hynny yw, roedd yn wersyllfan i sipsiwn. Erbyn heddiw, rwy'n sylweddoli i mi wneud cam mawr â'r llwyth hwnnw drwy eu huniaethu â'r rapsgaliwns hynny sy'n hela sgrap o gwmpas y wlad. (Efallai y byddai sgrapsgaliwns yn gystal gair â'r un am y rheini.) Nid oes dim amheuaeth amdani, Romani oedd pobl Pen Caer Bica, efallai'r llwyth olaf i drafaelu'r parthau hyn, er bod Dafi Jones, Llainmacyn, yn ddisgynnydd iddynt, yn ôl y sôn. Deuai hwnnw i weld fy nhad bob yn awr ac yn y man – dynion ceffylau fel ei gilydd, wrth gwrs – a chael ambell bwn o geirch ac yn y blaen. Cofiaf amdano'n dod rywbryd tua mil naw pedwar wyth, a thua saith o aneirod gennym yn dioddef o'r dŵr coch. Yn wir, gan amled yr oedd McIlwaine y fet wedi ei alw roedd un neu ddwy eisoes wedi mynd i dalu hwnnw, ac nid oedd fawr o siâp i'w weld yn dod ar y gweddill. Mynegodd Dafi mai'r peth hawdda'n y byd i'w wella oedd dŵr coch. Cymryd baich go lew o Big y Crychydd ('herb Robert') a'i ferwi, a rhoi'r trwyth wedi iddo oeri i'r anifail. Hynny a wnaed, a gwellodd pob un. Dywedai mai trogod ar hen dir llaith a achosai'r clefyd, ac mae'n fwy na thebyg ei fod yn iawn, achos wedi i ni aredig tir y cwm yn ddiweddarach ni welwyd fawr mwy ohono.

Gan i ni orfod mynd bron drwy wersyll y sipsiwn ym Mhen Caer Bica, daethom yn weddol gyfarwydd â hwy, achos siaradent Gymraeg yn iawn, ond yr oedd arnom ormod o'u hofn i aros. Serch hynny, gwelsom un yn rhostio draenog unwaith. Ei orchuddio â chlai a'i roi yn rhes y tân, ac wedi i'r clai bobi'n galed ei dorri i ffwrdd a'r pigau i gyd yn glynu ynddo.


Tua blwyddyn wedi i Nhad golli ei iechyd daeth y tân acw. Wn i ddim a yw'n gyffredin drwy Gymru i gyd, ond felly y clywais bawb yn yr ardaloedd hyn yn cyfeirio at dân ar fferm, yn union fel petai'r peth yn anochel. Yn wir, nid wyf yn siŵr na chlywais rywun rywbryd yn dweud ei bod yn hen gred fod tân yn rhwym o ddigwydd ym mhobman unwaith mewn oes.

Hydref cynnar oedd hi, a ninnau'n dod o'r ysgol. Gwelem Annie Williams, Llannerch – 'Miss' i genhedlaeth ddiweddarach o blant Blaen-porth, a Miss a haeddai bennod gyfan iddi hi ei hun o ran hynny – ar ben y drws. Galwodd arnom i'r tŷ, peth nad arferai ei wneud. Gofynnodd a hoffem bobo gwpanaid o de a theisen, ond gwrthod a wnaethom gan ein bod mewn brys i fynd adre. Ond, o dipyn i beth, eglurodd na fedrem fynd adre am dipyn am fod damwain fach wedi digwydd. Chware teg iddi, bu'n ymgorfforiad o ddoethineb, a thawelodd ofnau hyd yn oed y lleiaf ohonom, a sychu ambell ddeigryn hefyd; ac yno y buom am beth amser.

Gwelodd ei bod yn ddiogel i ni fynd adref ymhen tipyn, a phan gyraeddasom roedd y peiriannau tân newydd ymadael, a mwg ac anwedd yn dal yn gwmwl dros y clos, ac ambell gudyn yn dal i godi o'r gegin fach a'r storws uwchben. Llechi a dŵr yn llond cwrt y gegin fach, a'r to wedi mynd yn gyfan gwbwl, ond nid oedd dim niwed ar weddill y tŷ. Roedd gan

Mam hanner cant o gywion mewn inciwbetor ar y storws, a lamp baraffîn honno a achosodd yr alanas. Tair ystafell a phalisau styllod iddynt, lle'r arferai gweision gysgu a lle cedwid llawer iawn o harnais y ceffylau – yr harnais sioe gan fwyaf – y cyfan yn lludw. A buom am fisoedd, yn wir am flynyddoedd wedyn, yn dal i ddod o hyd i fyclau pres, clychau ffrwyni ac addurniadau arian allan o dan y ffenest ym Mharc Bach, lle taflwyd y cyfan gan y dynion tân yn eu hymdrech i arbed gweddill y tŷ. Llosgwyd hefyd bob cerdyn gwobr a hoeliesid ar drawstiau'r gegin fach, fel mai prin y medrid dweud fore drannoeth fod Tan-yr-eglwys unwaith wedi bod yn lle enwog am ei feirch a'i geffylau sioe.

Mae'n rhaid fod y blynyddoedd hynny wedi bod yn rhai digon main ar fy rhieni, o ystyried popeth, ond ni theimlais erioed i mi weld eisiau dim. O bosib nad oeddwn yn cymryd pethau ddigon o ddifri, ond rhywfodd derbyniwn yn ganiataol y byddai Nhad yn gwella ac y byddai popeth yn iawn wedi'r tân. Ac yn wir, wedi dod dros y syndod cyntaf o weld y sêr drwy do'r gegin fach, a gweld y cesair yn tasgu lle'r oeddem wedi arfer chwarae marblis, felly y bu. Mae dyn yn cyfarwyddo â phopeth. O edrych yn ôl ar ein hwyl yr adeg yma, rwy'n ein gweld yn hynod o debyg i haid o ddrudwy. Un noson neu brynhawn Sadwrn, byddai rhywle tua deg ohonom yn Nhan'reglwys yn cadw sŵn ac yn chwarae o gwmpas y Parc Bach a'r clos; yna, ddwy neu dair noson wedyn, a heb arweinydd o gwbwl nac unrhyw arwydd pendant, hyd y gwelwn i, byddai pawb yn troi ar ei adain i gyfeiriad Pont y Rhyd. Clegar a swnian yno wedyn am noson neu ddwy, a'r un mor sydyn, yr un mor ddigynllun, disgyn ar iard yr ysgol, efallai, wedi iddi gau am y dydd. Cetyn bach yno ac ymlaen wedyn i rywle arall, ac felly tra parhâi'r tymor a'r tywydd.

Dôi rhyw chwiwiau o wahanol chwaraeon heibio yn eu tro. Chwarae cwrsio a chŵn hela, wrth gwrs, yn weddol gyson, drwy'r flwyddyn, a rhyw gêm oedd yn fath o groesiad rhwng y ddwy. Safai tua hanner y chwaraewyr wrth un wal i iard yr ysgol a'r hanner arall wrth wal gyferbyn, gan adael un yn y canol. Ceisiai hwnnw wedyn ddal rhai o'r lleill wrth iddynt groesi o un wal i'r llall. Bob rhyw hyn-a-hyn byddai rhywun yn galw 'Bar' pan fyddai arno angen hoe, neu pan fyddai rhyw greisis arall yn dod heibio. Ni byddai hawl cyffwrdd yn hwnnw wedyn tan iddo ailymuno yn y gêm.

Deuai hela concers a chneua heibio yn eu tymor, a daeth y faciwîs, rwy'n cofio, â chwarae pêl yn boblogaidd. Ymhlith y merched gan fwyaf, ond roedd rhai ohonom ni fechgyn yn gryn gampwyr arni hefyd. Cyfrifem fod gennym fwy o ddawn naturiol â phêl. Teflid pêl yn erbyn wal weddol uchel a'i disgwyl i hobo'n ôl oddi ar y llawr, ac yna ei dal. Dyfeisiwyd wedyn bob math o amrywiaethau ar hynny – taflu rownd i'r cefn; taflu rhwng y coesau, a'r cefn at y wal; taflu a throi unwaith neu ddwy cyn i'r bêl ddod yn ôl, ac yn y blaen. Roedd i'r chwarae hwnnw y fantais fawr y gallai rhywun naill ai ei chwarae wrtho'i hun neu mewn cystadleuaeth â rhywun arall.

Am gyfnod hefyd, bu chwarae digon peryglus mewn bri ymysg y bechgyn. Roedd oes carbeid bron â dod i ben, a fflachlampau trydan yn dod yn fwyfwy ffasiynol. Ond yma a thraw, daliai ambell gapel a festri i gael eu goleuo â lampau carbeid. Rhyw fath o galch – calsiwm carbeid i fod yn fanwl – a gynhyrchai nwy acsetalin pan wlychid ef, a'r nwy hwnnw yn danllyd nid chware. Darganfuwyd fod hen stoc o garbeid yn siop Tan-y-groes. Y gêm wedyn oedd cael tun coco gwag, neu'n well fyth tun Golden Syrup – roedd caead hwnnw'n ffitio'n dynnach – a bwrw twll hoelen yn ei waelod. Rhoi lwmpyn o garbeid at faint wy sguthan yng ngwaelod y tun, a phoeri arno neu ei wlychu mewn rhyw ffordd arall os byddai rhaid. Cau'r clawr yn dynn wedyn a dal matsien at y twll – ac andros o ergyd fel twel' bôr, a'r caead yn cael ei saethu lathenni lawer i ffwrdd. Mae gen i gof am Stanley Parc-yr-efail yn cynnig ei bart ôl yn darged i ni ryw noson. Coeden onnen ym Mharc Bach wedi cwympo mewn storm, a thua deg o duniau coco a Tate and Lyle wedi eu gosod yn rhes ar y bonyn; pob un wedi ei anelu at starn helaeth Stanley tuag ugain llath i ffwrdd, a'r *firing squad* ar arwydd arbennig yn poeri fel un gŵr, a'r England's Glory ym mhob twll mewn cytgord perffaith. '*Fire!*' a dyma ergyd unsain, digon i suddo'r *Graf Spee*, a'r caeadon yn hedfan fel conffeti i gyfeiriad y ddwy ffolen fawr nad oedd iddynt arfwisg amgenach na throwser rip a thipyn go lew o glêd arno.

Eithr roedd yn bwysig gochel rhag gor-wlychu'r galchen garbeid. Y peryg wedyn oedd iddo fflamio'n ôl. Chwythiad o fflam a mwg du yn saethu allan o'r twll hoelen at y llaw a ddaliai'r fatsien, gan ruddo pob blewyn arni, a gwaeth hefyd weithiau. Adroddai Sam y Cringae amdano ef a Martin Beulah yn mynd â lamp garbeid a milgi i ddal cwningod liw nos ar gefen yr Hafod. Daethai lamp garbeid â'i goleuni llachar, fel y fflachlamp chwe chell drydan yn ddiweddarach, yn erfyn di-ail at y pwrpas hwnnw. Dellid yr wningen ym mhelydr y lamp fel mai prin y medrai symud o ffordd y milgi.

Ond mae Cefn yr Hafod yn lle prin ei ddŵr. A phan ganfuwyd fod llewyrch y ffagl wedi pylu yn fagïen fach, barnwyd fod angen ei hailgyflenwi â charbeid. Ond nid oedd na rhewyn na phistyll o fewn milltir, ac yr oedd angen mwy na phoeriad ar lamp o'r maint hwnnw. Yn naturiol, bu'n rhaid meddwl am gyflenwad o gyfeiriad arall. Barnwyd mai gan Sam yr oedd yr argoel orau am y glwybwr angenrheidiol, gan iddo alw yn nhafarn Pen-llwyn-du rai oriau ynghynt. A thra daliai Martin y lamp, ceisiai Sam, meddai ef, fesur yr union nifer o ddiferion yr oedd eu hangen. Ond unwaith yr agorir y fflodiad nid oes reoli arni, ac y mae'n rhaid ei fod wedi mynd beth ffordd dros y 'Max' ar y dipstic, achos yn hollol ddirybudd dyma fflam felen a phwff o fwg du 'fel 'y mraich i', mynte Sam, yn saethu ma's ohoni, nes bod y dirgelion 'mor ddu â thin tegil, a'i big e'n gols coch i gyd, folon marw'.

# 7

## Y lle bûm yn gware gynt

'Da gan ddiogyn yn ei wely glywed sŵn y droell yn nyddu', meddai'r hen bennill hwnnw; eithr nid troell yn fy hanes i ond separetor. Separetor Alpha Laval yn y llaethdy ym Mhen-y-graig, a minnau yn fy ngwely yn y Llofft Fach uwchben. Buasai Anti Nel wrthi ers awr a mwy yn mofyn gwartheg o'r morfa i'w godro, ar awr dipyn yn rhy gynnar i grwtyn fel fi ei dilyn. Ac fe'm dihunid gan sŵn hymian uchel y peiriant hwnnw oddi tanaf.

Buaswn ar ryw fath o wyliau estynedig yno am haf cyfan, gan y barnai Mam y gwnâi tipyn o newid aer les i mi. Roedd yn arfer gan fy nghefndryd a'm cyfnitherod fynd am wythnos neu bythefnos i Ben-y-graig bob haf. Eluned a Mair, plant Wncwl John o Lundain; Tegwen a Seri a Fanw, plant Anti Emily o Grynant; ac wrth gwrs roedd Alun yn byw yno, a Daniel a Dave gerllaw. Nid rhyfedd fod Da'cu a Mam-gu weithiau fel pe baent yn methu â'n deall yn siarad. Dyna beth oedd Babel y tafodieithoedd. Plant Crynant a'u 'acha' a'u 'ishta' a'u 'dôti', a minnau a'm 'wês' a'm 'iet', a phlant Llundain a'u dwn i ddim beth i gyd, gyda'r Gogs yn ein mysg yn cyfieithu orau y medrent.

Ond os bu gwlad hud a lledrith i mi erioed, ym Mhen-y-graig yr oedd honno. Roedd yn bell – o leiaf ddeugain milltir o Dan'reglwys. Roedd yn wahanol – tyddyn bach o'i gymharu â fferm 'fawr' – lle'r oedd ieir dandi yn nythu yn y goeden gelyn yng ngwaelod y clos, lle caem chwarae hoci â ffyn Da'cu – wel, rhyw groesiad rhwng hoci a golff a bando, beth bynnag – a lle'r oedd y bobol yn wahanol, yn dweud 'rŵan'

100

a 'brechdan' a phethau felly, a lle cawn innau sylw anarferol gan bawb a'm clywai yn dweud 'pentigili' a phethau syml o'r fath. Roedd Banc y Neuadd ar bwys – dim ond hyd y bompren dros y Nant Fach, ac yr oeddech yno – deorfan pob math ar ddychmygion, o'r Dwyrain Gwyllt i wlad Siôn Blewyn Coch, gyda'i lwybrau defaid rhwng y coed pin a'r hen siafftiau mwyn a'r twmpathau creigiau yn fyd newydd bob tro.

Roedd llyswennod droedfeddi o hyd yn y ffosydd, a brithyll dan bont Dole Gwyn, a physgod tipyn mwy yn y darn hir ar y gwastad o Graig y Penrhyn i Bont y Lein. Unwaith neu ddwy aethom yr holl ffordd i lawr at y bont honno ac allan oddi tani i aber afon Dyfi, a cherdded milltiroedd yn y tywod llaith i gyfeiriad Ynys-las i hela cocos. Dim ond taro'r swnd yn ysgafn â chefn y bâl, ac fe welech y cocos yn codi'n bothelli i'r wyneb. Rhaca wedyn, a'u crafu ynghyd, ac adref â hwy i'w berwi allan o'u cregyn. Malem y cregyn gweigion a'u rhoi yn gymysg â bwyd yr ieir, ac anodd oedd dweud ai'r ieir â'r cregyn ai ni â'r cocos – a'r swnd – a fwynhâi y wledd fwyaf.

Awn i ysgol Llancynfelyn yr haf hwnnw, lle'r oedd Mr Evans, tad Geraint a'i frawd John Hefin, yn brifathro, a'm Anti Kate yn arglwyddiaethu yn y Rŵm Bach, ond digon niwlog yw fy nghof am ddim byd arbennig yn digwydd yno. Arferem chwarae marblis – peth dieithr yn ysgol Blaen-porth ar y pryd – ac yno hefyd y gwelais oglais brithyll am y tro cyntaf. Clifford Roberts a Wil Dole Bach a'm cyflwynodd i'r grefft honno – plant cymaint mwy soffistigedig na mi, yn arfer trafaelu ar fws a chwbwl! Roedd Wil yn bysgotwr o'r crud – ni fedrai lai na bod ac yntau'n byw â'i draed bron yn y Clettwr. Treuliodd ran helaeth o'i oes yn ei dŵr. Ond er yr ias o foddhad a gawswn unwaith neu ddwy wrth ddwyn sildyn o frithyll, fawr mwy na mwydyn gweddol, ac ambell leden adref gyda mi i'w cyflwyno yn seremonïol iawn i Anti Nel neu Mam-gu i'w rhoi ar y ffreipan, rywfodd ni chydiodd yr elfen bysgota ynof. Ond rwy'n dal i obeithio. Mae gennym

101

afon – fawr mwy na nant weddol yn wir – yng ngwaelod y cwm yma, Nant Howni, ond nid oedd bysgodyn ynddi yn ystod fy mhlentyndod i. Ers rhyw chwarter canrif bellach, fodd bynnag, digwyddodd rhyw wyrth, ac y mae bellach yn llawn brithyll. Yn wir, pan orlifodd hylif silwair iddi beth amser yn ôl a gwenwyno tua dau gant o bysgod mewn rhan ohoni, canfuwyd un neu ddau sewin hyd yn oed ymysg y cyrff. Enghraifft o wella a gwaethygu yn yr ecoleg leol ar yr un pryd.

Ond yn ôl i Ben-y-graig a Thre'r-ddôl. Er y medrwn, petawn yn holi fy chwiorydd, gan fod y rheini – ac yn enwedig Rhiannon – yn dipyn mwy manwl na mi ynghylch dyddiadau ac yn y blaen, gael gwybod yn lled gywir yr union adeg yr euthum ar y gwyliau estynedig hynny, amcanu yn unig yr wyf pan ddywedaf i mi gyrraedd yn weddol hwyr yn y gwanwyn, tua diwedd mis Mai efallai. Achos rwy'n cofio Da'cu yn gwneud oged ddrain i lyfnu rhai o gaeau'r morfa, peth nas gwelswn erioed o'r blaen – oged tshaen fyddai gennym ni bob amser. Gwelais ef hefyd yn ddiweddarach yn lladd yr hen frest fach serth honno rhwng Banc y Neuadd a'r morfa â phladur, troi'r gwair â chribyn fach a'i gasglu ynghyd â'r gribyn fawr, a chodi tas fach – fawr mwy nag a welswn ar wagen gartref – yn nhalcen y twlc, a'i thoi â brwyn. Tra oedd wrthi yn toi, a'r das heb eto lwyr galedu i'w lle, anfonodd fi i nôl hanner dwsin o gellyg glas, caled o'r berllan, a'u gwthio i fewn hyd ei fraich i ochr feddal y das, a'u gadael yno yn y gwair persawrus, cynnes. Ymhen pythefnos yr oeddent wedi aeddfedu'n berffaith, a chyda'r pethau blasusaf a brofais erioed.

Yno hefyd y dois i wybod ystyr y gair 'breci'. Clywswn yn aml yr ymadrodd fod te hon-a-hon 'mor gryf â breci', ond nid oedd gennyf syniad beth allai'r trwyth hwnnw fod. Arferai Da'cu ei roi i'r lloi i'w yfed. Lloi cryfion, tua'r pedwar i'r chwe mis oed yma, ac wedi eu diddyfnu o'r bwced llaeth ond heb fod eto'n llawn digon o faint i'w troi allan i'r borfa.

Dodai ddyrnaid go lew o wair, a gorau i gyd os byddai hwnnw wedi poethi yn y das ac wedi cochi tipyn, mewn bwced, ac arllwys dŵr berw drosto. A'r trwyth hwnnw, wedi iddo oeri, oedd y breci.

Yno y gwelais gadno am y tro cyntaf. A pha ryfedd, gan i mi ddarllen y noson cynt am Siôn Blewyn Coch a'r Dalar Las cyn mynd i'r gwely – yr oedd llond y lle o lyfrau ym Mhen-y-graig – ac fe'i gwelais gyda'r bore o ffenest y Llofft Fach. Dyna lle'r oedd e yn croesi Banc y Neuadd draw tua'i Dwll Daear yn un o'r hen siafftiau mwyn. Ond onid yw'n rhyfedd fel y mae pellter dyddiau ein mebyd yn mynd i lawr i'r hanner o'i weld flynyddoedd yn ddiweddarach, a maint yn mynd yn llai? Edrychai clos Pen-y-graig fel cyfandir i mi y pryd hwnnw, ond nid yw fawr mwy na phymtheg llath ar ei draws. Am y cadno hwnnw, 'rhyfeddod prin' mewn gwirionedd ydoedd ef canys ni welais un yn ein hardal ni am gryn ugain mlynedd arall. Roedd gennym wningod wrth y miloedd ond dim cadnoid. Fel arall yr oedd hi ym Mhen-y-graig. Eithriad oedd i ddyn weld cwningen yno. Yn wir, pan ddaeth fy nghefnder Daniel i lawr atom ni i Dan'reglwys ar ryw fath o *exchange visit*, cymaint oedd ei syndod a'i gyffro o weld cwningen yn rhedeg i'w thwll yn y clawdd fel y treuliodd ei fore yn ceibio a thyrchu ar ei hôl ac yn cwrsio un neu ddwy arall a welsai yn rhedeg o un cropyn eithin i'r llall, ac ofer oedd pob ymgais i'w ddarbwyllo i adael llonydd iddynt, gan eu bod yn gyflymach na llawer milgi heb sôn am ei goesau robin ef.

Ym Mhen-y-graig hefyd y gwelais ffesant gyntaf – heb sôn am ddyn neillgoes yn ei saethu. Collasai Wncwl Tomi ei goes yn y Rhyfel Mawr a chadwai siop fach yn Nhre'r-ddôl. Mae gen i ryw feddwl mai gyda'r iawndal a gawsai wedi'r rhyfel y sefydlodd ei hun yn y fenter honno. Yno, rhyngoch chi a fi, yn nyddiau'r cwtogi y câi Mam ambell gwdyn o siwgwr dan y cownter. Cwdyn cant, cofiwch chi, nid rhyw bethau bach doubown pitw fel sy nawr, yn gyfnewid am ambell ham

103

neu hanner oen a ddygai Nhad i fyny yn yr hen Ffordyn Deg hwnnw – EY 5293. Car o Sir Fôn felly, ble bynnag y cafodd fy nhad afael arno. Car i'w ryfeddu oedd hwnnw, mae'n rhaid. Tyngai Nhad ei fod yn ei roi yn y gêr uchaf ar fflat Blaen-porth ac na fyddai angen newid yn ôl wedyn hyd nes tynnu i lawr ym Mhen-y-graig – a rhiwiau Llanarth, Aber-arth a Phen-glais ar y ffordd. Cariodd hwnnw ddigon o gontraband yn ôl ac ymlaen o un pen o'r sir i'r llall i'n crogi ni i gyd, mae'n rhaid gen i.

Ar ffyn baglau, wrth gwrs, yr âi Wncwl Tomi o gwmpas, ac ni welais erioed ddim na fedrai ei wneud arnynt. Handicap, myn asen i. Nid oedd gobaith gan neb gydgerdded ag ef pan fyddai brys arno. Anaml y trafferthai i agor llidiart. Deuai i fyny ati gan anelu y ddwy ffon ar ei phwys a neidio, whiw, dros ei phen yn ei fersiwn ef o'r naid bolyn. Yn y llecyn bach cyfyng y tu ôl i'r cownter yn Siop Tomi herciai o fan i fan arall fel pioden, a'r ffyn yn y cornel yn gyfleus pan ddeuai angen am gymryd cam ymhellach na'i gilydd. Bûm yn ei ganlyn droeon, orau y medrwn, ar draws y morfa ac yntau â'i wn ar ei gefn. Pan dybiai fod gobaith am aderyn gollyngai'r ffyn gan sefyll ar ei ungoes fel crychydd a'r dryll yn barod, ac anaml y gwelais ef yn methu'r targed.

O'r cof cyntaf sydd gen i amdano dioddefai Da'cu yn ofnadwy o'r cryd cymalau, ac araf ac anystwyth iawn y symudai. Yn ei flynyddoedd olaf, prin y medrai symud heb ei ddwy ffon, ac ar eu pwys y llusgai o gwmpas yn ei hanner cwman i geisio cadw rhyw ychydig o symud yn ei gymalau cloëdig. Ond nis gwelais erioed ond ar ei wên. Roedd ei weld yn codi'r bore yn artaith. Llithrai ei ddwy goes allan o dan ddillad y gwely dros yr erchwyn, a'r rheini yn sticio allan cyn stiffed â dau bocer. Yn y man, a'i gymalau yn cretsian i gyd fel tân eithin, plygai ei ddwy ben-lin ddigon i'w draed gyrraedd y llawr, a safai yntau, gyda llawer 'Hwi' a 'Hai', ar ei draed. Stacanai ei hun yno orau y medrai am ysbaid gan geisio swingio'i freichiau dipyn bach ar y tro, fel y gwelsoch chi godi pendil hen gloc wyth, a chynyddu rhyw ychydig ar bob swing hyd nes y câi ei ysgwyddau i ddat-gloi. Gafael wedyn yn y ddwy ffon, a fyddai wedi eu gosod yn ofalus yn eu hunion le y noson cynt, a chychwyn ar y daith ddeng munud i lawr y grisiau. Ni fynnai help neb. Os daeth rhywun erioed i delerau â'i anfantais heb ildio iddo, Da'cu oedd hwnnw.

Yr oedd yn dyddynnwr a garddwr o'r iawn ryw. Buasai yn arddwr yn Lodge Park am flynyddoedd, a hynny mae'n debyg oedd y rheswm fod cymaint o blanhigion dieithr i mi yn tyfu o gwmpas Pen-y-graig. Tra medrodd symud o gwbwl roedd yn bleser gweld ei erddi. Cymaint â chwech ohonynt ar y tyddyn bach. Un wrth y Llidiart Gwyn, rhwng y ffordd a'r nant, a llwyni cyrens duon a'r rheini gymaint â grawnwin 'ar lan afonydd dyfroedd'. Gardd flodau fechan yn union o flaen drws y tŷ, ac am y llidiart â honno un arall yn llygad yr haul yn estyn i lawr at y goeden ffawydden gopr fawr wrth Lidiart y Neuadd. Gardd flodau arall yn ffrynt y tŷ, cyfrifoldeb y merched a Mam-gu, a gardd lysiau yng ngwaelod y berllan a'i phridd i gyd yn fawnen ddu – rhyfeddod o beth i mi ar y pryd. Roedd y berllan ei hun yn bersawr o ddychmygion, gyda phob math o afalau, gellyg a phlwms yn tyfu ynddi, ac andros o bren ceirios, a'r rheini gyda'r brasaf a welais erioed, yn tyfu bron allan o'r graig yn ei phen uchaf. Fel pe na bai hynny'n ddigon, roedd Da'cu ac Alun y flwyddyn honno wedi gwneud gardd lysiau arall, bron cymaint â'r lleill i gyd gyda'i gilydd, allan ar y Banc yn y cornel rhwng tir Pen-y-graig a Dole Gwyn. Mewn gwirionedd, un ardd oedd Pen-y-graig i gyd.

Cedwid pedair o wartheg duon, llo ac anner flwydd, ieir a dandis a chwpwl neu ddau o ddefaid. Os bu darn o dir erioed yn cynhyrchu i'w lawn botensial, Pen-y-graig oedd hwnnw. Pob llwyn wedi ei docio yn ei bryd, pob ffens yn gadarn, pob iet ar ei bachau. Mae gen i ryw feddwl fod Da'cu a Dafydd Jenkins, Neuadd yr Ynys, wedi bod yn flaenllaw iawn ym mlynyddoedd cynnar Cymdeithas y Gwartheg Duon Cymreig. Mae Neuadd yr Ynys a Cherrig Caranau o hyd, wrth gwrs, yn ddau o'r enwau amlycaf i gyd yn hanes y gymdeithas honno. Mae'n rhaid fod buches fechan Pen-y-graig wedi bod yn gofrestredig yn y blynyddoedd cynnar, achos daeth llo tarw o'r enw Craig Calennig – fe'i ganwyd ar ddydd Calan – i Dan-yr-eglwys oddi yno. Tarw y cythraul oedd e hefyd. Mewn un bowt o dymer fe ddaeth â thalcen y sied lle cedwid ef allan ar ei gefn, a phan fyddai ar Mam angen ein gwastrodi ni blant byddai crybwyll enw'r Tarw Du yn ddigon i ddwyn y mwyaf drygionus ohonom at ei bost. Yr unig ffordd yr oedd yn ddiogel i'w arwain allan at ei wasanaeth oedd gyda help dwy raff hir, un o bob ochr iddo, a phwli lladd moch. Ac eto i gyd, rwy'n cofio gweld Wyn yn ei arwain gerfydd ei drwyn heb bren tarw na dim yr holl ffordd i lawr i'r Hendre. Roedd hynny'n llai o ffwdan na dod â'r fuwch arbennig honno at y tarw, meddai ef! Ond gadawodd ei ôl yn drwm ar fuchesi'r fro. Roedd Ostin Tai-bach a Thom Maen-gwyn a sawl un arall o'r hen do yn sôn hyd y diwedd am y gwartheg a fu ganddynt o waed Tarw Du Tan'reglwys.

Tân ar lawr oedd ym Mhen-y-graig – peth arall newydd i mi – ar slebyn o harn tua phedair troedfedd wrth dair, a hwnnw'n dân mawr. Rhyfeddod pellach. Lladd y mawn ar y figin a'i godi'n dasau a'i gywain adref yn ei bryd a'i dasu wedyn yno yn nhalcen y Beudy Bach. A'r ffwrn wal. Cynnau tân *o dan* y ffwrn a wnaem ni gartref: cynnau tân *yn* y ffwrn a wnâi Mam-gu Pen-y-graig. A phobi torthau na welais i erioed rai gymaint â hwy. Roedd yr hyn a godai uwchben y tun bara yn unig bron gymaint â dwy dorth gyffredin, a byddai'n rhaid iddi dorri'r dorth yn bedwar i'w chael at faintioli i'w thrafod ar y bwrdd. Bara gwyn, bras, a llygaid ynddo y medrech yn hawdd roi eich bys drwyddynt. Ac yr oedd y tyllau os dim yn flasusach na'r bara, o'u llenwi â'i hymenyn hi.

Yn union y tu allan i'r drws safai anferth o danc dŵr bargod gydag un neu ddau liain 'molchi, bar o sebon coch a phadell 'namel arno. Yn honno yr ymolchai pawb, ac yr oedd y nant yn gyfleus ar waelod y stepiau cerrig wrth dalcen y beudy i olchi sgidiau a phethau felly. At ddiwedd yr haf hwnnw gwelais gronni'r nant honno i lawr wrth y Llidiart Gwyn i wneud pwll bedydd lle cynhaliwyd gwasanaeth i fedyddio Frank Mills, a fu'n weinidog gyda'r Bedyddwyr yn Nantmel ger Rhaeadr yn ddiweddarach. Ond cludid y dŵr yfed i gyd o'r Pistyll Bach ar ymyl y ffordd ger Dole Gwyn, a'i gadw mewn crochan pridd yn y llaethdy. A dyna'r fan a welaf i yn llygad fy meddwl bob tro y clywaf ganu 'Pistyll y Llan'.

Bob ryw hyn-a-hyn dôi gweddill y teulu i fyny i'm gweld, a rhyfeddwn fel yr oeddent yn dieithrio, a phan euthum adre'n ôl rywbryd yn yr hydref synnais weld fod y rhan orau o flwyddyn a dau gynhaeaf wedi mynd heibio heb fy help i o gwbwl. Ond byth wedi hynny, ni fedrais erioed drafaelu tua'r gogledd heb ddechrau ffroeni, tua Thal-y-bont yna, yr hyn a alwaf i yn 'aroglau Pen-y-graig'. Y mae gwahaniaeth yn y mwg yno.

# 8

# Pharo

Yn y rhan fwyaf o ardaloedd gwledig byddai rhyw fannau
arbennig lle byddai'r bechgyn ieuainc a'r dynion yn crynhoi
erbyn nos. Yr efail neu weithdy'r saer i'r rhai hŷn, a rhyw
groesffordd neu sgwâr i'r rhai iau. Ac yr oedd i'n hardal ni
ei chanolfannau felly. Gweithdy Jonah Webb i'r to hŷn;
sgwâr Gogerddan i'r rhai nad oeddent eto o oed, nac o
dueddfryd efallai, i fynd i fewn i'r dafarn; a Phen-ffin. Am y
ddau gyntaf, ni chredaf eu bod yn ddim gwahanol i
gannoedd o fannau cyfarfod eraill ar hyd a lled y wlad. Yr
un pethau a ddigwyddai yno – fawr o ddim mewn gwirionedd
heblaw cyd-gyfarfod i hel clonc yr ardal a sgwrsio a chael
tipyn o hwyl. Mae'r ysfa i fynd i rywle i gyfathrachu â chyd-
ddyn yn reddf yn y rhan fwyaf ohonom. A'r peth rhyfedd yw
fod yr ysfa hon yn gymaint cryfach mewn oes pan oedd
llawer mwy o weision a morynion ar y ffermydd, ac felly
mwy o gyfathrachu yn ystod oriau gwaith nag sydd heddiw,
pan yw dyn yn treulio'i ddyddiau bron yn gyfan gwbwl ar ei
ben ei hun a'r peiriannau yn unig gwmni iddo. Does fawr
neb yn cwrdd ar y sgwâr heddiw. Ond roedd Pen-ffin yn
wahanol, er bod gan Isfoel gân am le tebyg:

> Rhwng Cothi a Llanfynydd
> A braidd ar ael y rhiw,
> Ym mwthyn Ffynnonsewyl
> Roedd Rhys a Nani'n byw.
> Paradwys unllawr diddos
> A'r gawnen iddo'n do,

Heb lenni dros y ffenest
Na'r drws ddim byth ynghlo.

Mae'n amlwg fod Ffynnonsewyl, fel yr oedd Pen-ffin i ni, yn
dŷ agored i unrhyw un o'r ardalwyr a ddigwyddai daro i
fewn. Yn rhyfedd iawn, a ni ein dau ar ryw raglen deledu
rywbryd, clywais Bertie Stephens, yr hen faledwr o Langeitho,
yn canu'r gân honna. Gofynnais iddo o ble y cafodd hi, gan
y gwyddwn mai Isfoel oedd ei hawdur a bod ardaloedd y
ddau gryn bellter oddi wrth ei gilydd. Atebodd yntau iddo
ei dysgu gan ei dad fel hen gerdd leol o ardal Cwm Gorlech.
Mae'n debyg yr arferai Isfoel pan oedd yn llanc fynd draw
yn achlysurol at ei ewythr Tomos, brawd Jeremiah Jones y
Cilie, a oedd yn athro ysgol yn Abergorlech, ac ymuno yn y
cwmni a ymgasglai yn y bwthyn bach erbyn nos. Ac o nabod
Isfoel, byddai'n rhaid iddo ef gael canu cân i'r lle.

Safai Pen-ffin ar y ffordd fawr ar y ffin rhwng plwyfi Aber-
porth a Blaen-porth. Tŷ bach dau ben yr adeg honno â tho
sinc, a'i wal gefn o bridd, ac yn rhan, gallwn feddwl, o
fwthyn arall a fu yno gynt. Adeiladwyd byngalo modern i'w
ryfeddu yno erbyn hyn, yn 'fod cons' i gyd ac iddo enw
Saesneg newydd crand, na fedra i yn fy myw gofio beth
ydyw chwaith, er 'mod i'n mynd heibio iddo ryw ben o bob
dydd. Roedd yn neiliadaeth Tan-yr-eglwys yr adeg honno, a
Rhys Thomas a'i wraig Rachel a'u chwech o blant yn trigo
yno. Ond aethai Rhys i ffermio'r Pile gerllaw'r Mwnt gyda'i
chwaer, gan ddod adref i Ben-ffin yn achlysurol ar y Suliau.

Gweithiai Rachel yma a thraw ar hyd y tai a'r ffermydd,
ond yn fwyaf arbennig yn Nhan-yr-eglwys, a medrai droi ei
llaw at unrhyw orchwyl. Roedd cystal a gwell nag aml wryw
allan ar y caeau cynhaeaf, ac ar yr un pryd yn gamster ar
waith tŷ, a phapuro yn arbennig. Tair ystafell, a'r rheini'n
ddigon cyfyng, oedd y bwthyn i gyd; ac eto gyda'r nos
mynnai hyd at ddeg ohonom ein hychwanegu ein hunain at

y dyrfa. Ni ddeil dim fwy na'i lond, medden nhw, ond fe ddaeth Pen-ffin cyn agosed â dim at wneud hynny.

Roedd tipyn o ddiléit cerddorol yn Rachel, a chanddi lais digon swynol – buasai yng nghôr plant enwog Gwendraeth ers lawer dydd – ac yr oedd y rhan fwyaf o'r plant yn tynnu ar ei hôl yn hynny o beth. Roedd Rhys yntau yn medru gweithio ambell bennill digon graenus. Dilynai John, y mab hynaf, ei dad o ran pryd a gwedd – ielstyn tal, main, digon garw'i ffordd y pryd hwnnw, ond a'i galon yn y man iawn. Byddwn yn cwrdd bob Awst ers blynyddoedd bellach yn y Steddfod Genedlaethol – mae'n cymryd ei wyliau blynyddol yn stiwardio yno. Ef, yn absenoldeb eu tad, fyddai'n ceisio gwastrodi peth ar y plant iau.

Treuliai ei amynedd at Ddai ei frawd yn denau yn fynych – nid oedd hwnnw yn ddigon o weithiwr wrth ei fodd. A rhyw dro, a Dai yn stwbwrno rhag palu'r ardd neu rywbeth, a John wedi ceisio'i gymell am hydoedd, a'r cymell wedi troi'n fygwth, heb i'r un o'r ddau gael unrhyw effaith, collodd y Pharo – waeth dyna ein llysenw ni arno am ryw reswm – ei limpyn unwaith yn rhagor. Yn ei wylltineb cododd garreg o'r pridd, gan chwyrnu rhwng ei ddannedd: 'Cer i ddiawl â ti 'te, y pwdryn yffarn!' a ffling iddi ar ôl cefn Dai, a oedd yn cyflym ddiflannu drwy glwyd yr ardd. Er unioned ei annel fel rheol, yn enwedig lle'r oedd 'nelu cerrig at boteli pyst teleffon yn y cwestiwn, methodd o ryw ychydig, er bod ei gwynt hi wrth basio yn ddigon i wneud Dai yn gloff am ddiwrnodau. Roedd Dai erbyn hynny gyferbyn â ffenest y gegin, ac aeth y garreg drwyddi gan ei bwrw yn deilchion, yn syth ar draws y gegin ac i fewn i'r cwpwrdd gwydr yr ochr draw.

Nid oedd dim amdani wedyn ond mofyn Roger Beynon i atgyweirio'r gwydrau. Ewythr i Rachel, wedi bwrw'i oes yn y Rhondda, ac un o'r dynion glewaf a fu erioed – yn ei farn ef ei hun. Ni fynnwn ddweud ei fod yn gelwyddog, ond os bod yn gynnil â'r gwirionedd yw rhagorfraint gwleidydd fe allai Roger fod wedi bod yn Brif Weinidog ers blynyddoedd. Roedd popeth yn 'y gwithe' gymaint yn well na dim oedd gennym ni, hyd yn oed eu dull o dorri papur wal.

Digwyddai Roger fod wedi galw ym Mhen-ffin pan oedd Rachel wrthi'n papuro, ac yn brysur ac yn amyneddgar iawn â'i siswrn yn torri'r *salvage* ymaith, sef y rhimyn papur hwnnw, tua hanner modfedd o led, a redai ar hyd ymyl y corn papur. Hen jobyn araf a manwl iawn y byddai'n rhaid ei wneud yn berffaith, onid e byddai'r canlyniadau yn eglur ar y patrwm ar y wal. Ond roedden nhw'n gwneud y job dipyn yn haws, ac yn gynt, ac yn well hefyd yn y Rhondda, wrth reswm. A dyma Roger yn dangos i Rachel yn union sut yr oedd gwneud. Fe allech dyngu ei fod yn papuro'r tŷ unwaith yr wythnos o leiaf. Cydiodd yn y corn papur a'i rowlio i fyny'n dynn a'i osod ar ymyl y ford a thynnu'i gyllell boced allan, a honno mor bwt na thorrai hi ddim menyn yn dwym, a dechrau llifio drwy'r *salvage* â hi. Gorffennodd y gwaith ticlus mewn eiliadau, wrth gwrs, ond pan aethpwyd i agor y papur allan a'i hongian gwelwyd nad oedd y canlyniadau lawn cystal. Roedd ymyl y corn yn rhwgnau i gyd, fel sinc ar dalcen sied wair! Ond mae'n rhaid dweud amdano: pan oedd angen gwneud rhywbeth, os codai ym mhen Roger i'w wneud, yna fe'i gwnâi, waeth faint yr anawsterau. Roedd gan Dai rywbeth yn erbyn torri ei wallt, a gwnaethai bob esgus, ers misoedd yn wir, rhag ei ildio ei hun i'r artaith honno. Ond o'r diwedd aeth pethau i'r pen, os goddefir yr ymadrodd, a phenderfynodd Beynon fod cneifio i fod, a daeth i lawr yn arfog yn unswydd at y gwaith. Ond yr oedd Dai, fel llawer dafad gyfeiliorn arall, yn y bwlch o'i flaen e. Fel yr oedd Roger yn dod i fewn drwy'r entri, roedd Dai yn ei gwân hi i lawr drwy'r Rŵm Canol ac i lawr i'r Penisa' ac allan drwy'r ffenest i ryddid yr unigeddau. Nid oedd gan 'y gwithe', hyd yn oed, obaith i'w ddal. A bu'n rhaid galw am gymorth y Pharo. Cwrs wedyn, a Dai a'i goesau byrion yn ddigon cynt na Roger foliog a John goesiog yn y cornelau cyfyng o gwmpas y tŷ, ac ar draws yr ardd a thros y clawdd i Barc Pen-ffin a'r clawdd arall i Barc Brynarfor, a thros y Lôn Fach ac am Barc y Corn. A saith erw agored y cae hwnnw fu Waterlŵ Dai druan. Câi coesau hirion ei frawd hŷn le i ymestyn yn groes i'r peithdir hwnnw, a buan y goddiweddwyd y ffoadur. Ac yno, ar ganol Parc y Corn, pan gyrhaeddodd Roger ymhen y rhawg a'i wynt yn fyr a'i amynedd yn fyrrach, gyda'r Pharo yn penlinio ar ei ysgwyddau i'w gadw i lawr, gan ei droi ar ei ochr bob ryw hyn-a-hyn i'r gwellaif gael gwell mantais arno, y cneifiwyd y llwdn.

Gan gymaint hoffter y teulu'n gyfan o gerddoriaeth, roedd radio ym Mhen-ffin yn gynnar. Ond nid oedd yr hen setiau agos cyn hwylused ag ŷnt heddiw – roedd angen dau fath o fatri – y 'wet' a'r 'dry' – yn ogystal â rhywbeth a elwid yn 'grid'. Ac oni fyddai'r tri gyda'i gilydd mewn cyflwr da, anfoddhaol iawn fyddai'r derbyniad. Ac felly'r oedd hi ym Mhen-ffin fynychaf. Byddai'r batris wedi eu hen dreulio yn gwrando *Music While You Work* a *Primo Scala and his Accordion Band* pan fyddai angen y set ar gyfer rhywbeth gwir bwysig, fel ffeit. A Dai oedd doctor mawr ei mynych wendid. O leiaf, oni fedrai ei chael i weithio, ac yr oedd hynny'n amlach na pheidio, byddai ganddo eglurhad technegol digon argyhoeddiadol dros ei mudandod. Ond rhagorodd arno ef ei hun, hyd yn oed, un noson arbennig. A phawb â'i glust cyn agosed fyth ag y medrai at y set ar y silff ffenest i geisio clywed Raymond Glendenning yn sylwebu ar ryw ffeit neu'i gilydd – a chan fod yno tua deg ohonom, nid bach o dasg oedd hynny – heb un ebwch yn dod o'r set, er cymaint y pocrai Dai y gwahanol fotymau bob yn ail â rhoi ambell ergyd go egr i'r clawr â'i ddwrn, bu'n rhaid iddo addef yn y diwedd ei bod yn nos arnom. Ond yr oedd yr eglurhad fel arfer wrth law: 'No gwd, bois, ma'r llygod wedi byta'r foliwm.'

*Y ddwy fam-gu (Mam-gu'r Hendre
ar y chwith a Mam-gu Pen-y-graig
ar y dde) a Goronwy*

*Nhad a Mam*

*Teulu Mam-gu Pen-y-graig*

*Nhad a Rob Roy yn Sioe Aberteifi*

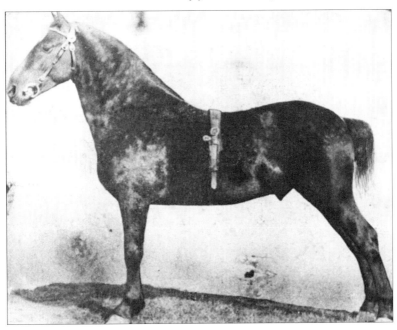

*Howni Warrior – un o feirch Tan-yr-eglwys*

*Ysgol Blaen-porth cyn i'r faciwîs ddod. Miss [Edwards] ar y chwith, Mishtir ar y dde*

*Côr Blaen-porth yn adeg Nhad*

*Y Parchedig a Mrs Tegryn Davies. Yr un yw'r deunydd crai ym mhob oes
– yr arweinyddion sy'n wahanol*

*Emrys Jones ac Wncwl Wyn yn derbyn tarian Dug Norfolk ar ran y Clwb Ffermwyr Ieuanc – y cyntaf i gael ei sefydlu yng Nghymru*

*Mentro i'r môr ar Ddydd Iau Mawr – gŵyl unigryw Aber-porth*

*Cwrsio'r bêl! Dai Pen-ffin a minnau yn y cefn;*
*Iwan Rhyd-y-gaer, Goronwy a Joseph Kramer yr Almaenwr y tu blaen*

*Yn y gân roedd pedwar gynt;*
*Erbyn hyn, tri ohonynt.*

*Y Bryn-coed gwreiddiol – Glanville Morgan*

*Eisteddfod Genedlaethol yr Urdd Abertridwr, 1955, gyda D. Jacob Davies a Waldo*

*Cadeirio Jac Alun yn Nhregaron*

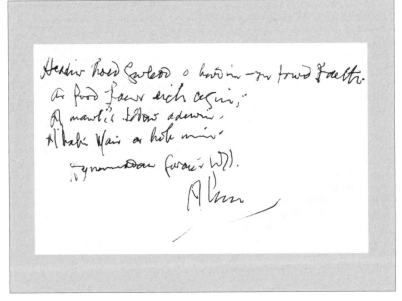

*Englyn Nadolig olaf Alun y Cilie i mi*

*Ymrysonwyr gyda Meuryn a Sam Jones (canol blaen)*

*Kenneth Evans yn fy nghynrychioli yn Eisteddfod Trelew, 1965*

*Gyda chadeiriau Trelew (1965) ac Aberafan (1966)*

*Ni ein dau ar y diwrnod mawr*

*Mae tri ohonyn nhw yma rywle!*

*Rhian, Delyth, Brychan a Dafydd*

*Tristan a'i dad*

Ond y ganolfan fwyaf poblogaidd i wrando ffeit, o ddigon, oedd Blaen'resgair, lle trigai Jim Finch. Gwisgai Jim sbectol â gwydrau anarferol o drwchus, bron cyn dewed â gwaelodion potiau jam, achos yr oedd bron â bod yn hollol ddall. Dodai bopeth yn ei union le bob amser, fel y medrai ddod o hyd iddo heb ei weld. Y brws llawr, y bwced glo – popeth i'r fodfedd ar bob silff a mainc yn yr hen fwthyn bach dau ben. A phan ymgasglai deg neu ragor yno ar noson 'ffeit fowr' ni byddai yno'n agos ddigon o stolau i bawb, a chyrcydai'r rhan fwyaf o gwmpas y lle yn ôl cyn belled â'r entri, a'r drws bob amser ar agor. Achos mynnai Jim gael odyn o dân bob amser, ond tra chwysai pawb cymedrol cyn belled ag y gallai fod o'r grât, byddai ef yn hollol jecôs a'i draed yn y ffender a'i benelin ar handlen y tegell ar y pentan. Y pentan oedd byd Jim, a'i fwrdd bwyd. Prin y symudai oddi yno gydol y dydd, os nad i mofyn bwcedaid arall o lo i gadw'r odyn i grasu. Yno y bwytâi ei swper – basnaid o fara te – tra rhoddai W. Barrington Dalby ei 'inter round summary'. Trodd rhywun y tebot rownd ryw noson, a'i adael a'i big tuag allan. Tasgodd Jim, hyd yn oed, y noson honno.

O ganlyniad i'r ymweliadau mynych hyn, daeth un neu ddau o'r selogion yn gryn awdurdodau ar hanes y gwahanol focswyr. Hynny oedd y diléit i gyd, a chofiaf Tom James, a oedd yn was ym Mrynhyfryd ar y pryd, ar noson ffeit rhwng Vince Hawkins ac Ernie Roderick, yn adrodd wrthym cyn i'r ffeit ddod ar yr awyr holl fanylion gyrfaoedd y ddau. Eu pwysau i'r owns, pwy a gurasant hyd hynny, ble ganwyd hwy, a phob manylyn arall, dibwys neu ddychmygol, a wnelai â hwy. Ond ni chofiaf iddo broffwydo'r canlyniad yn gywir chwaith, beth bynnag oedd hwnnw.

Ond yr oedd rhyw naws arbennig i wrando sylwebaeth radio ar ffeit, neu gêm o ffwtbol neu rygbi o ran hynny, nas ceir wrth wylio'r un pethau ar deledu. Roedd y radio yn gadael mwy i'r dychymyg, rywsut. Manylaf yn y byd y bo'r llun, lleiaf yn y byd sydd o le i'r dychymyg. Ond yr oedd dychymyg ambell un yn gweithio dros amser. Pan welodd Tom Goleufryn focsio amatur ar y teledu am y tro cyntaf, a'r eilydd yn dodi *gumshield* yng ngheg un o'r bocswyr i'w baratoi i fynd allan am rownd arall, ni allai guddio'i syndod. 'Fachgen, fachgen,' meddai. 'Oes raid iddo fyta *nawr*?'

# 9

## Caer Dwgan

'Hiraeth yw testun pob prydyddiaeth, yn enwedig y brydyddiaeth a elwir gennym yn rhamantus.' Dyna un dyfyniad, beth bynnag, na bu'n rhaid i mi edrych i fyny i wneud yn siŵr o'i gywirdeb. Brawddeg agoriadol astudiaeth W. R. Jones o fywyd a gwaith I. D. Hooson, a'r frawddeg gyntaf a glywais mewn gwers ar lenyddiaeth Gymraeg. Llefarai 'W. R.' hi 'fel un ag awdurdod ganddo', fel, yn wir, y llefarai bopeth arall.

Yr oedd ganddo rai damcaniaethau diddorol am agweddau o hanes lleol – damcaniaethau y mae'n rhaid i mi ddweud eu bod yn gwneud cryn dipyn o synnwyr i mi. Yn ôl W. R., yr enw cyntaf ar Aberteifi oedd Caer Dwgan, sef castell rhyw dywysog o Wyddel a safai lle mae fferm Hen Gastell heddiw, ychydig i lawr yr afon o'r castell presennol. Daliai ef ymhellach mai hen, hen gof am yr enw hwnnw yw'r rheswm fod cymaint o hen frodorion yr ardaloedd hyn yn ddieithriad yn cyfeirio at y dref fel Cardigan. Prin y clywir, hyd yn oed heddiw, neb o'r genhedlaeth hŷn o frodorion ardaloedd Llandysul neu Gastellnewydd Emlyn neu i lawr i gyfeiriad gogledd Sir Benfro, yn sôn am fynd i Aberteifi – mynd i Gardigan y byddant bob amser. Ni chredaf mai mater o Seisnigo ydyw. Wedi'r cyfan, fy nghenhedlaeth i a rhai iau na mi a fu'n bennaf cyfrifol am Seisnigeiddio ein henwau lleoedd. Ac eto, ni sy'n sôn am fynd i Aberteifi: maent hwy yn dal at eu Caer Dwgan. Dyna i chi Bwyll Pendefig Dyfed, wedyn. Amheuai W. R. ai yn Arberth yn Sir Benfro yr oedd llys hwnnw. Byddai'n dipyn mwy rhesymol, yn ddaearyddol, i gredu fod y llys hwnnw rywle rhwng Tre-main a Llangoedmor. Onid oes yno afon fach o'r enw Arberth sy'n rhedeg i'r Teifi ychydig yn is na Phont ar Arberth yn Llangoedmor? Oni byddai'n dipyn haws i Bwyll fynd i hela yng Nglyn Cuch o'r lle hwnnw yn hytrach na dod i fyny yr holl ffordd o'r ochr draw i'r Preselau? Mae'n ddigon posib y bydd y dyfodol yn profi bod W.R. yn iawn.

Yng nghyflawnder yr amser, tua mis Mai '45, safodd chwech neu saith ohonom o ysgol Blaen-porth yr arholiad i fynd i'r Cownti Sgŵl: Ysgol Ramadeg Aberteifi y pryd hwnnw – Ysgol Uwchradd Aberteifi erbyn heddiw, a llawer peth arall rhwng y ddau. Rhyw un neu ddau ohonom a fethodd, a deuthum innau allan ohoni yn rhyw ganolig yma, gan ddechrau yn yr ysgol honno ym mis Medi – mis gorffen y rhyfel. Ni chofiaf i mi deimlo unrhyw ias fawr o foddhad wrth feddwl am gael mynd yno – rhyw ddilyn fy nhrwyn fel arfer – nac ychwaith wrth feddwl am adael Blaen-porth. Ond yr oeddwn erbyn hyn yn dechrau diddori mewn chwaraeon, a phrin y medrwn lai. Onid oedd Wncwl Wyn gyda ni gartref bob cyfle a gâi, a'i holl siarad yn ymwneud â gwrhydri Bêsh Rhyd-y-gaer ac yntau a bois Treprior a Nic Maen-gwyn a bois Bank Cottage ar y meysydd chwarae? Rygbi, criced, ffwtbol, athletau – roedd unrhyw gêm wrth ei fodd. A'r pethau hynny a olygai Aberteifi i mi yn fwy na dim. Nid 'mod i wedi disgleirio yn y meysydd hynny, fwy nag ym meysydd ysgolheictod, ond porthai pêl yn fy llaw fy nychymyg yn fwy nag a wnâi llyfr, rywsut. Ni welais fy hun yn broffesor erioed, ond fe'm gwelwn fy hun yn gwisgo'r crys coch a'r tair pluen arno ryw ben o bob dydd. Cwrsiwn bêl wrthyf fy hun ar draws y caeau ac yn yr ydlan, ciciwn goliau adlam dros warblat y sied wair, chwaraewn griced un dyn yn erbyn wal y beudy â phêl golff a styllen, a lluniais fwrdd biliards ar y storws gyda gwely concrit iddo, a chan beintio hen fôl-berins i wneud peli.

O ganlyniad i'r egnïo mynych, ac ar ryw olwg, dibwrpas

116

hwn, yn ogystal efallai â'r ffaith fy mod yn grwt tal ar fy oed, yn ystod fy nwy flynedd gyntaf yn Aberteifi euthum yn feinach nag oeddwn cynt hyd yn oed. Gymaint felly fel yr aeth Mam i ddechrau pryderu ynghylch fy iechyd. A'i meddyginiaeth hi oedd wy a llaeth. Awn â hanner dwsin o wyau gyda mi i'r ysgol ar fore Llun a'u rhoi yng ngofal y gogyddes yno ar y pryd, Mrs Megan Davies y Rhyd, a phob hanner dy' bach cawn ganddi lasiaid o laeth ac un o'r wyau wedi ei guro ynddo. Mae fy nyled yn o drwm, felly, iddi hi am gadw corff ac enaid ynghyd. Erbyn heddiw y mae llaeth ac wyau fel ei gilydd yn beryg i iechyd, medden nhw. Aeth y drefn hon ymlaen am gryn amser, ond o'r diwedd, un ai fe gryfheais i neu fe aeth yr ieir yn glwc.

Am y gwersi, ni chredaf i mi orymdrechu. Y 'could do better' tragwyddol oedd hi fynychaf bob adroddiad pen tymor. Ond sylwais, pan ymdynghedais unwaith neu ddwy y byddwn yn gweithio'n galetach o hynny ymlaen, o ganlyniad i ambell bregeth fwy hallt na'i gilydd, fod fy nghanlyniadau yn yr arholiadau os rhywbeth yn waeth na chynt. A phenderfynais, yn naturiol ddigon, gymryd y llwybr canol.

Yr oedd i mi fy arwyr ymhlith yr athrawon, bid siŵr. Elfed Davies, yr athro Lladin a chwaraeon, yr oedd sôn iddo unwaith gael cynnig prawf dros Gymru – rygbi, wrth reswm; nid oedd socer yn cael daear yn ysgol Aberteifi – ac a welais unwaith yn cyflawni'r hat trick ar y llain griced. Troellwr llaw dde yn nhraddodiad J. C. Clay, fy arwr mawr yn nhîm Morgannwg. Marcio'r llain ar gyfer gêm y Sadwrn yr oeddem pan ddywedodd Elfed mewn rhyw jôc fach y medrai osod y stympiau yn eu priod le heb fesur o gwbwl – y byddai bowliad naturiol y bêl o'i law yn dweud wrtho pan fyddai'r stympiau yn union ddwy lath ar hugain oddi wrth ei gilydd. Daliwyd ef ar ei gynnig; yntau yn bowlio pêl o'r pen yma a phêl o'r pen draw a ninnau'n estyn a byrhau'r llain yn ôl ei gyfarwyddyd. Pan fynegodd ei fod yn fodlon, a ninnau wedi gosod un stwmp ym mhob pen lle barnai ef y dylai'r wicedi fod, aethpwyd ati i fesur, a chael ei fod o fewn modfedd i berffeithrwydd. Daeth un arall o'r athrawon, Tom Cassidy, allan â bat, ac aeth rhai ohonom ni fechgyn i faesu. Bowliai Elfed at yr un stwmp hwnnw, a dyna'r bowlio cywreiniaf a welais erioed. Mae'n wir mai Gwyddel oedd Cassidy, ac efallai yn fwy cyfarwydd â bastwn hwrlio nag oedd â bat, ac ynddo duedd i geisio bwrw pob pelen i bellteroedd anweledig y Dingl, ond yr oedd ganddo lygad da a hyder pob Gwyddel yn ei allu ei hun. Daeth Elfed i ben â tharo'r un stwmp hwnnw â dwy belen yn olynol, ac fe ddaliodd Cassidy oddi ar ei fowlio ei hun o'r belen wedyn.

W. R., wrth gwrs, a ddysgai Gymraeg i ni, a Daearyddiaeth hefyd yn ein blwyddyn gyntaf – a'r cyfan drwy gyfrwng y Saesneg. Graddiodd yn Aberystwyth yng nghyfnod Syr John Morris-Jones, ac euthum drwy ysgol Aberteifi'n grwn heb glywed sôn am y gynghanedd. Neu, i fod yn hollol deg efallai, heb fedru galw i gof fy mod wedi clywed sôn amdani.

Yr oedd oriau cinio yn rhywbeth i edrych ymlaen atynt. Crynhoai hyd at ddeg ar hugain o'r bechgyn hynaf yn y gysgodfan wrth y cowrtiau tennis – y Shelter i ni – wrth ymyl yr allt goed (y Dingl) a redai i gyfeiriad y dref. Yn un peth, yr oedd yn ddigon pell o brif adeiladau'r ysgol – y pryd hwnnw – i ddyn fedru tynnu mygyn yn weddol ddiogel, ac yn beth arall, roedd yno ganu. Dau neu dri chôr tri llais yn ymryson â'i gilydd, a bechgyn fel Roy Chappel o Gilgerran, Selwyn Isaac o Landudoch ac Euros Rees o Langrannog yn arwain o ben mainc y Shelter. Fynychaf fe geid rownd neu ddwy o 'Ble mae Daniel?' i bawb gael ymuno yn y ffinale, ac ni byddai'n ddim i chi weld nifer o bobl y dref ac ambell athro hefyd, yn dod i fwynhau'r gyngerdd fyrfyfyr.

Felly yr euthum ymlaen yn fy mhwysau, fwy neu lai, am y pedair blynedd y bûm yn yr ysgol honno hyd nes cyrraedd at arholiadau y C. W. B. Roedd hynny yn haf bendigedig '49. Roeddem ni fechgyn y ffermydd wedi bod wrthi am sawl prynhawn yn helpu Ifan (Ifan Williams o Gilgerran, a bardd gwlad tan gamp), y gofalwr ar y pryd, i ladd gwair y cae chwarae, a chan ei bod yn gystal tywydd a'r cnwd wedi gweirio'n berffaith penderfynwyd gwneud tas ohono yng nghornel y cae. Pan gychwynnodd yr arholiadau ymhen rhyw bythefnos, a ninnau eisoes wedi mynd drwy'r arholiad Lladin yn y bore a chennym ryw ddwyawr neu well i'w llenwi cyn yr arholiad Daearyddiaeth yn y prynhawn, euthum i ben y das wair honno a'm llyfr Daearyddiaeth gyda mi, yn gymaint er mwyn bolaheulo yn y gwair ag yn y gobaith o fedru casglu tipyn bach o wybodaeth ychwanegol ar yr unfed awr ar ddeg, fel petai. Trawodd fy llygad ar dudalen yn ymwneud â'r teidiau yn y môr o gwmpas Ynys Wyth – rhywbeth ynghylch pedwar teid y dydd, fel y gŵyr y cyfarwydd. A chan mor ddiddorol y cefais y bennod honno, ac na chlywswn erioed o'r blaen am y peth, aeth yr amser fel chwedl, a chael a chael fu hi i mi gyrraedd yr ystafell arholi mewn pryd. A chyn wired â'r pader, y cwestiwn cyntaf pan agorais y papur oedd: 'Compare and contrast the tides of Southampton Water . . .'

Nid euthum yn ôl wedi i'r ysgol dorri yr haf hwnnw. Cesglais fy adroddiad pen tymor – un o'r rhai gwaethaf erioed a gefais – a rhyw gario 'mlaen fel yr oeddwn wedi arfer â gwneud ar y fferm gartref. Yr oeddwn yn bymtheg oed oddi ar y mis Mawrth cynt, ac ni fuaswn wedi holi ynghylch canlyniadau'r C.W.B. eto am wn i, oni bai i Eifion Price, ysgolfeistr Ceinewydd ar y pryd, a'i wraig Lettie a oedd yn gyfnither i Mam, alw yn Nhan-yr-eglwys tua diwedd Awst. Holai ef sut yr oeddwn wedi gwneud, a minnau'n gorfod ateb na wyddwn i ddim ac nad oeddwn yn hidio ryw lawer chwaith. Mynnodd ef gael mynd i ffonio hwn a'r llall, ac ef ymhen rhyw wythnos a roes wybod i mi fy mod wedi ennill rhywbeth a elwid yn Fatric, neu ddau ohonynt efallai'n wir.

Nid oes gennyf gof am unrhyw drafodaeth rhyngof fi a'm

119

rhieni ynghylch beth a wnawn wedi hynny. Dim un math o *summit meeting* i benderfynu fy nyfodol. Cymerent hwy a minnau yn ganiataol mai aros gartref a wnawn. A chan na wnaed unrhyw fath o benderfyniad, ni bu angen erioed am ddad-wneud y penderfyniad hwnnw. Ac ni fedrwn ddweud heddiw, a'm llaw ar fy nghalon, ei bod wedi bod yn edifar gennyf y naill ffordd na'r llall.

Y gaeaf hwnnw fe'm gwahoddwyd i chwarae ffwtbol dros dîm tref Aberteifi – yng Nghynghrair Ceredigion, cofiwch chi – a chredaf fod y cerdyn bach cyntaf hwnnw a gefais drwy'r post, 'You have been selected to play . . .' wedi rhoi cymaint o ias i mi ag unrhyw neges a gefais oddi wrth ysgrifennydd Eisteddfod ymhen blynyddoedd. Mae'r gêm gyntaf honno, yn erbyn Trefdraeth, yn fyw ar fy nghof o hyd. Fe'm cymerwyd i, y newyddian bach nerfus, o dan adain un o'r chwaraewyr mwyaf profiadol yn y tîm, Donald Davies. Chwaraewr urddasol yr olwg, ar fin ymddeol o'r gêm, a chanddo gic fel miwlyn yn ei ddwy droed. Ef, flynyddoedd yn ddiweddarach, oedd prifathro ysgol Blaen-porth pan euthum â Dafydd y crwt hyna 'ma i'r ysgol am y tro cyntaf – ac y mae hwnnw wedi troi allan cyn ddwled â'i dad lle bo pêl yn y cwestiwn.

Cafodd Wncwl Wyn fodd i fyw yn adroddiadau'r wasg leol am fy hanes. Erbyn heddiw, rwy'n rhyw led-gredu ei fod yn ail-fyw gogoniant ei flynyddoedd cynnar yn fy nghampau digon cyffredin i. Ond nid oedd fy nhad yn bêl-droediwr. 'Cwrso'r bêl 'na' y galwai ef y peth. 'Be' ddiawl yw'r cwrso'r bêl 'na sy arnoch chi i gyd rownd abowt? Pam na chewch chi bobo bêl, yn lle'ch bod chi i gyd yn cwrso'r un un? Fe allech fod yn llony' wedyn.' Ac yr oedd ganddo bwynt, mae'n rhaid cyfaddef. Felly, nid oedd wiw i mi sôn fod Aberteifi neu Gastellnewydd yn disgwyl i mi chwarae iddynt ar brynhawn Sadwrn, a gorchwylion yn fy nisgwyl ar y ffarm. Fwy nag unwaith, a minnau wedi fy anfon i godi 'sgubau neu rywbeth tebyg yn rhai o'r caeau pellaf, arferwn fynd â'm 'togs' gyda mi i'r cae, newid ym mola'r clawdd, gadael fy nillad gwaith o dan stacan, mynd ar gefn beic yr holl ffordd i Aberteifi, chwarae'r gêm, a dychwelyd heb i Nhad wybod dim am y peth – hyd nes y gwelai'r 'Teifi-Seid'.

Rwy'n cofio i mi unwaith, ar un o'r sgawtiau hynny, chwarae yn erbyn tîm o Abertawe, a'r Len Allchurch ifanc a Johnny King, dau gap Cymru yn ddiweddarach, yn ein herbyn. Cefnwr chwith oeddwn i y diwrnod hwnnw, ac Ifor Wheeler, postman o Aberteifi sydd eto'n fyw i ddweud yr hanes, oedd yr hanerwr chwith. (Cadwem at ein safleoedd ar y cae yn y cyfnod hwnnw – dim o'ch 4–2–4 a'ch 3–4–3 chi i ni.) Len Allchurch, yr athrylith lledrithiol, yn dawnsio tuag atom ar yr asgell – roeddem ni'n colli o tua naw i ddim, os cofiaf yn iawn – a chyda help un neu ddau arall fe'i gwesgais i ac Ifor e i fewn i'r gornel eithaf, yn y chwarter cylch bach hwnnw wrth y fflag gornel. Ond fe ddaeth ma's, do myn yffarn i fe ddaeth ma's, fel petai'r bêl wedi ei sticio wrth gareiau ei esgid, a'n gadael ni i gyd fel 'sgadan ar bennau ein gilydd. Colli neu beidio, mae'n rhaid codi cap i rywbeth fel yna.


Buasai fy nhad yn gyfeilydd i Gôr Meibion Tre-main oddi ar pan oedd yn un ar bymtheg oed hyd nes ymdawelodd y côr hwnnw ar ddechrau'r rhyfel, ac yn ystod haf '45 ffurfiodd gôr ym Mlaen-porth. Côr cymysg, gyda'r bwriad o gystadlu yn rhai o'r eisteddfodau lleol. 'Ar lan Iorddonen ddofn' oedd y darn, a Phebi, merch Gwendraeth James, yr hen ysgolfeistr, oedd y gyfeilyddes. Am wn i nad enillwyd gwobr neu ddwy bron ar unwaith, ac yr oedd tynfa gref i'r ysgol gân wythnosol a gynhelid yn yr ysgoldy. Yr oedd i'n hardal ni ei theuluoedd o gantorion, ac yr oedd yn bleser bod allan ar y caeau a chlywed hwn a'r llall yn ymarfer ar gefn tractor, draw yn y pellter. Medrwn glywed Ossie yn canu draw ar gefn y Rhos, filltir i ffwrdd, os byddai'r gwynt o'r cyfeiriad iawn. Rhyfedd fel y bydd rhywun ar gefn tractor yn canu ei chalon hi fel pe na bai ganddo gynulleidfa o gwbwl, gan dybied, mae'n rhaid gen i yn sŵn y peiriant, nad oes neb ond ef ei hun yn clywed. Canai Abigail yr Esgair hefyd wrth nôl y gwartheg, i lawr yng ngwaelod y cwm. Lleisreg fendigedig, hi a'i chwiorydd i gyd, a'r llais yn cario i fyny ar yr awel i Dan'reglwys – y peth tebyca glywsoch chi erioed i ryw laethferch o'r Swistir.

Ond daeth Nhad adref o'r practis un noson yn go ddrwg ei hwyl. Ac un byr ei babwyryn ydoedd ar y gorau – roedd gormod o'r John Coch ynddo i arfer llawer o amynedd. Roedd Phebi'r gyfeilyddes wedi tynnu pig arno. Cerddores eitha da – ni allai merch i'r hen Gwendraeth feiddio bod yn amgen – ac yn deall y penbyliaid yn iawn, ond fod ynddi duedd, ys dywedai Tegryn Davies am gyfeilyddes arall, 'i geibio'. Nid oedd y peth anniffiniol hwnnw a eilw'r beirniaid mawr yn 'touch' yn arfogaeth Phebi. Ac yn waeth fyth, roedd ei throed yn wastadol ar y pedal trwm. Yn wir, roedd yn fendith o beth na chymerodd hi erioed yn ei phen i ddysgu dreifio car. Pan gâi'r nòd gan fy nhad i daro'r cord cyntaf, yr oedd fel petai rhyw fiwgl wedi seinio'r 'Let Battle Commence' yn ei chlust. Rhoddai blwc i'w chapan gwau i lawr dros ei chlustiau ac ymosod ar y darn â'i holl enaid. Er gwaethaf pob cewc bygythiol o gyfeiriad yr arweinydd, ac un neu ddau awgrym go blaen pan fyddai'r côr yn sisial *pianissimo* 'yn eithaf grym y dŵr', a'r bas yn plymio i lawr i'r grafel, dim ond y piano fyddai i'w glywed. A hyd yn oed pan fyddai'r côr yn 'gweled draw ar fynydd Seion', a phawb yn canu nes bod ei sanau yn cwympo, byddai sŵn y piano cyfuwch ag ef. Yr oedd yn bryd gwneud rhywbeth.

Ond beth? Prin y medrai Nhad roi'r sac iddi, a hithau'n ferch Gwendraeth a fu cyhyd yn ddeddf y Mediaid a'r Persiaid yn y fro, ac yn gyfaill mynwesol Dafi Tan'reglwys yn y fargen. Nid oedd dim amdani felly ond ceisio naill ai ysgafnhau peth ar droed dde Phebi neu dawelu'r pedal trwm. A chan fod y naill allan o'r cwestiwn, dirprwywyd Iwan Rhyd-y-gaer a minnau i fynd ynghyd â'r llall.

Hanner awr cyn y practis yr wythnos wedyn, a chyn i Phebi na neb arall gyrraedd yr ysgoldy, aethom ein dau yn syth i'r Rŵm Bach ac at y piano a thynnu'r panel blaen i ffwrdd. Roedd gennym dipyn go lew o gortyn beinder, a chlymasom hwnnw am fôn y pedal trwm ac am ffrâm y piano yn howld-bi-dag, a rhoi'r panel yn ôl yn ei le. A bu tawelwch mawr, yn ystod y practis hwnnw beth bynnag.

Ond, gan taw beth oedd y rheswm, 'distewi a mynd yn fud' fu hanes y côr hwnnw ymhen rhyw ddeunaw mis. Efallai i Nhad sylweddoli, os yw trafod côr meibion yn anodd, fod cadw'r ddysgl yn wastad mewn côr cymysg yn waeth fyth. Ac, yng ngaeaf mawr '47, fe ffurfiodd y côr meibion presennol, a minnau yn ddigon hen i'm rhestru ymhlith yr ail denoriaid.

Cafwyd cryn lwyddiant bron o'r cychwyn, ac yr oedd ambell fuddugoliaeth gystadleuol yn chwyddo'r rhengoedd yn rhyfeddol. Ar un adeg yr oeddem yn agos i bedwar ugain o leisiau. O ganlyniad i ryw gystadleuaeth neu'i gilydd tyfodd cyfathrach lled glos rhyngom a chôr Pontyberem – côr meibion arall. Roedd gennym ni ddigonedd o'r hyn oedd yn brin ganddyn nhw – baswyr – a chanddyn nhw yr union leisiau yr oedd eu hangen arnom ni – tenoriaid. Rhyfedd fel y mae tenoriaid wedi bod yn 'y gweithe' erioed, a baswyr yn y wlad. Roedd gan Andrew Williams, yr athrylith hwnnw o gerddor o Aberteifi, ddamcaniaeth fod y peth yn ymwneud â chanu mewn cymoedd culion, ac eco'r llais yn peri iddo godi yn ei bitsh, ac felly, o un genhedlaeth i'r llall yn tueddu i fagu lleisiau uchel. Ac erbyn meddwl, glywsoch chi am faswr o'r Swistir erioed? Beth bynnag am hynny yn awr, yn achlysurol o hynny ymlaen pan fyddai cystadleuaeth bwysicach na'i gilydd ar y gorwel dôi tua phymtheg ohonyn nhw i ganu gyda ni, a *vice versa*, fel byddai'r angen.

Cynhelid yr hyn a elwid yn Brawf Gyngherddau yn

123

Aberystwyth yn nechrau'r pumdegau, a chorau mawr y De yn dod yno i gystadlu: Treorci, Pendyrus, Cwm-bach a Beaufort, a chorau o'r safon yna. Buom yno tua phedair gwaith i gyd, a chael hwyl burion arni. Ail, pumed, trydydd ac yna un flwyddyn, pan ganodd yr hen gôr fel na wnaeth na chynt na chwedyn, fe'i gwnaethom hi. Curo Corau'r Gweithe.

Roedd gennym bump o frodyr o Bontyberem ymhlith y tenoriaid y noson honno – prin y medrech dynnu un llais oddi wrth y llall ohonynt – a'r rheini fel eosiaid. Y Beniaid – Fred Ben, Dai Ben, ac yn y blaen. Ddois i erioed i wybod eu henw iawn, ond os bydd canu yn y nefoedd fe fedrai'r pump yna edrych ar ôl y tenor wrthynt eu hunain. A bwrw y byddan nhw yno o gwbwl, wrth gwrs!

Fel rhyw fath o sicwel i'r gystadleuaeth honno, aeth tua'r un nifer ohonom ni i ganu gyda hwy yn Eisteddfod y Glowyr ym Mhorthcawl. Caniateid i bob côr gynnwys hyn-a-hyn o leisiau nad oeddent yn lowyr; ac enillwyd yno hefyd o dan arweiniad John Williams, arweinydd nodedig iawn o'r hen do, ac un yr ydwyf fi yn ei chyfri'n bluen yn fy nghap fy mod wedi cael canu odano. Bu farw'n fuan wedyn ond parodd y ffrenshibedd rhwng y ddau gôr am flynyddoedd. Pwy sy'n dweud fod yna gythraul canu?

Yr oedd rhai o aelodau ifanca'r côr wedi bod yn dilyn y 'gamwt', sef dosbarthiadau'r tonic sol-ffa a gynhaliai Mr a Mrs Tegryn Davies ym Mryn-mair a Beulah, a minnau yn achlysurol yn eu plith, ac o ganlyniad yn aelodau o Aelwyd yr Urdd yn Aber-porth. (Roedd gennym ni hefyd ein gamwt ein hunain yn festri Blaenannerch, ac Ifan Leias y gof yn ein dysgu.) O dipyn i beth, o glywed am gorau bechgyn Aelwyd Llanuwchllyn a Chastell-haidd yn cystadlu yn Eisteddfod yr Urdd, perswadiwyd nifer ohonom a oedd eto o dan bump ar hugain oed i ymuno â'r Aelwyd i ffurfio côr. Yr oedd yno eisoes gnewyllyn côr merched, ac ni fu hynny yn llestair o gwbwl, wrth gwrs, i ricriwtio'r bechgyn.

A dyna gychwyn un o'r cyfnodau cerddorol prysuraf yn yr ardaloedd hyn, yn sicr y prysuraf yn fy hanes i. Achos yn ogystal â'r canu roedd y Clwb Ffermwyr Ieuanc ym Mlaen-porth; ac er ei fod wedi pasio'i anterth, efallai, gydag ymadawiad B. J. Davies i ysgol Aber-porth, eto roedd yn denu llawer ohonom. Rhwng noson i'r Clwb, noson i'r Côr, noson i'r Aelwyd a noson i ambell steddfod, a chadw un ar gyfer materion preifat, roedd yr wythnos yn aml fel petai'n brin o noson neu ddwy. Ond fel'na roedd hi. Gan amled y byddai Nhad a minnau allan gyda'r nos, wedi cael swper tua chwech o'r gloch yma, byddai Mam yn gadael bobo fasnaid o Shincyn Esmwyth (hynny yw, bara te i'r anghyfarwydd) ar y pentan i ni erbyn y deuem adref. Ryw noson, daethai ef adref o'm blaen i a bwyta'i fara te fan'ny yn y lled-dywyllwch yng ngolau'r tân cwlwm, a hwnnw wedi'i enhuddo am y nos; ac aeth i'r gwely. Deuthum innau i fewn rywbryd yn ddiweddarach, a chael ei fasn gwag ef ar y pentan a'm un llawn innau ar ei bwys fel arfer, a llwy gawl yn ei ymyl. Wedi bwyta, euthum innau i'r gwely. Drannoeth daeth fy nhad i lawr gan achwyn ar flas y bara te y noson cynt, a phan ddaeth i'r golau gwelwyd fod ei swch â rhimyn llydan du o'i chwmpas, y peth tebyca welsoch chi erioed i negatif o'r Black and White Minstrels, a'r llwy gwlwm a arferai fod â chrest o gwlwm sych drosti, mor loyw â swllt ar y pentan. Digon o brawf byth nad â'r llwy gawl y bwytasai ef ei fara te y noson cynt!

Bron o'r cof cyntaf sydd gen i amdano, arferai Nhad chwap wedi swper yma, a ninnau blant yn paratoi am y gwely, gilio i lawr i'r gegin ore at y piano. Ac yno y byddai am awr, efallai, wedi i ni fynd i'n llofftydd, yn chwarae yn y tywyllwch (ni chyrhaeddodd trydan am sawl blwyddyn). Gwn erbyn heddiw mai darnau corau meibion fyddai ganddo bron yn ddieithriad, ond ni wyddwn eu henwau y pryd hwnnw. 'Crusaders', 'Soldier's Chorus', 'Cytgan y Pererinion', a 'Martyrs of the Arena', a phethau o'r fath.

Darnau yr oedd wedi eu cyfeilio i gôr Tre-main eu canu gynt. Erbyn heddiw, hefyd, a minnau wedi canu pob un ohonynt sawl canwaith, siŵr o fod, gwn nad y gyfeiliant swyddogol i'r darnau hynny a chwaraeai ond rhyw gyfaddasiad o'i greadigaeth ei hun, gallwn feddwl. Rhyw groesiad rhwng y gyfeiliant ysgrifenedig a'r sgôr leisiol. A hynny mewn dull hollol unigryw, *arpeggio*, na chlywais i na chynt na chwedyn unrhyw gerddor, hyd yn oed ymysg rhai galluocach nag ef, yn dod yn agos ati.

Pan ddeuai at yr adran honno o'r 'Martyrs' – yr wythawd 'God of the martyr and the slave', awn i yn fy llofft uwchben i gysgu fel diffodd cannwyll. Roedd y seiniau yn fy llesmeirio'n llwyr. Tra byddai ef yn mynd drwy'r darnau eraill nad oeddent yn gymaint o ffefrynnau gennyf, gan ganu ambell gymal yma ac acw, dyhewn am iddo ddod at fy 'mhisyn' i. Lawer gwaith yr ymleddais yn gyndyn yn erbyn Siôn Cwsg rhag i mi ei golli. A phan ddeuai, byddai'r dydd wedi machlud yn berffaith imi. Os caf fi ddiffodd am y tro olaf rywbeth yn debyg, gwyn fy myd.

Fel yr âi'r blynyddoedd yn eu blaenau, a rhai ohonom ni'r plant yn dangos rhywfaint o addewid lleisiol, roedd canu o Ddetholiad y Gymanfa yn rhywbeth y byddai pob un ohonom yn ei dro yn gorfod ymdopi ag ef. Nid oedd gan Goronwy fawr o lais, ond datblygodd, fel y dywedwyd o'r blaen, yn offerynnwr heb ei ail. Cafodd wersi piano am gwpwl o dymhorau gyda Mrs Rotie yn Aberteifi, hen athrawes gerdd fy nhad. Cychwynnai o gartref unwaith yr wythnos i ddal bws o Flaenannerch a'r arian bws mewn un poced a hanner coron y wers biano yn y boced arall. Ond roedd ffair yn y dref am rai misoedd yr adeg honno, ac aeth arian y gwersi piano allan o'r boced ar y ffair, a'i obeithion ef am 'Fus. Bac.' allan o'r boced arall. Er taw fi sy'n ei ddweud e, yr oedd gen i well llais nag ef, ond fel cerddor ni fedrai neb ddweud fy mod yn perthyn iddo o'r nawfed ach. Eithr fel y tyfai'r merched yr oedd fy nhad wrth ei fodd. Y tair ohonynt â lleisiau campus: Rhiannon, efallai, rhyw fymryn bach, bach yn is na gwir soprano, ond â'r llais a'r teimlad i wneud mwy na chyfiawnder ag unrhyw gân a apeliai ati; Margaret, a'i phryd a'i gwedd yn Dreprior i gyd, yn gontralto gyfoethog ac yn gerddores wrth reddf; a Mary, fwy Isaacaidd ei golwg (a'i natur), yn fezzo soprano a chanddi, efallai, fwy o swyn nag o bwysau yn ei llais.

Ac yr oedd Mam, wrth gwrs, fel hen athrawes, yn medru'r piano. A phan fyddai'r tŷ yn weddol dawel, a'r rhan fwyaf ohonom wedi cilio at ein gwahanol ddiddordebau; fel petai arni gywilydd o'i thalent, llithrai hithau i lawr i'r gegin hefyd. Fwy nag unwaith ar fore Sul, a minnau allan gyda'r dwt ar y clos, clywais sŵn y piano'n dod drwy'r ffenest agored a chlosio i wrando. Emynau fyddai ganddi fynychaf, ac yr oedd ei chyffyrddiad hi ar y piano yn hollol wahanol i'r eiddo Nhad. Yn feddalach, llai ymosodol, mwy gwylaidd rywsut. Rhyfedd fel y mae nodweddion cymeriad y chwaraewr yn cael eu hadlewyrchu yn yr offeryn hwnnw.

A dyna ddechrau cystadlu yn y mân eisteddfodau. A chan i Rhiannon gael cystal hwyl arni mewn cystadlaethau o dan ddeg a deuddeg oed, tybiwyd y gwnâi hi a minnau ddeuawd weddol. Yn Eisteddfod Blaen-cefn y bu'r *debut*, ac yn wir credais i fod y 'lloffwr blin' wedi 'dod o draw' yn ddigon llwyddiannus, ond pan orffennodd y beirniad ei berorasiwn, mynd adref yn 'drwm dy droed' ac yn 'wag dy law' fu fy hanes innau hefyd. Ond mae'n amlwg fod fy nhad wedi cymryd y beirniad ar ei air – 'dyma ddeuawd sy'n dangos cryn addewid' – achos cystadlu a wnaethom nes i'm llais i dorri. A daeth rhai o'n gwrthwynebwyr yn wynebau cyfarwydd erbyn heddiw – megis Beti George a'i brawd.

Aethai Rhiannon at Andrew Williams, Aberteifi, am hyfforddiant lleisiol – lleisiwr da iawn ei hunan, a cherddor gwych. Er ei fod i bob pwrpas yn ddall, rhyngddo ef a Glenys ei wraig – a honno'n gantores o fri ei hunan – cadwent ym Maes-y-coed un o'r aelwydydd mwyaf gwirioneddol ddiwylliedig y gwyddwn i amdani. Y ddau yn 'gymeriadau' o'r iawn ryw: yn ffraeth, yn eang eu diddordebau ac yn gwmnïwyr i dynnu atynt, ac y mae degau o gyfeilyddion a chantorion yn yr ardaloedd hyn yn eu cofio fel dau o'r eneidiau llawn hynny sy'n cyfoethogi ardaloedd cyfan, a'u dylanwad arnynt yn anfesuradwy.

Er gwaethaf ei olygon gwael a'r ffaith mai prin y medrai ddarllen y sgôr gerddorol o gwbwl, bu Andrew – a oedd, gyda llaw, yn gefnder i James Williams, a wnaeth gymaint o argraff ar lenyddiaeth Saesneg gyda'i gyfrol atgofus *Give Me Yesterday* – yn arwain Cymdeithas Gorawl Aberteifi am flynyddoedd. Perfformient oratorio neu waith uchelgeisiol arall yn rheolaidd bob Nadolig, gan ddwyn rhai o unawdwyr enwoca'r wlad i'r dref. Ni synnwn i ddim nad yn y Gymdeithas honno yr eginodd y syniad am gynnal Gŵyl Fawr Aberteifi, sydd erbyn heddiw wedi tyfu yn un o wyliau cystadleuol gorau Cymru. Mae'n debyg y câi ef gan Glenys ei wraig neu Sali Davies-Jones, cyfeilyddes côr Blaen-porth yr adeg honno, chwarae'r gerddoriaeth iddo, ac arweiniai ef y perfformiad cyfan wedyn o'i gof. Arweiniai gymanfaoedd canu hefyd yn yr un modd, ac ni chlywais i erioed ei hafal am gyflwyno a dehongli emyn.

Bu am gyfnod yn athro cerdd yn ysgol Aberteifi, a chefais innau wersi ganddo am ddau neu dri thymor. Tybiai rhai o'r mwyaf melltigedig yn ein mysg na fyddai'n fawr o drafferth i daflu llwch i lygaid rhywun mor bŵl ei olygon ag ef, a dechrau cymryd mantais o'r ffaith honno. Ond os oedd ei lygaid yn wael roedd ei glust yn denau – yn anhygoel o denau. Adwaenai ni i gyd wrth ein lleisiau, ddeugain neu ragor ohonom.

Un bore, a rhyw gythrwfl gwaeth na'i gilydd wedi torri allan yng nghefn y dosbarth, dyma'r athro yn edrych i gyfeiriad y sŵn. 'Hywel, my boy, come out here,' meddai ef, heb betruso ennyd. A dyma Hywel, cwlffyn mawr garw o grwt o Landudoch, ac olynydd teilwng i'r brid garwaf yn y pentref morwrol hwnnw, yn camu'n dalog ymlaen gan fflachio rhyw led-wên 'gwyliwch-chi-hyn-bois-mae-hyn-yn-mynd-i-fod-yn-hwyl' atom ninnau. Cydiodd Andrew yn ei law dde fel pe bai'n cyfarch dyn dieithr, a'i law arall ar ei benelin, a dechrau rhestru iddo mewn llais tawel, tawel, anuniondeb ei ffyrdd. 'Hywel, you are disrupting my lesson,' gan bwysleisio'r frawddeg gydag ysgydwad ysgafn i law'r troseddwr. 'I have no wish to make an example of you, but you see, I have to maintain discipline.' Ysgydwad arall. 'I would strongly advise you to pay attention, or at least to remain silent in class, if not for your own sake' – ysgydwad wedyn – 'then for the sake of others who may wish to learn something of music.' Cododd ei lais ryw semi-tôn, ac ysgwydodd y llaw ddwywaith neu dair yn galetach, fel pe bai'n magu herfa. 'Because if you do not, I may have to shake your hand really hard.' A rhoddodd ryw swing i fraich Hywel, braidd yn rhy gyflym i ni ei ddilyn, nes bod hwnnw, chwe throedfedd ohono bron, yn codi'n grwn o'r llawr gan ddisgyn ar wastad ei gefn wrth ei draed. Daliai o hyd yn llaw Hywel, ac wedi eiliad neu ddwy o ddistawrwydd lle medrech glywed ei wats yn tician bron, tynnodd ef i'w draed ac aeth hwnnw yn ôl i'w sedd a'i wyneb fel y galchen, 'yn gallach, ystwythach dyn'.

Ni chlywais am neb a geisiodd gymryd mantais ar yr athro cerdd wedi hynny. Pe gwnâi hwnnw yr un peth heddiw byddai o flaen ei well (os ei well hefyd) mewn dim o dro – dall neu beidio – a Hywel bach, druan, yn destun tosturi pob papur newydd yn y wlad. Mae comon sens, ys dywedodd Twm Shot, wedi mynd yn gomon ofnadw.

# 10

## Ymhél peth â hi

Ac felly, gadewais yr ysgol rywbeth yn debyg i'r fel y cychwynnais – heb grychu'r dŵr ryw lawer. Rhyw ddilyn fy nhrwyn eto, heb fod dim byd pendant na chofiadwy ynglŷn â'r peth rywsut. Ni fedraf ddweud i mi weithio ddim caletach ar y fferm nag a wnawn cynt; dim ond fy mod i yno am fwy o oriau bob dydd. Yr un pethau a lenwai fy mryd: chwaraeon, y Côr a'r Clwb a'r Urdd (ac ambell aelod unigol o'r rheini, bid siŵr!). Mwy na thebyg fod ynof duedd erioed i adael i'm meddwl grwydro i rywle ond at y gorchwyl wrth law, ac fe'm dychmygwn fy hunan ym mhobman ond lle'r oeddwn yn barhaus. Ond cefais i hynny erioed gystal ffordd â'r un o felysu rhyw dasg ddiflas a'i gwneud yn haws ei dioddef. O bryd i'w gilydd chwaraeai rhyw ymadrodd a glywswn drwy fy meddwl, neu bennill a arhosodd ar fy nghof, a difyrrwn fy amser yn troi'r rhieni ar fy nhafod gan siarad â mi fy hun pan na fyddai neb arall gerllaw. Ac yr oedd cyfle i wneud hynny yn dod yn aml, wrth gwrs, allan ar y caeau ac yn fy ngwaith bob dydd.

Cynhelid rhyw fath o sosials yn y Clwb bryd hynny, a'r rhan fwyaf o bawb yn cymryd rhan yn yr hwyl. Fel ym mhob cymdeithas o'r fath roedd yno gyfle i wamalu a thynnu coes – dim byd oedd yn debyg o ysgwyd seiliau'r cread, ond rhywbeth digon diddrwg-didda a oedd â'i apêl yn gyfyngedig i'r adeg a'r gymdeithas arbennig honno. Rhyw dro neilltuol lluniais ryw fath o bennill neu ddau, digon prentisaidd mae'n siŵr, i gyfrannu at y noson. Er mawr syndod i mi, a mwy o foddhad, cafodd y peth dderbyniad gwresog – mae pawb yn tueddu i gymeradwyo ar achlysur o'r fath, nid oherwydd gwerth y peth yn gymaint ag i ychwanegu at yr hwyl. Felly fe wnes yr un peth rywdro wedyn, ac ymhlith rhyw gylch bychan, bychan felly, deuthum i gael fy nghyfri yn 'dipyn o fardd'. Byddai 'prydydd', ac un go sâl hefyd, wedi bod yn gywirach term.

Gofynnwyd i mi filwaith, siŵr o fod, wedi hynny yr hen, hen gwestiwn ynglŷn â geni dyn yn fardd, a cheisiais innau gynifer o weithiau ddadansoddi'r ateb. Yn y lle cyntaf, byddai'n rhaid imi gael newid y gair 'bardd' am y gair 'prydydd'. Mae pawb sydd yn ymhél â'r math o lenyddiaeth y byddwn ni fel arfer yn ei alw'n farddoniaeth yn brydydd (neu yn brydyddes). Mae ychydig o'r prydyddion hyn, ar ryw adegau hedegog, yn ymddyrchafu i fod yn feirdd. Fe wn fy mod yn brydydd: nid fy lle i yw dweud a wyf yn fardd. Ym mhle yn union y mae'r ffin rhwng y ddau, ni wn i ddim. Ni wn a oes raid i ddyn gael ei eni'n fardd, ond credaf fod yn rhaid iddo gael ei eni yn brydydd, os prydydd yw un sy'n medru efelychu mydrau a rhythmau prydydd arall. Mae'n rhaid i'r ddawn, i'r awydd hwnnw fod yn gynhenid; nid oes eu meithrin. Mae yna bobl ddiwylliedig a gwybodus ym mhob modd, na fedran nhw ddim synhwyro'r gwahaniaeth rhwng gwahanol fydrau, megis na fedran nhw ddim gwahaniaethu rhwng dau liw a'i gilydd neu ddau nodyn gwahanol. Mae yna bobl eraill, sy'n hollol amddifad o'r hyn y byddwn ni yn ei alw'n ddiwylliant, sy'n medru gwneud hynny. Mae yn y genynnau rywle.

Ond os na fedraf fod yn siŵr o'r rheswm dros egino'r peth yn y lle cyntaf, rwy'n berffaith siŵr o un rheswm dros ei dwf wedi hynny. Cefnogaeth cymdeithas. Mae un o'r hen Drioedd Cerdd Dafod yn llygad ei le yn hynny o beth: 'Tri pheth a gynnydd awen: ei hiawn arfer, ei mynych arfer, a llwyddiant o'i harfer.'

Roedd y Golofn Gymraeg yn ein papur lleol ni, y *Cardigan and Tivy-Side Advertiser*, yr adeg honno yng ngofal yr englynwr gwych hwnnw, y Parch. Roger Jones, gweinidog Gerasim Llandudoch a Blaenywaun ar y pryd. Gwelswn yn ei golofn wythnosol gerddi o waith Alun y Cilie, Isfoel, T. Llew Jones a beirdd lleol eraill, ac yn eu plith, weithiau, rhyw benillion bach pedair llinell gyda phob llinell yn odli, a rhyw strac ryfedd, na welwn i bwrpas iddi, tua hanner ffordd drwy'r llinell gynta. A phenderfynais y medrwn i wneud penillion yr un fath. Nid oeddwn hyd hynny wedi ymgyrraedd at weithio limrig, mae'n wir; ni wyddwn beth oedd limrig o ran hynny, ond twt lol, onid oeddwn wedi gweithio sawl pennill wyth chwech ac wyth wyth hefyd, gan odli'n llwyddiannus bob tro – wel, fwy neu lai beth bynnag? Clywais yn ddiweddarach, drwy ryw hap, mai englynion y gelwid y penillion bach rhyfedd hynny, ac fe wnes innau rai – ugeiniau ohonynt. Ac euthum ag un o'r goreuon, yn fy marn i, gyda mi i'r Urdd rhyw noson a'i ddangos i Tegryn Davies. A chware teg i hwnnw, chwarddodd e ddim ar fy mhen, er iddo ledwenu yn ei silfoch fel y byddai'n gwneud weithiau, ond awgrymodd yn ei ffordd gynnil ef y buasai'n well englyn, efallai, petai rhywfaint o gynghanedd ynddo.

Roeddwn mewn parti o fechgyn a ganai ddetholiad o awdl 'Y Glöwr' ar y pryd, ac wedi sylwi (a phwy fedrai lai) ar sain ambell linell fel:

> 'Erwau'r glo dan loriau'r glyn'

ac

> 'A mwstwr astrus meistri estron'.

Cael tipyn o gyfarwyddyd gan Mr Davies wedyn, a mynd ynghyd â gweithio ambell un fy hunan. Rhai ohonyn nhw'n gywir hefyd. Erbyn hyn nid oedd y ffaith fy mod yn dechrau 'whare â phenillion a phethe' wedi mynd yn ddisylw gartref. A heb yn wybod i mi roedd fy nhad wedi cwrdd ag Alun Cilie, mewn rhyw fart neu ocsiwn yn rhywle gellwch fentro, ac wedi sôn wrtho, gyda pheth balchder meddai Alun wrthyf yn ddiweddarach, fod 'yr ail grwt 'co yn ymhél peth â hi'.

'Bachgen! Odi e?' oedd ymateb hwnnw. 'Halwch e lan 'co i ni ga'l gweld be sy gydag e.' A 'gweld be sy gydag e' fu hi wedyn am tua dau aeaf, a minnau'n mynd i fyny i Gilie ar nos Suliau, a llond llyfr o linellau a chwpledi ac 'englynion' gyda mi. Cywirai ef hwy a gosod ambell dasg i mi, neu fe dreuliem noson gyfan yn gwneud dim ond sgwrsio yn Siberia, ys galwai ef ei Rŵm Ffrynt.

O dipyn i beth fe'm cefais fy hun mewn ambell Ymryson y Beirdd lleol, yn cwrdd yno ag eraill o'r un fryd a thua'r un oed â mi: Jim Tŷ Newydd, Dai Morris Dre-fach, a Thydfor wrth gwrs, a phan aem ymhellach, draw i Fwlch-y-corn efallai, Jim Parc Nest a'i frawd John, ac Eleri Davies, a dysgem gynganeddu yn sŵn ein gilydd.

Yn gymysg â'r pethau yma, fel arfer byddai rhai o fechgyn ifanc y côr yn crynhoi yn Nhan-yr-eglwys gyda'r nos. Hwn-a'r-llall yn awyddus i gystadlu yn rhai o'r steddfodau lleol, a chystadleuaeth y Solo Twps (hynny yw, unawd i rai heb ennill o'r blaen) yn boblogaidd gan y rhai mwyaf dibrofiad. Rhedai Nhad nhw drwy eu pethau gan roi ambell dip bach yma ac acw, a byddai wrth law i gyfeilio iddynt yn yr ornest. Roedd Iwan Rhyd-y-gaer yn wastadol gyda ni, ac yn ddigon o fas ynddo'i hun i unrhyw gôr cymedrol. Dôi Gwynfor Tŷ'r-ddôl hefyd, gof Blaenannerch erbyn hyn, yntau'n un o'r baritoniaid pertaf a glywyd erioed; a Gerwyn, mab Dai Richards, Aber-porth – Dai Telyneg, cyfrannwr cyson i 'Babell Awen' Dewi Emrys yn *Y Cymro*, ac nid pawb a gâi fynediad i'r urdd honno. Roedd gan Gerwyn lais tenor swynol, ac ni raid dweud mai unwaith yn unig y bu raid i'r tri hyn anrhydeddu cystadleuaeth y Solo Twps â'u presenoldeb. Gan fy mod innau yn bracsan ail denor orau y medrwn, yr oeddem yn bedwarawd cyflawn. A phan na byddai dim byd 'swyddogol' ar droed, treuliem amser o gylch y piano gyda Rhiannon, a oedd erbyn hyn wedi dod yn eithaf chwaraereg, yn cael hwyl ar fynd drwy rai o hen ffefrynnau corau meibion.

Yr oeddem i gyd, wrth gwrs, yn aelodau o'r Aelwyd. Roedd pawb o gownt yn yr ardaloedd yn aelodau – cantorion neu beidio. A waeth heb ag esgus mai ystyriaethau diwylliadol yn unig a'n tynnai yno! Rhestr testunau Eisteddfod yr Urdd am y flwyddyn fyddai maes llafur yr Aelwyd yn Aber-porth yn gyfan gwbwl. Nid oedd yno le i weithgareddau eraill y mudiad – gwersylla ac yn y blaen. Nid ein bod ni fel aelodau, na'n harweinwyr ni chwaith, yn or-ddifrifol, y nef a'i gŵyr. Ond oherwydd mai meibion a merched ffermydd a gweithwyr lleol oeddem gan fwyaf, nid oedd gennym fawr o amser na llawer o awydd chwaith, i fod yn onest, i ryw chwarae plant felly. P'un bynnag, roedd ein hadloniant yn gymysg â'n diwylliant, pe rhoddem unrhyw bwys ar ystyron y ddeuair hynny.

Dros y blynyddoedd, mewn gwahanol gyhoeddiadau, ceisiais fynegi fy ngwerthfawrogiad i a'm cyfoedion o'r ddau a fu'n brif gynheiliaid llwyddiant y chwarter canrif hwnnw yn yr ardaloedd hyn. Nid af i ddamsang yr un cwysi yn y fan hon rhag i ganmoliaeth droi yn seboni – ac ni byddai'r un o'r ddau yn diolch imi am hynny. Yr un yw'r deunydd crai ym mhob ardal ym mhob oes – yr arweinwyr sy'n wahanol.

Tua dechrau Medi yma âi'r si ar led fod yr Aelwyd yn cwrdd ar nos Wener yn y caban pren hwnnw y tu cefn i'r neuadd yn Aber-porth. Dim hysbysiad swyddogol yn y papur, dim ond rhyw sôn cyffredinol o ben i ben, a dyna gychwyn gaeaf arall o sol-ffeio, ymarfer, steddfota, cyngherdda, a chael hwyl – a gwastrodi hefyd weithiau. Cyrhaeddem fel gwylanod yn cyrraedd tir coch o bob cyfeiriad yn un a dwy ar y tro, yna pump neu chwech gyda'i gilydd, a chyda llawn cymaint o sŵn hefyd, rywle rhwng saith a naw o'r gloch. Wyth oedd yr amser swyddogol.

Roedd yn sioe byd gweld y gwahanol foddau trafnidiaeth. Ambell un ar gefn beic a'i sedd lan fry a'i gyrn i lawr draw, yn ffasiwn yr oes. Moto-beics o wahanol oedran: ambell un gloyw newydd ac ambell un yn rhwd coch a'i danc yn dolciau i gyd a'r beipen ecsôst yn edrych fel pe bai'r llygod wedi bod wrthi. Ceir ffarm a chordyn beinder yn dal eu drysau – ceir rhai ffermwyr cefnog hefyd, ac un *hackney-carriage* os gwelwch yn dda! Ond bron yn ddieithriad byddai moto-beic a gyrhaeddai ag un marchog yn mynd adref â dau, ac aelodau o ardal Beulah, dyweder, yn cyrraedd mewn dau gar, ond byddai un yn ddigon i fynd â nhw adref!

Tua hanner y ffordd drwy weithgareddau'r noson barnai rhywun ei bod yn bryd cael cwpanaid o de a bynnen. Wedi'r cyfan, byddai Mr a Mrs Davies a rhai o'r merched a oedd yn cyfeilio wedi bod yno oddi ar tua phump o'r gloch gyda'r plant iau, ac âi rhai o'r merched i baratoi 'rhywbeth bach i dowlu' yng nghanol rhialtwch canu ac adrodd a siarad a llawer peth arall. Comiwtio wedyn â'r te a'r byns o'r caban i'r neuadd gefn ac o'r fan honno i'r neuadd fawr, a thua hanner cant o bobol ifanc yn gweu drwy'i gilydd. Pa ryfedd i ambell anffawd ddigwydd?

A Mair yr Hafod yn ceisio porthi'r pum mil ryw noson, gan frysio â phadellaid o gwpanau a byns i'r neuadd mewn cawod o law taranau, a'r Parchedig yn dod yn ei herfa i'w chyfarfod a'r naill heb weld y llall, bu colision, a'r Roial Dalton yn gatiau ar lawr a'r byns fel bwyd fferet yn y glaw. Mair druan, cyn goched â chrib twrci, yn ei fflwstwr yn ebychu'r peth cyntaf a ddaeth i'w phen: 'Wel diawl, Teg, dyna chi wedi'i gwneud hi nawr!' Ond roedd hi'n canu 'O Hyfryd Hedd' gyda'r côr merched chwap iawn.

Tyfodd ysbryd cystadleuol brwd ac iach rhyngom ac Aelwyd Crymych, lle'r oedd Gwyn George yn gymaint o ffigwr ag oedd Mr a Mrs Davies gyda ni. Nid yw'n ddim rhyfeddod i mi weld llwyddiant partïon a chorau Ysgol y Preseli yn y dyddiau hyn, a grwpiau o'r pentre mewn cystadlaethau fel 'Bwrlwm Bro' – plant i hen aelodau'r Aelwyd honno yw'r rhan fwyaf ohonynt. Roedd yno gôr merched dihafal, a chryn gyfathrach – os dyna'r gair gorau – rhyngom mewn eisteddfodau mawr a mân. Ond efallai mai gwell peidio â manylu yn gyhoeddus fel hyn! Digon fyddai dweud, efallai, mai dyna'r unig gôr yng Nghymru yr oedd ar Gôr Merched Aber-porth beth o'i ofn – ac nid yn yr ystyr gerddorol yn unig.

Fyth oddi ar y dyddiau hynny bu gennyf olwg fawr ar ardal Crymych, a phetai'n rhaid i mi newid bro, i rywle tuag yno yr awn. Nid yw'n ddim syndod i mi mai yn yr ardal honno y cychwynnodd Beca. Mae rhyw ysbryd annibynnol, styfnig yn cyniwair y brodorion erioed. Rebels, yn ystyr orau'r gair. Efallai fod a wnelo'r ffaith iddynt wladychu ar y tir comin a heb orfod capio rhyw lawer i'r plasau a'r stadau mawr rywbeth â'r peth.

Beth bynnag am hynny yn awr, cynhaliwyd rhai o steddfodau mwyaf cyffrous y De 'ma yn Neuadd y Farchnad ar y sgwâr. Ym mhle ond yng Nghrymych y caech chi ffair a steddfod, un o bob ochr i'r hewl, yr un noson – a steddfod arall ym Moncath, brin dair milltir i ffwrdd, yr un pryd? Byddid yn trefnu i gynnal cystadlaethau'r corau a'r Her Adroddiad, dyweder, am wyth o'r gloch a hanner awr wedi yn y naill, ac am naw a hanner awr wedi yn y llall, gan amrywio'r ddwy raglen i ffitio i'w gilydd fel'na, a'r Her Unawdwyr a'r partïon unsain a'r beirdd yn comiwtio o un i'r llall gan alw yn y ffair a'r London House a'r Crymych Arms fel byddai'r taro.

Afraid dweud fod angen rhywun o frethyn go arbennig i arwain y fath steddfodau, a'r noson honno Wil Bwlch-y-groes – W. R. Evans i fod yn barchus – oedd wrthi. Fi gafodd y gadair, 'tae ots am hynny, ac yr oedd y tri arall, Gerwyn, Gwynfor ac Iwan, rywle yn y dorf. Roedd yn rhaid cadw pob ffenest ynghau i gadw sŵn y ffair allan, a hynny wrth gwrs yn magu gwres, a'r gwres yn magu syched. Prin y medrai W. R. ar y llwyfan ei glywed ei hun yn meddwl, rhwng bod rhai o ddychweledigion y London House yn ceisio dod i mewn bob hyn-a-hyn; ac un yn enwedig, a oedd yn amlwg wedi dychwelyd ers peth amser, yn sgrechian a rhyw wich uchel yn ei lais. Ond tawelodd Wil y dorf ac yntau, a hanner y ffair hefyd am wn i, gydag un o'r fflachiadau hynny yr oedd yr hen do o arweinyddion yn enwog amdanynt. Pan dawelodd y gwichialwr am ennyd, i dynnu anadl ar gyfer gwich arall mwy na thebyg, 'yn y dwys ddistawrwydd' meddai W. R.: 'Wyddoch chi, bobol, beth yw'r gwahaniaeth rhwng dyn a whilber? Ma whilber yn sgrechen *cyn* ca'l oil!'

Maes o law, cyhoeddwyd cystadleuaeth y pedwarawd. Punt o wobr, a'r darn yn agored, a chododd yn ein pennau ni ein pedwar i fynd lan a rhoi cynnig ar 'Comrades in Arms', os gwelwch chi'n dda!

"Dych chi ddim yn mynd i ganu'r Comreds yn ddim ond pedwar, does bosib?' holodd yr arweinydd wrth ein cyflwyno.

'Gwrando di'n awr 'te,' meddai'r saer wrtho, a'r 'London' yn siarad yn gryf erbyn hyn. Aethpwyd drwyddi gyda'r fath arddeliad fel y bu'n rhaid i ni ganu yr eilwaith, ac yr oedd gennym ddigon yn sbâr wedyn i ganu 'Hen Wlad fy Nhadau' yn Steddfod Boncath ar y ffordd adre. W. R., gyda llaw, oedd y beirniad pan gefais i fy ngwobr gyntaf erioed am englyn. Does ryfedd yn y byd fod ei ardal ef yn annwyl gennyf.

Prin y byddai neb ohonom yn mynd i steddfod oni byddem yn cymryd rhan mewn rhyw fodd – nid âi neb yno i wrando'n unig. Hyd yn oed pe cyrhaeddem ryw neuadd heb fod gennym ddim ' i fewn' yn yr adran lên, a heb fwriad o gwbwl o esgyn i'r llwyfan i ganu nac adrodd na hyd yn oed roi cynnig ar y Chwe Chwestiwn ar y Pryd, anfynych y dychwelem heb gwrdd â rhywrai a fyddai'n brin o lais neu ddau mewn parti unsain, efallai, neu denor neu fas mewn wythawd neu bedwarawd. Yna, tro neu ddau o ymarfer ar y darn mewn rhyw gornelyn cymharol dawel neu sedd gefn rhyw gar, ac i'r gad â ni mewn llawn hyder ffydd.

Chwerthin i fyny ein llawes wedyn, weithiau, wrth glywed rhyw feirniad gwybodus yn paldaruo am 'unoliaeth lleisiau' ac 'ôl disgyblaeth' ac yn y blaen, a chilio i'r un cornelyn tawel i rannu'r ysbail. A chyn amled â hynny, wylofain a rhincian dannedd o glywed beirniad arall nad oedd yn deall dim yn 'diolch i ni am gystadlu' ond nad oedd 'yr asiad yn berffaith' a 'gwyliwch ar waelod tudalen pedwar' a rhyw lol felly. Doedd dim amdani wedyn ond ceisio cysuro ein gilydd orau y medrem ar y ffordd adref – a chwilio am raglen y steddfod nesaf.

Fore drannoeth (fore Sul, fynychaf) cynhelid cwest yng nghegin fach Tan'reglwys ar weithgareddau'r noson cynt. Nhad yn ei stôl arferol wrth y pentan, a thri neu bedwar ohonom ninnau'n eisteddach o gwmpas. Cydlawenhau (neu gydalaru) ym mherfformiad y côr, beirniadu'r beirniaid, trafod rhinweddau'r unawdwyr ac yn y blaen. Rwy'n credu'n lân mai yn ystod un o'r sesiynau hynny y daeth mater y llwy gwlwm i'r golwg. Ar ryw fore Sul felly roeddwn i ac Iwan yn eistedd ar bwys ein gilydd ar y sgiw gyferbyn â'r tân, a'r 'Caferi' wedi treiglo'n llwyddiannus iawn ychydig oriau ynghynt, a chennyf fi yn fy mhoced amlen ac ynddi bapur chweugain cyfan i brofi hynny. Mae'n wir nad oedd ond cyfwerth â'r ffiffti pi bondigrybwyll heddiw, ond yr oedd i ni yr adeg honno yn fodd i fyw am tuag wythnos. A'm bwriad oedd rhannu'r wobr â'm 'brawd' a'm hanogodd ar lwyfan y fuddugoliaeth i fod yn 'araf, araf . . . paid anobeithio', ac a 'sychodd y môr' yn sych gorcyn hyd i'r gwaelod.

Yr oeddwn wedi tynnu'r papur chweugain o'r amlen ac wedi gofyn a fedrai Nhad neu rywun arall ei newid am arian glas i mi gael rhoi i Iwan 'yr hyn a ddigwyddai o'r da'. Chwaraewn â'r deuddarn papur yn fy nwylo yn ddifeddwl – y chweugain yn y naill a'r amlen yn y llall – gan rowlio'r amlen, fel y tybiwn i, rhwng bys a bawd yn belen fach, a'i niclo ar fy mys ar annel at y grât. A chyn wired â'r pader, fe ddisgynnodd yng nghanol y rhes, ddeg troedfedd i ffwrdd. Ped anelwn filwaith wedyn, ni chredaf y deuwn yn agos ati.

Ond euthum yn oer drwof pan sylweddolais yn yr un eiliad fod yr amlen ar ôl yn fy llaw chwith ac mai chweugain y fuddugoliaeth oedd yr 'Exocet' honno a hedasai mor ddifeth at wres y tân. Gwelwn ar amrantiad hunllefus holl lawenydd y noson cynt yn troi'n lludw o flaen fy llygaid, ac 'addewid gyfoethog yr Iôr' yn diflannu yn y dwst. Ond fe gymerodd hyn i gyd dipyn llai o amser nag a gymer i'w ddweud, ac yr oeddwn innau'n cyrraedd y grât bron cyn gynted â'r chweugain, gan droi'r llwy gwlwm at ddiben mwy cydnaws â'i phwrpas, a chrafu hanner y tân allan i'r ffender yn yr ymdrech i arbed wyneb y frenhines o'r cyneuedig dân. Ac yn wir i chi, pan dawelodd y nerfau ac wedi rhoi gweddillion y tân eto'n ôl yn y grât, cafwyd nad oedd arno namyn ôl gwresogrwydd mawr ar hyd ei ymylon. Byw byth fo'r frenhines!

# 11
## Lifrai caethiwed

Ym mlynyddoedd olaf y rhyfel trigai yn ein mysg nifer o ddieithriaid o wahanol wledydd Ewrop – Eidalwyr ac Almaenwyr, carcharorion rhyfel a ddygwyd i'r gwersyll yn Henllan, a Phwyliaid a erlidiwyd o'u mamwlad wedi i honno gael ei rhannu'n ysbail yn Yalta ac na feiddient fynd adre'n ôl rhag llid Stalin. Cawsant loches yn adeiladau'r Drôm.

Yn ychwanegol at y rheini, gweithiai nifer o aelodau Byddin Merched y Tir ar wahanol ffermydd. Ac wrth gwrs, roedd yma laweroedd o dechnolegwyr ynghlwm wrth y gwersyll arbrofi rocedi yn Aber-porth, yr aeth ei waith, gan taw beth yw hwnnw, ymlaen hyd heddiw. Yr oeddem felly yn gymdeithas lled gosmopolitan, a'r syndod yw nid fod pethau wedi dirywio heddiw rhagor canrif yn ôl, ond eu bod wedi para cystal. Ac nid oes gennyf fi, beth bynnag, unrhyw amheuaeth am y rheswm dros hynny. Sef yw hwnnw, fod economi'r ardaloedd hyn yn y bôn wedi aros ynghlwm wrth bethau'r tir. Ac y mae hwnnw yn ddigyfnewid. Ond am ba hyd, Duw yn unig a ŵyr.

Ond beth bynnag am hynny yn awr, o ganlyniad cawsom ni berffaith gyfle i gymharu agwedd gwahanol bobloedd at fyw mewn gwlad ddieithr. Mae'n wir na fyddai'n deg bod yn hollol ddogmatig ynglŷn â'r peth. Achos carcharorion a ddygwyd yma yn groes i'w hewyllys oedd yr Eidalwyr a'r Almaenwyr. Ffoaduriaid i bob pwrpas oedd y Pwyliaid, ac ni ellir, a bod yn hollol deg, cymharu eu hagwedd hwy ag agwedd y nifer fawr a ddaeth yma o Loegr, naill ai i ennill eu bara caws neu i segura. Ond, boed ef yma o orfod neu drwy berswâd, rwy'n credu y daw calon pob dyn i'r golwg o gydchwysu ag ef ar faes y cynhaeaf, neu o gydwlychu ag ef yng nghysgod perthi'r gaeafau, ac o gydalaru a chydlawenhau ag ef yn nhrai a llanw yr hen fyd yma.

Am fisoedd cyntaf eu harhosiad yn Henllan âi'r Eidalwyr, a'r Almaenwyr wedi hynny, allan i weithio ar y ffermydd yn gangiau. Anfonai ffermwr i'r gwersyll am hyn-a-hyn o weithwyr ar ddiwrnod dyrnu neu dynnu tatws neu adeg stresol felly. A chyrhaeddent yn y bore mewn lori, a gweithiem yn gymysg â'n gilydd drwyddi draw drwy'r dydd, a rhannu'r un bord. Gwisgent diwnic a throwsus brown tywyll, digon tebyg i'r hyn a wisgai ein milwyr ni, ond gyda phatshyn melyn crwn ar glun y trowsus ac ar gefn y tiwnic i ddynodi mai carcharorion oeddent, am wn i, achos yr oedd cymaint o hen wisgoedd yr Hôm Gârd a'r fyddin a'r Llu Awyr yn cael eu gwisgo ar hyd y ffermydd yr adeg honno fel mai prin y medrech wahaniaethu rhwng Cymro ac Eidalwr wrth y wisg.

Droeon eraill âi gang ohonynt ynghyd â thraenio a chleisio hen ddarn o gors neu dir diffaith, ac y mae aml i gae yng ngwaelod y sir yma yn weirglodd ffrwythlon ir heddiw o ganlyniad i chwys ambell Alun Mabon o'r tu hwnt i'r dŵr. O gyfeillachu â rhai ohonynt caem wybod fod contractau o'r fath wrth fodd eu calonnau. Caent ymadael â'r gwersyll am ddiwrnodau benbwygilydd, ac o dipyn i beth enynnodd rhai ohonynt ddigon o ffydd yn eu gwarchodwyr i gael eu penodi'n rhyw fath o fformyn ar y gang, ac aent allan heb fawr neb ond gyrrwr y lori i edrych ar eu holau.

A'r peth cyntaf i'w wneud wedi cyrraedd y gwaith fyddai penodi'r un mwyaf abl yn eu mysg i fod yn gogydd, ac un arall yr oedd elfen ynddo i fynd allan i hela a physgota, tra âi'r lleill ymlaen â'r gwaith caib a rhaw. Sawl gwaith y rhennais bryd bendigedig o fwyd gyda hwynt yng ngwaelod y cwm yma — cwningen wedi ei rhostio ar ddau bric uwchben tân agored, neu frithyll o'r nant, a minnau'n bwrw hanner dwsin o wyau a gawswn o nyth ryw iâr yn dodwy ma's i'r pair cymdeithasol, ac nid oedd dim tryst na byddai'r iâr ei hun ynddo chwaith.

Yn ddiweddarach câi rhai ffermwyr a wnâi gais am rai felly, rai o'r carcharorion mwyaf dibynadwy i fyw ar eu ffermydd fel gweision. Y cyntaf i ddod atom i Dan'reglwys oedd Lino Giardelli, mecanic o Filan cyn ei orfodi i fod yn filwr. Daliwyd ef yn ystod cyrch Tripoli a bu gyda ni am tua dwy flynedd. Eidalwr o'r Eidalwyr: gwallt du cyrliog a dannedd gwynion, gwynion; a chymerai gymaint balchder yn y naill ag yn y llall. Cymharol fyr o gorff ond mor gryf â cheffyl, ac yn un peryglus, yn ôl a ddeallais yn ddiweddarach, lle'r oedd menyw yn y cwestiwn. Roedd yn hoff eithriadol o blant – nodwedd Eidalaidd arall, mi gredaf. Yn wir, roedd gan Mam dipyn mwy o ffydd yn Lino i warchod Margaret a Mary nag oedd ganddi yn ei phlant hŷn!

Ymhen dim amser roedd fel aelod o'r teulu, yn cysgu yn un o lofftydd y tŷ ac yn bwrw allan erbyn y nos i gwrdd â chyd-garcharorion iddo mewn ambell ffarm gyfagos. Yn swyddogol câi ychydig sylltau o arian poced mewn rhyw fath o arian ffug bob wythnos. Yn answyddogol câi dipyn mwy. Y *currency* mwyaf derbyniol oedd sigarennau, sebon, olew gwallt a phast glanhau dannedd.

Ar y Suliau fe'i cesglid i fynd i'r Offeren yn eglwys y gwersyll, y wyrth o eglwys honno a gododd y carcharorion eu hunain yng ngwersyll Henllan. Addaswyd un o'r cabanau ganddynt yn eglwys gyda'r rhyfeddaf a welsoch erioed, heb ddefnyddio dim ond defnyddiau wast y deuent o hyd iddynt o gwmpas y lle. Collwyd y gloch o furddun hen blas y Bronwydd gerllaw, ac yr oedd peth amheuaeth mai yn sŵn honno y deuent i'r gwasanaethau! Trowyd hen duniau corn biff yn ganwyllarnau a cherfiwyd darnau o bren yn bileri. Lluniwyd allor o goncrit, a'r cyfan wedi ei baentio a'i addurno yng ngwir draddodiad yr hen feistri Eidalaidd. Mae'r darlun o'r Swper Olaf ar y wal wrth gefn yr allor yn ddigon o ryfeddod. Fe'i paentiwyd gan Mario Ferlito pan nad oedd ond prin ugain oed, a'i liwiau gan fwyaf oedd dail te a sudd gwahanol ffrwythau. Mae gweld yr artistwaith hwn, o ystyried yr holl amgylchiadau ar adeg ei greu, yn ddigon i adfer ffydd yr amheuwr mwyaf. Daliai'r Parch. S. B. Jones nad adferir fyth i gelfyddyd odidowgrwydd yr oesau a fu hyd oni chaiff crefydd ei phriod le yn ein bywydau eto, ac ni all neb a saif wrth allor Mario Ferlito lai na chytuno ag ef.

Yn ddiweddar, drwy ymdrechion Jon M. O. Jones, mab hynaf Capten Jac Alun gyda llaw, ailgysylltwyd â nifer o'r cyn-garcharorion hyn, a daethant draw o'r Eidal i ymweld â Babilon eu caethiwed. Ond ni lwyddwyd, gwaetha'r modd, i ddod o hyd i'n Lino ni.

Ar y dechrau, roedd cyfathrebu yn dipyn bach o broblem. Nid oedd ganddo ef, na ninnau blant o ran hynny, lawer iawn o Saesneg. Parablem ag ef mewn cymysgedd o Sysneg ffarm a Chymraeg, a rhoddai ef ninnau ar ddeall drwy bob cyfrwng a feddai – arwyddion, Eidaleg, Saesneg a Chymraeg. O dipyn i beth datblygodd rhyw fath o Esperanto rhyngom, ac nid yn anaml y gorfodid fy nhad i droi atom ni am gymorth i geisio cyfleu i Lino yr hyn a fynnai iddo ei wneud o gwmpas y lle.

O edrych yn ôl, roedd gwahaniaeth mawr yn ei agwedd ef rhagor agwedd y dieithriaid o'r tu hwnt i Glawdd Offa. Roedd ef fel petai am ddod i gwrdd â ni: roeddent hwy fel petaent yn mynnu i ni ddod i gwrdd â nhw. Nid mater o fedrusrwydd iaith oedd y peth yn gymaint â mater o gydgyfarfod eneidiau, rywsut.

Fel yr enillai ef ei blwy ar y fferm ac yn yr ardal câi fynd a dod fel y mynnai, o fewn rheswm, ac wedi oriau gwaith wrth gwrs. Hynny yw, fe'i trinid yn union fel petai'n was neu yn fab un o ffermydd y fro. Hynny oedd y norm i'r carcharorion i gyd. Fe'u gwelid mewn cyngherddau ac yn y blaen yn neuaddau'r pentrefi ar nos Sadyrnau. Mae'n wir y byddai'n rhaid iddynt roi cyfrif ohonynt eu hunain i'r plismon lleol bob hyn-a-hyn, ac weithiau gwelid Serjant Aber-porth yn galw i roi gair bach yng nghlust fy nhad fod Lino yn estyn ei adenydd ychydig yn ormod. Gair bach yn ei le, a byddai popeth yn iawn am dipyn wedyn. Merched fyddai'r achos fynychaf, and go anodd fu deddfu yn y mater hwnnw erioed.

Fel mecanic, roedd ei wybodaeth am beiriannau ceir yn arbennig o werthfawr, a chan fod fy nhad o'r duedd honno hefyd nid oedd ryfedd yn y byd y deuai rhywrai â char acw i'w drwsio yn lled fynych, neu i'w dorri i lawr a rhoi cist cart arno i wneud lori ohono. Roedd llawer o'r Eidalwyr hefyd yn gamsters ar wneud pob math o drincedi ac addurniadau. Modrwyau o arian glas a darnau o wydr awyrennau, modelau o Spitfires o geiniogau, breichledau o bisys tair — nid oedd ball ar eu dyfeisgarwch a'u cywreinrwydd. Yn rhyfedd iawn, o gofio traddodiad eu cenedl yn y maes hwnnw, yr unig beth na chlywais hwy yn ei wneud yn arbennig o dda oedd canu. Eithr, efallai mai 'Pa fodd y canwn mewn gwlad estron' oedd hi yn eu hanes hwythau hefyd.

Fe'n hanfonwyd ni blant oddi cartref, i'r Dyffryn neu rywle mwy na thebyg, ryw ddiwrnod arbennig, fel y gwneid ar ddiwrnod lladd mochyn, a phan ddaethom adre'n ôl roedd Lino wedi mynd. P'un ai a oedd tymor arfaethedig ei wasanaeth wedi dod i ben neu beidio, wn i ddim. Ond gwn fod holi mawr wedi bod am ddiwrnodau lawer ymhle yr oedd a pha bryd y deuai'n ôl. Ceisiwyd lleddfu peth ar ein hiraeth drwy addo i ni y byddai Eidalwr arall yn dod yn ei le. Ond pan gyrhaeddodd hwnnw, dyna beth oedd ornament, ys dywedai fy nhad. Brodor o Sicily, ac yn ôl a ddeallaf fi mae cymaint o wahaniaeth rhwng y rheini ac Eidalwyr ag sydd rhwng Sais a Sgotyn. Ni fu ei arhosiad ond prin digon hir iddo dorri ei enw ar y drws rhwng y beudy a'r Sied Fach. Sabotti Guerino Cocossa, a'r pwdryn rhyfedda a wisgodd esgid erioed – ac yn rhy ddi-ddim i glymu carrai honno yn aml. Fe'i magwyd ar fferm, meddai ef, ond mae'n arswyd gen i feddwl sut olwg oedd ar honno, achos nid oedd ganddo lefeleth am unrhyw orchwyl, na stumog at ddysgu hynny chwaith.

Antithesis hollol i Lino. Rhyw edlych tenau, prydlwyd. Lle'r oedd ei ragflaenydd yn llawenhau yn nerth ei iechyd, gan godi ffiffti-sics fel whare â'i ddannedd a gwneud pob rhyw gampau o'r fath, llusgai'r Sabotti o gwmpas y clos fel llyngyryn, a'i ddwy law yn ddwfn yn ei bocedi os byddai'r naws ychydig yn is nag arfer, gan gario'r fforch neu'r rhaw neu beth bynnag arall fyddai ganddo ar y pryd o dan ei gesail, ac achwyn ar yr oerfel. Afraid dweud mai byr fu ei dymor ef.

Rhyw ddwy flynedd wedi i mi ddechrau yn y Cownti Sgŵl daeth Almaenwr atom – Joseph Kramer. O leiaf rwy'n cofio ei fod gyda ni yng ngaeaf mawr '47. Yr hydref cynt daethai'r tân acw, a bu'n rhaid atgyweirio'r gegin fach ac ailadeiladu'r storws uwch ei phen a thoi'r cyfan o'r newydd. Gwnaed un ystafell o'r tair a oedd yno cynt, a chan fod y cyfan mor lân a newydd cysgai Goronwy a minnau a Joe yn y fan honno. Roedd i'r Storws Fach y fantais ychwanegol o fod â mynedfa ar wahân i'r ty. Stepiau cerrig allan i'r Parc Bach – mantais nid bychan, yn enwedig a ninnau'r ddau grwt erbyn hynny yn dechrau magu cwils a mynd ma's y nos. Ac nid oedd Joe fawr hŷn na ni. Fe'i daliwyd ac yntau eto heb weld ei bedwerydd pen blwydd ar bymtheg.

Gan fod y to yn newydd a'r llechi eto heb eistedd i'w lle yn berffaith, pan ddaeth lluwchfeydd eira arswydus y gaeaf hwnnw chwythai'r eira man i fewn drwy'r craciau. Yn wir, prin fod to yn yr holl wlad na chwythai rhywfaint o'r pupur hwnnw drwyddo. Ac ni byddai'n ddim i ni, y peth cynta wedi deffro a chyn codi o'r gwely, orfod sgubo pyramidiau bychain o eira oddi ar ddillad y gwely. Ond nid oedd hynny ond megis piso dryw bach yn y môr i Joseph, ac yntau'n gyfarwydd â gaeafau gwyn felly yn gyson – a gwaeth hefyd, meddai ef, gartref yn yr Almaen.

Llencyn llygadlas, gwalltfelyn, ychydig yn fyrrach o gorff efallai na'r Almaenwr traddodiadol, ond Aryan i'r dim. Yn fwy felly, efallai, o'i gymharu â Lino walltddu, dywyll, fwy Lladinaidd ei natur – a'r natur honno yn para yn go hir weithiau hefyd. Roedd gan Joe, yntau, dymer a fflachiai fel matsien am eiliad neu ddwy, gan droi cigion ei lygaid gleision yn galedwch creulon cyn i ewyllys haearn disgyblaeth ei filitariaeth gymryd drosodd ac i gywirdeb ymddygiad eto ennill y dydd. Prin y caem air o'i enau ynghylch y rhyfel, tra parablai Lino yn ddiberswâd yn ei chylch. Ond siaradai Joe faint a fynnem am ei gartref: fferm fach o'r enw Kaiserhoff, nid nepell o'r Goedwig Ddu, a rhan helaeth o'r gwaith yn ystod y gaeafau yno fyddai cwympo a llusgo coed. Gan fod cymaint o elltydd ar ein tir ni a chymaint o angen tanwydd ychwanegol y gaeaf hwnnw, nid oeddem ninnau yn anghyfarwydd â'r gwaith hwnnw chwaith. Ond buan y gwelwyd fod Joe led caeau o'n blaenau ni yn y coed, a gadawyd iddo gymryd y blaen, hyd yn oed gan Wncwl Wyn, ac yr oedd hwnnw yn un o'r goreuon am drin bwyell a welais i erioed. Trawai ergyd yn ddi-feth, fel y gwelsoch chi rai o'r timau coedwyr yn y Sioe Frenhinol, gan ddefnyddio'r llaw chwith a'r llaw dde cystal â'i gilydd.

Fynychaf gweithiem ni yn y coed ag un ceffyl, gan dynnu'r llusgiau coed i lawr y llethrau serth i fannau cyfleus i fachu tractor wrthynt i'w llusgo i fyny i'r clos i gael eu llifio. Enoch oedd gyda ni – ceffyl trwm tua'r pedair oed yma, a thrafodai Joe ef gydag un awen yn unig, fel y byddai'n arfer â gwneud gartref. Y lein i'w reoli a'i droi i'r chwith, a'r gorchymyn 'Daac' i'w droi i'r dde. Rhyfedd cyn debyced yw arferion dynion ceffylau ledled y byd.

Megis na freuddwydia hen forwr am gyfeirio at ochr chwith neu ochr dde ei long – 'starboard' neu 'port' a ddywed yn ddieithriad – ni byddai neb o'r hen geffylwyr yn sôn ond am y 'ceffyl rhych' neu'r 'ceffyl dan llaw'. Gan fod aradr yn troi cwys o'r chwith i'r dde, cerddai'r ceffyl ar y dde o'r pâr yn y rhych, a'r llall ar y glas. Yr hen arfer fyddai i rywun arwain y ceffylau, ac yn naturiol cydiai yn ffrwyn y ceffyl agosaf ato, a chyfeiriwyd at hwnnw fel y 'cel dan llaw'.

Fel yr ymberffeithiai'r ceffylwyr yn y grefft o drafod eu hanifeiliaid, gwnaed i ffwrdd â'r sawl a fyddai'n arfer arwain y pâr, gan ddefnyddio dwy awen hir i'w gyrru o'r tu ôl i'r wedd. A dibynnid bron gymaint ar gyfeiriadau geiriol ag ar yr awenau. I'w troi i'r dde, yn ein hardal ni beth bynnag, y gorchymyn fyddai 'Shi'; ac i'r chwith, 'Com hiêr'. Mae tarddiad y 'Com hiêr' yn weddol amlwg, sef gorchymyn Seisnig y gŵr a fyddai'n eu harwain gynt i'r ceffylau ddod tuag ato, hynny yw i'r chwith. A chredais innau mai tarddiad o'r fath oedd i'r 'Shi' hefyd – rhyw fath o lygriad ar 'Gee-up' y Sais. Ond daeth Llydawr ifanc, Yann le Corre, atom ni yma rai blynyddoedd yn ôl, a'i bwnc ymchwil ef ym Mhrifysgol Rennes oedd geiriau gyrru a galw anifeiliaid. Dychmyger fy syndod, a'm balchder hefyd, pan ddywedodd wrthyf mai'r gair a ddefnyddia'r Bedouin hyd heddiw i droi camel i'r dde yw 'Shi'. Estyniadau, a rhai digon llygredig hefyd, ar y ddau orchymyn oedd 'Shi bec', sef troi yn ôl i'r dde, a 'Com hiêr bec' – troi'n ôl i'r chwith.

Treuliai Joe ei foreau Sul yn ysgrifennu llythyron adref, a châi fenthyg pìn sgrifennu gen i. Hen ffownten pen rhad ac iddo gapan coch, gwyn a glas ymerodrol iawn, ond a dorasai ei goes rywbryd ac a ddibynnai ar dipyn go lew o *insulating tape* i'w gadw at ei gilydd. Bu hwn gennyf drwy fy nghyfnod o bedair blynedd yn Aberteifi, lle gwelais ddegau o binnau gwerthfawrocach yn 'mynd ar goll'. Yr oedd iddo nib da, neu o leiaf un a siwtiai fy sgrifen baglau brain i i'r dim, ond yr oedd Joe yn sgrifennwr poenus o ofalus. Llythrennu Gothig, perffaith; a phe byddai un mefl ar y tudalen, mewn sillafu dyweder, neu'r awgrym lleiaf o flot arni, byddai'n rhaid ail-wneud y ddalen gyfan. Roedd yn wledd i'r llygad gweld tudalen o'i waith ond roedd yn artaith bron i'w weld wrthi. Yn ei blyg wrth ben y ford a'i dafod allan o gornel ei geg, ac yn aros wedi gorffen pob gair i syrfeio'r gwaith; yna gwasgu, ysgafnu, gwasgu, ysgafnu wedyn yn ddi-ben-draw. Ni wnâi ond perffeithrwydd y tro, ac wedi teirawr neu bedair o'r driniaeth honno ni ddeuai fy ffownten pen yn ôl i'w le tan tua'r dydd Mercher canlynol.

Tua'r adeg yma daeth y Pwyliaid i'r Drôm, ac y mae eira mawr '47 unwaith eto yn gymorth i mi ddyddio'r ffaith yn weddol agos. Caewyd y ffordd fawr am tua chwe wythnos gan y lluwchfeydd. Buasai cwymp o eira, ac ar ddydd Mawrth bob tro, am dair wythnos yn olynol. O'r diwedd dechreuwyd clirio'r ffyrdd â rhofiau – nid oedd Jac Codi Baw wedi ei ddeor y pryd hwnnw, a thrueni mawr oedd hynny – a'r Pwyliaid o Flaenannerch a gliriodd y ddwy filltir olaf rhwng Blaenannerch a Gogerddan i agor y ffordd rhwng Aberteifi ac Aberystwyth unwaith eto.

Pobl neilltuol o fonheddig a diwylliedig, ond teg fyddai dweud mai aelodau o ddosbarth y swyddogion yn eu lluoedd arfog oeddent gan fwyaf. Pobl broffesiynol yn eu mamwlad gan fwyaf, ac felly'n tueddu i fod wedi cael gwell manteision na thrwch y werin gyffredin. Âi nifer o'u plant i'r ysgolion lleol, ac nid oedd yn ddim i rai ohonynt fedru pedair neu bum iaith – Saesneg, Cymraeg a Phwyleg wrth gwrs, ynghyd ag un neu ddwy o ieithoedd eraill y Cyfandir – ac mae amlder y Tsiernewskis a'r Wisdecs yn ein llyfr teleffon yn dystiolaeth fod llawer ohonynt 'yma o hyd'!

Trigent yn gymdeithas yn adeiladau'r Drôm, ac yr oedd i'r gymuned honno adnoddau adloniant na fedrem ni ond prin freuddwydio amdanynt: YMCA a bwrdd snwcer, cae ffwtbol, ac yn y blaen, ac o dipyn i beth dechreuasom ni lanciau dynnu tuag yno, i gydchwarae â nhw. Yn wir, mewn llawer cyfeiriad bron na chyfrifent ni yn rhan o'u cymuned. Bu ganddynt dîm ffwtbol yn y cynghrair ar un adeg ond eu hoff gêm hwy oedd *hand ball,* gêm na chymerwn i fawr ati.

Afraid dweud, efallai, na chymerai fy nhad fawr at ein hymweliadau mynych â'r Drôm, a hanes y ffwtbol yn Aberteifi oedd hi arnaf fynychaf – dwgyd yr amser i fynd yno. Gan fod tir y maes awyr, dros gan erw ohono, erbyn hynny yn segur, cymerwyd ef gan y 'Wôr Ag' – y War Agricultural Executive Committee – a defnyddiai'r pwyllgor hwnnw y ddaear am sawl blwyddyn i godi ŷd, gyda Byddin Merched y Tir yn gweithio yno. Ac ni welais i yn fy myw gnwd o wenith tebyg i'r un a gafwyd yno yn '49. Safai yn agos i bum troedfedd o uchder, a hwnnw ar ei draed fel ffon. Medrem guddio ynddo yn hawdd a ninnau ar ein sefyll – a bu'n dda i mi wrth ei loches fwy nag unwaith pan ffoiswn rhag rhyw orchwyl i fynd i chwarae snwcer i'r Drôm, a Nhad yn dod i'm herlid ar gefn ceffyl. Ond nid oedd ganddo obaith i'm gweld yn y *prairie* hwnnw.

Os bu cynhaeaf delfrydol erioed, un '49 oedd hwnnw. Torrwyd y can erw i gyd – ac â beinder yr adeg honno, wrth gwrs – o fewn tridiau, a phedwar peiriant yn gweithio gyda'i gilydd fel y gwelswn luniau o'r cynhaeaf yng Nghanada. Gan fod y cnwd mor dal medrid gadael sofl o naw modfedd dda, a chael ysgub fwy na'r cyffredin wedyn, a chan fod y tywydd cystal ni bu'n rhaid codi'r un stacan, dim and gadael y 'sgubau i orwedd ar y sofl man lle'r oeddent nes bod yn barod i'w cywain i'r ddwy hangar enfawr i'w dyrnu yno, rywbryd ymlaen yn y gaeaf.

Gan ein bod yn cael ein derbyn mor barod i gymuned y Pwyliaid, rwy'n ofni ein bod wedi mynd braidd yn ewn arnynt weithiau, gan fentro hyd yn oed i wrando ar eu gwasanaethau crefyddol – Pabaidd, wrth reswm. Byddid yn paratoi prydau bwyd yn yr Y.M. yno, a chaem ninnau ambell bryd yno yn awr ac yn y man – ei brynu, wrth gwrs. Am ddeunaw, rwy'n credu, caem blatiaid o'r cig blasusaf a brofais i erioed, rhywbeth a alwent yn *krolic* os cofiaf yn iawn. Sef oedd hwnnw, cefn a choesau ôl cwningen wedi eu gorchuddio â briwsion bara a rhyw berlysiau arbennig a'u ffrio mewn rhyw fodd. Mae'n tynnu dŵr o'm dannedd y funud hon i feddwl amdano. Yr oeddent wrth eu bodd yn cael hen ffa wedi'u sychu i'w berwi – ffa a'u codau wedi duo fel y gwelir hwy ar y gwrysg ar ddiwedd tymor – ac awn innau ag ambell fwcedaid o'r rheini gyda mi weithiau. Mae'n debyg y berwir ffa felly a'u gwerthu yn becynnau bychain ar gorneli'r strydoedd yng Ngwlad Pwyl fel y byddwn ni yn prynu sglodion tatws yn y wlad hon.

Ond nid bwyd i'r corff yn unig a gaem yno. Lawer gwaith ar brynhawn Suliau llithrai Iwan a minnau i fewn i'r Y.M., a'r lle yn hollol wag gan y byddai'r rhan fwyaf o bawb wedi mynd i wasanaeth crefyddol – lle dylem ninnau fod hefyd pe na baem y paganiaid yr oeddem. Mynd yno i glustfeinio yn answyddogol y byddem ar ferch rheolwr y lle yn ymarfer ar y piano. A dyna hyfrydwch! Am dair neu bedair awr bwygilydd caem glywed campweithiau'r meistri i gyd: Rachmaninov, Chopin, Liszt — y cyfan yn cael eu perfformio gan artist gwirioneddol. Symudodd y gymuned i Benyberth yn ddiweddarach ac aeth hithau yn ôl i Wlad Pwyl i chwarae yn broffesiynol, ac ni fedraf i glywed y 'Warsaw Concerto' na'r 'Moonlight Sonata' hyd heddiw heb ailflasu nefoedd y prynhawnau Sul hynny.

Erbyn meddwl, rwy'n credu mai ar achlysuron 'answyddogol' felly y cefais i fy symud i waelod fy enaid yn gerddorol erioed. Mae gen i gof am gerdded i fyny o'r cwm wedi gorffen am y dydd unwaith, a Margaret a Mary erbyn hynny wedi dechrau yn y coleg yn Aberystwyth, a chlywed lleisiau'r ddwy yn cario allan drwy ffenest agored y Rŵm Ffrynt ar yr awel i'm cyfarfod, 'I heard a voice in the greenwood tree'. Rwy'n eu clywed nhw'n awr – ond 'nid â'r glust'.

Gwynfor yr Efail wedyn yn canu 'Oft in the Stilly Night', y delyneg berffeithia a sgrifennwyd yn Saesneg, medden nhw, a geiriau'r hen Thomas Moore yn cario ataf ar dro'r stâr ym Mhen'rallt adeg rhyw briodas neu'i gilydd.

Iwan yn canu un o emynau S. B. Jones ar alaw 'Drink to me only with thine eyes' rywbryd, a Paul Robeson a'r *Proud Valley* yn gwibio o flaen fy llygaid yr un pryd.

Côr Pendyrus yn ymarfer 'Damascus' yn Llanbadarn; Decima Morgan yn morio'r 'Aida' a'i dwy law ymhleth yn weddi i gyd; Dan Tre-fa's yn . . . Ond i beth ydw i'n siarad? Ys dywed yr adnod honno, y maent yn lleng.

# 12

## I ddilyn yr og

Er ein bod yn rhy brysur yn mwynhau bywyd i sylweddoli hynny ar y pryd, roedd blynyddoedd ein harddegau ni yn flynyddoedd o newid aruthrol yn y gymdeithas yr oeddem yn byw ynddi. Newidiasai'r rhyfel agwedd pobl at eu rhan mewn bywyd, ac nid oeddent bellach yn barod i dderbyn eu tynged yn ddigwestiwn. Daeth 'hawliau' yn air mwyfwy pwysig.

Datgymalodd yr hen stadau, a phrynodd llawer o'r ffermwyr a fu'n ddeiliaid iddynt gynt eu llefydd eu hunain oddi ar y stadau hynny. Newidiodd morgais a benthyg arian o fod yn bethau i'w hosgoi i fod yn dderbyniol. Erbyn heddiw, a'r cwmnïoedd pensiwn a'r sefydliadau ariannol yn prysur fachu pob fferm sy'n dod ar werth, mae yna berygl gwirioneddol y byddwn yn ôl yn yr un sefyllfa chwap iawn. Lle'r oeddem unwaith o dan fawd y plasau, yr ydym bellach ar y ffordd i fod o dan fawd arianwyr diwyneb.

Cynyddodd mecaneiddio ar y tir, ac o ganlyniad aeth nifer y gweithwyr arno i lawr, a dadfeiliodd yr hen drefn o gyd-gynorthwyo ar adegau cynhaeaf ac yn y blaen. Prinhau o angladd i angladd a wnaeth yr hen do a fagwyd o dan drefn wahanol. A'r hyn sy'n sobri dyn yw sylweddoli ei fod ef ei hun bellach yn perthyn i'r to hwnnw yng ngolwg cenhedlaeth iau. Eithr newid yn unig y mae bywyd; nid yw fyth yn aros. A'r un rheolau sylfaenol a fu i bob math ar fywyd erioed, ac a fydd byth. Boed yn fywyd creadur, planhigyn, cenedl neu ffordd o fyw. Fe'i genir, fe ddaw i'w lawn dwf, fe fydd yn cenhedlu ac yn marw, ac fe ddaw un iau i gymryd ei le.

Pan adewais i'r ysgol, parhâi hen drefn y cymorth cymdeithasol i raddau helaeth yn y broydd hyn, er nad i'r un graddau ag a wnâi yn adeg fy nhad. Cymdeithas Rhwng Dau Gae – rhyw fath o sosialaeth orfodol. Dyna'r unig ffordd y medrid cynnal amaethyddiaeth yn yr oes honno.

Âi pob fferm ynghyd â'r cynhaea gosod wrthi ei hun: yr aredig a'r hau a'r gosod tatws ac yn y blaen. Ond pan ddôi'r cynhaeaf gwair a'r cneifio roedd pethau'n wahanol. Yn un peth roedd angen mwy o ddwylo, ac yr oedd dyn yn ddibynnol ar y tywydd. Heblaw'r llefydd leiaf i gyd, y byddai rhai o'u cymdogion amlach eu hadnoddau yn lladd y gwair drostynt, lladdai pob fferm ei gwair ei hun. Buasai'n wahanol yn oes y bladur wrth gwrs. Byddai yn ei drin hefyd â'i pheiriannau ei hun – ei droi a'i chwalu a'i fwrw ynghyd, ac yn y blaen. Er i Ddafi Jâms, Brynhyfryd, un o'r ffermwyr moderneiddiaf ei agwedd yn yr ardaloedd, wrthod hyd y diwedd i unrhyw beiriant chwalu ei wair – mynnai i ni ei chwalu i gyd â phicwerchi. Ond deuai pawb ynghyd i'w gywain, ac anfonai pob fferm o fewn cylch o ryw filltir rywun i'w chynrychioli, i 'fwrw dyled', gan y byddai angen yr un cymorth arni hithau maes o law.

Swydd gyntaf pob crwtyn ifanc fyddai arwain y ceffyl pawl. Yna graddiai i ddilyn y loder – y teclyn hwnnw a ddirwynai'r gwair i fyny i'r traeler i'w lwytho – gan godi â'i bicwarch unrhyw gudyn a syrthiasai o'r llwyth. Yna câi ofal rhaff y pigau, lle byddai gofyn iddo fod yn effro i bob gorchymyn o ben y das i roi plwc i'r rhaff a gollwng y bigaid wair yn yr union fan y byddai ar yr adeiladwyr ei angen, a thynnu'r pigau yn ôl i ben y llwyth wedyn.

Fel y cynyddai mewn nerth câi fynd, yng nghwmni rhywun mwy profiadol, i lwytho. Llwytho'r pen blaen i gychwyn, gan ei bod yn waith dipyn trymach i lwytho'n ôl, lle byddai'n gorfod derbyn y gwair o'r loder a llwytho'r gwt yn deidi, yn ogystal â bwrw gwair ymlaen i'r llwythwr arall. Ac ni wnâi'r tro i neb achwyn fod y gwair yn dod i fyny'n rhy drwm iddo – anfri bythol fyddai galw ar y gyrrwr i aros.

Y ris nesaf yn ei ddatblygiad fyddai 'pigo' yn yr ydlan. Hynny yw, bachu'r pigau a godai'r gwair o'r llwyth i ben y das – a gorchwyl digon peryglus oedd hwnnw'n medru bod. Nid un na dau bigwr a gollodd fysedd eu dwylo rhwng y rhaff a'r pwli a dynnai'r pigeidiau i fyny. Wedi rhai blynyddoedd o'r dyletswyddau hyn, a'r llanc erbyn hynny yn ŵr priod a chanddo deulu mwy na thebyg, esgynnai'r ris uchaf i gyd. I ben y das – neu'r rhic, fel y galwem ni hi. Ac yno y byddai yn un o'r gwŷr profiadol canol oed, yn doethinebu ar bawb a phopeth yn y byd islaw iddynt, hyd nes âi yn rhy fusgrell i ddringo'r ysgol. A'i swydd olaf fyddai cerdded o gwmpas y rhic yn ei bwysau yn arolygu gwaith yr adeiladwyr uwch ei ben, gan gymryd arno'i hun y cyfrifoldeb o'u gorchymyn: 'Gwasgwch e ma's fan draw, bois,' neu 'Cil'wch ar y cornel isa 'na.' Ond petai'r rhic yn digwydd troi, nid arno ef y byddai'r bai!

Adeg cynhaeaf medi, wedyn, byddai pob fferm yn torri ei llafur ei hun ac yn ei gywain. Paratoid dau ddyrniad – dyrniad yr hydref ar gyfer darparu i fwydo'r stoc wedi iddynt ddod o dan do tuag adeg C'langaeaf, a dyrniad y gwanwyn ar gyfer cael llafur had. Tua'r un adeg o'r flwyddyn byddai'r tatws yn barod i'w tynnu, a rhwng tynnu tatw a dyrnu ar wahanol ffermydd ein cylch ni, ni fyddwn gartref ond ar y Suliau ac ar ambell diwrnod o dywydd rhwystr o ddechrau mis Hydref tan tua Ffair C'langaeaf. Ymestynnai ein cylch ni yn Nhan-yr-eglwys o Ffynnon-wen yng ngwaelod y cwm i Ffynnon-fair a Chwmporthman a Blaen-nant ac Esgair Wilym; yn groes i'r hewl fawr i Glan-eirw, Tai-bach, Maen-gwyn, Pant-glas, Rhos-maen, Tŷ-mawr, Rhos-wen a Brynhyfryd, ac yn ôl wedyn i Lwyn-coed a'r Hendre. Ac wrth gwrs, roedd nifer o lefydd bach yn ychwanegol at hynny – Corn-yr-afr, y Crown, Maes-y-deri a Llwyn-gwyn. Yr oedd y rhan fwyaf o'r rhain yr adeg honno a phlant rywle yr un oed â mi ynddynt. Erbyn heddiw, dim ond Anya'r Cwm, Martin Blaen-nant, Hywel Pant-glas a minnau sy'n aros ar dir y tylwyth.

Yr oedd i'r diwrnod dyrnu hefyd ei raddau mewn dyletswyddau. Dechreuai crwtyn ifanc drwy gario dŵr i'r injan; yna, oni byddai rhyw druan a gyfrifid yn 'hanner call a dwl' yn gyfleus, câi'r swydd fudr a llychlyd honno o glirio'r us a'r mwl o dan y dyrnwr. Codai wedyn i bitsio 'sgubau, ac oddi yno i gario'r llafur i'r storws os byddai o gorff at hynny, ac wedi iddo brofi ei ddibynoldeb a'i ofal am ei waith, i ben y dyrnwr i dorri'r rheffynnau a'i fwydo, cyn cyrraedd yn nyddiau syberwyd ei ganol oed i ben y rhic wellt, a'i hances goch a'r smotiau gwyn arni am ei wddf.

Roedd mwy o gydraddoldeb mewn cae tato. Wedi'r cyfan, taten yw taten, boed y sawl sy'n ei chodi yn bymtheg oed neu yn drigain. Ac efallai mai un o ragoriaethau y dyddiau hynny rhagor ein dyddiau ni oedd y modd yr arferai dynion a merched o bob oed weithio gyda'i gilydd. Un diwrnod efallai mai cyfoed â mi fyddai fy mhartner am y dydd; drannoeth hen ŵr yn tynnu at oed yr addewid; dradwy carcharor Eidalaidd; y diwrnod wedyn un o ferched Byddin Merched y Tir, ac felly ymlaen. Heb yn wybod i ni, felly, daeth yn ail natur i ni gymryd pawb am ei werth yn hytrach nag am yr enw a roed arno. Heddiw does wiw i blant o un oed gymysgu â phlant o oed arall yn yr ysgol nac wedi gadael. Na phobl ieuainc â'u neiniau, ac y mae'r hen batriarchiaid y bûm yn cyd-blygu â nhw i godi tatws 'slawer dydd yn diharpo mewn cartrefi henoed.

Ond os bu lle am gynnen erioed, cae tato oedd hwnnw. Yr arfer fyddai i'r ffermwr ei hun yrru'r peiriant ar hyd y rhych i droi'r tatws allan i'r tir coch. Pigai un pâr o'r gwaelod i fyny nes cwrdd â'r pâr nesaf, ac felly ymlaen. Ond ymlaen tua chanol y prynhawn, a'r cefnau yn dechrau achwyn a'r tato fel petaent yn ymbellhau oddi wrth ddyn, dechreuai rhywrai swnian eu bod nhw yn pigo 'pisyn' dipyn mwy na rhywrai eraill. Weithiau âi pethau cynddrwg nes byddai'n rhaid cael rhywun i dorri'r ddadl ac adfer tegwch. Dafi Cwmbwch fyddai'r ombwdsman fel rheol. Camai hwnnw y cae wedyn i fesur hyd y rhych, a rhannu'r cyfanswm â nifer y parau. Ond hyd yn oed wedyn byddai rhywun yn tyngu i Ddafi fyrhau ei gamau wrth ddod at ei 'bisyn' ei hunan.

Asgwrn cynnen arall fyddai 'tato pobol ddierth'. Arferai rhai o dai'r pentref roi hyn-a-hyn o dato yng nghaeau rhai o'r ffermydd, ffafr a enillent yn gyfnewid am ryw gymorth neu gymwynas, neu oherwydd perthynas. A thynnid eu tatws hwy, wrth gwrs, yr un pryd â thatws y ffermydd hynny. A'r gŵyn fyddai, wedi i'r criw fod wrthi y rhan orau o'r dydd yn tynnu cnwd y fferm, y byddai'n rhaid iddynt bigo tuag ugain rhych, efallai, o dato pobl ddierth yn ogystal. Hynny yw, tatws pobl na fyddent yn dod yn ôl i 'fwrw dyled'. Ond yn amlach na pheidio byddai yno ddigon o rai na roddent fawr o bwys ar hynny i or-bwyso'r achwynwyr, ac fe chwerddid y peth i ebargofiant uwchben cwpanaid o de a stori neu ddwy. Ac o sôn am de, byddai dawn gogyddol ambell wraig (a merch) fferm yn gymaint o fodd i ddenu criw anrhydeddus i gae gwair neu ydlan ddyrnu neu gae tato â dim arall. Ac i'r gwrthwyneb hefyd, câi ambell le a gâi'r gair fod y 'rhastal yn uchel' yno beth trafferth i grynhoi cynulliad teilwng.

Byddai'n wastad fwy na digon o ddwylo at y gwaith yn yr Esgair, yn enwedig i ddyrnu ac at y tatws. Achos byddai hynny yn cydamseru ag adeg tynnu falau. Ac yr oedd Abigail yn medru gwneud tarten falau na fedrai Egon Ronay ei hunan wneud ei chystal. Nid rhyw blateidiau bach sidêt yn syrfiéts i gyd, ond fflasgedaid tua hanner winshin o darten a ddigonai'r mwyaf newynog ohonom ni lanciau ar ein prifiant. Byddai ganddi ddwy neu dair o hambyrddau enamel tua throedfedd a hanner wrth ddwy, ac ar y rheini y gwnâi'r darten i'w rhysêt arbennig ei hun a'i thorri wedyn yn gatiau fyddai yn toddi yn eich ceg. Ond dysgodd Abigail beidio â dod allan â'r darten ar y pryd hanner dydd ond yn hytrach ei chadw tan i ni orffen codi'r tato. Go anodd fyddai plygu at flaenau eich traed dros ben llwyth o falast felly.

Ar wahân i ddanteithion o'r fath, mewn ambell le ceid gwleddoedd eraill. Un o atyniadau mwyaf prydau bwyd Ffynnon-fair i mi fyddai gwrando Martha, chwaer hynaf fy nhad-yng-nghyfraith yn ddiweddarach, gyda llaw, a Thom Plas-y-berllan yn trafod achau. Rhwng y ddau, rwy'n berffaith siŵr nad oedd frodor o'r ardaloedd rhwng afon Teifi a'r môr o Aberaeron i Aberteifi nad oeddent hwy yn gwybod pwy oedd ei deulu yn ôl i'r nawfed ach, â phwy y priododd, a phob manylyn arall gwybyddus amdano. Nid mater o glonc ydoedd ond hanes lleol. Roedd cywirdeb ffeithiau iddynt hwy cyn bwysiced ag yr oedd yn ddibwys i rai o'r cymeriadau eraill yn ein plith.

Mae ambell gymeriad sydd â chof gweddol elastig, ac fel petai'n pontio ein canrif ni a'r un o'i blaen. Ac rwy'n credu mai dyna'r argraff a adawsai hanner awr o gwmni ac o straeon John Rees Jones – canys felly y'i bedyddiwyd – ar ddyn dieithr. Ond fel Jac y Crown yr adwaenid ef yn y rhan honno o'r wlad sy'n cynnwys gwaelod Ceredigion, rhan uchaf Sir Benfro, a'r darn hwnnw o Sir Gâr y tu yma i Gaerfyrddin. Achos nid gormodiaith o gwbwl yw dweud fod pob ffermwr yn yr ardaloedd hynny, ddeng mlynedd ar hugain yn ôl, o leiaf wedi clywed am Jac.

Nid bod golwg hynafol arno o bell ffordd. Yn wir, un o'i nodweddion hynotaf oedd y ffaith na newidiodd ei bryd a'i wedd yr un iod ers pan welais i ef gyntaf. Ar wahân efallai iddo gael pâr neu ddau newydd o'r legins melyn, gloywon hynny a fu'n gymaint rhan o'i iwnifform nes ei bod yn sioc braidd i ddyn ei weld hebddynt ar y Sul; a dau neu dri britys newydd, a phob un o'r rheini mor lân, mor deidi ac mor debyg i'w ragflaenydd fel mai prin y credech nad yr un fu ganddo oddi ar pan wisgodd drowser hir am y tro cyntaf, ta pryd oedd hynny.

Rhyw bump ac wyth o ŵr newydd adael y canol oed yma, i bob golwg, ac yn cario'n dda ymlaen ac yn ôl, ys dywed y beirniaid gwartheg sioe. Gwallt brith wedi ei glipio yn grop, grop at ei gernau a joien o Ringers yn ei silfoch, a gwelais Mam lawer gwaith yn ofni mentro o un pentan i'r llall gan sicred ac amled yr annel ohoni. Digon tebyg mai casglu at y Sioe yr oedd ar yr adegau hyn, hefyd. Canys os bu casglwr arian erioed at achos agos at ei galon, roedd Jac yn un. A'r achos iddo ef oedd y Cardigan and District Show Society. Credaf fy mod yn gywir pan ddywedaf fod yn agos i chwarter incwm blynyddol y sefydliad hwnnw yn dod drwy ymdrechion uniongyrchol Jac, fel y tystiai'r Omega aur ar ei arddwrn a'r pìn tei aur ar ei frest, boed ŵyl neu waith. Roedd yn gwbwl amhosib i unrhyw ffermwr wrthod iddo gan amled ei gymwynasau ar hyd y flwyddyn: sbaddu moch, ŵyn a lloi, tynnu ambell lo y byddai'r fuwch yn cael ffwdan i'w fwrw, a ffariera tipyn yn yr achosion hynny a oedd yn rhy bwysig i'w diystyru ac yn rhy ddibwys i'r fet. Ac os digwyddai fod ocsiwn yn rhywle yn y cymdogaethau rhwng Synod Inn a Maenclochog a'r môr, Jac oedd nodwr swyddogol yr holl lotiau, trefnydd yr holl fanylion, a ffactotwm hollbresennol J. J. Morris and Sons, a'i barodrwydd tafod yn warant sicr o lwyddiant ar yr holl weithrediadau. Yn wir, ar fore Llun mart, prin y gallai dyn fod yn siŵr pwy oedd yn y ffyrm gan mor stresol y byddai Jac o gwmpas y critiau a'i binsiwrn pwnsio yn ei law a'i oferôls yn foseic amryliw o baent marcio, er na chlywais iddynt fethu yn llwyr, chwaith, â hala pethau ymlaen pan fu ef mewn ysbyty am beth amser.

Bu erioed yn godwr eithriadol fore, heb fod unrhyw angen pendant am hynny, yn enwedig yn ei flynyddoedd olaf, ac yntau wedi ymddeol, o leiaf yng ngolwg gwŷr yr Inland Revenue. Yn wir, roedd unrhyw beth wedi pump o'r gloch y bore yn 'mynd yn rhywbryd' yn ei olwg ef. Ac yr oedd yr elfen o flaenoriaeth, yn yr ystyr yna, yn gryf yn ei bersonoliaeth. Y cyntaf erioed i wneud silwair yn yr ardal hon; y cyntaf i felio gwair ar y cae, a'r cyntaf yn yr ardal i ladd ei wair bob blwyddyn. Ac y mae tystiolaeth unfrydol y rhai a ddylsai wybod yn dweud nad oedd ar ôl wrth far yr Eagle chwaith.

Ac fel pob arloeswr, cafodd ei siâr o wawd ei gyd-ddynion llai mentrus. Yn wir, gan amled y lladdodd ei wair tua hanner mis Mai yma a'i ddal gan y glaw cyn ei gael i ddiddosrwydd, fel y tyfodd y gred ymhlith rhai pobl anystyriol mai'r adeg orau i hau cêl oedd pan fyddai gwair y Crown ar lawr!

Cyrhaeddodd ei binacl, mi gredaf, yn saga'r Bêl Mowr, o'i chlywed o'i enau ef ei hun wrth reswm.

Er mwyn cadw'i draddodiad o ddangos i'w gyd-ffermwyr difenter beth oedd tueddiadau'r dyfodol, ac er mwyn arbed peth caledwaith iddo ef ei hun meddai rhai, ac yn sicr er mwyn arbed amser y teimlai y gallai ei roi i well iws drwy fynd o amgylch i gasglu at y Sioe a oedd i'w chynnal ymhen rhyw fis, cyhoeddodd ei fod yn mynd i felo'i gynhaeaf gwair ar y cae y flwyddyn honno. Tua chanol y pumdegau yma, dyna beth oedd arloesi.

Daethpwyd ynghyd yn fwy niferus nag arfer hyd yn oed, ar ddiwrnod delfrydol chwap wedi cinio. Stifin y Rhos, a'r *hay sweep* enfawr honno a fu mewn bri am ryw ddau dymor, yn bwrw ynghyd, tua chwarter erw ar y tro am wn i, a holl gŵn yr ardaloedd yn sgathru o'i ffordd ble bynnag yr elai. Yn sgwâr ar ganol y cae bach safai'r Lefiathan dwy dunnell, y 'Jones Stationary Baler', yn baent ac yn foderneiddiwch drosto, a Guto Dafis ei berchen yn tasgu'n sbectol ddwbwl ac yn ddirecsiwns i gyd o'i gwmpas. Roedd dau ohonom o bobtu i'r cawr i bitsio'r gwair i'w grombil gyda'r siars bendant gan Guto i 'sgwafu pob picwafched yn gfoes i'f dfwm'. Dau arall, Ses y Cyttir a Brinley Llwyn-coed, un ar bob ochr, a'r cyfrifoldeb am wthio'r weiren fain naw troedfedd drwy grai y nodwyddau enfawr ar ffurf staplau a leolwyd rywle tua'i drydedd stumog.

A phitsio gwair y buom am beth amser, a'r ddau glymwr yn disgwyl yn eiddgar am eu cyfle hwy i gyfrannu at y wyrth. Pitsio a phitsio, a dim – hyd y gwelem gan gymaint y llwch – yn digwydd yn y pen arall.

Tuag amser te gwelwyd rhywbeth tebyg i sosej hirsgwar lwydlas yn gwasgu ei ffordd ma's gan wyro'n bendrwm nes cwrdd â'r llawr. Tractor yn chwyrnu, beltiau yn cletsian, cŵn yn cyfarth, dynion yn rhythu – a'r Bêl Mowr yn dal i ddod ma's, ma's o hyd. Dim sôn ei fod yn bwriadu torri'n rhydd oddi wrth ei olynydd. 'Diawl, tor 'i linyn bogel e, Jac,' meddai rhywun call. Ond dal i ddod ma's a wnâi'r bwrn. Bu'n rhaid i'r ddau glymwr roi dwy weier ynghyd erbyn hyn, gan na fedrai un fyth gylchynu'r anferthedd yn y groth – a dwy wedyn. Ac aeth yn ddwy arall cyn i Guto weld y mistêc a bwrw nodwydd arall i fewn ar bwys y gyntaf. Ganwyd y Bêl Mowr yn reit ddidrafferth wedyn, a dyna lle'r oedd yn barsel teidi pum llath o hyd ar yr adladd. Fedrai neb ei gyffro. Ond beth oedd i'w wneud ag e'n awr?

'Tyn dipyn o do yn y brwyn 'co, Jac, a thoia fe man lle mae e,' mynte Call eto. Ac fe gymrodd bedwar ohonom i'w rowlio o'r naill ochr i gael ei dorri a'i ailglymu cyn y medrem fynd ymlaen â gwaith y dydd. Ys dywed y gân honno, 'Rown i yn un o'r pedwar . . .'


Yr oeddwn bron yn ddeuddeg oed yn dysgu reidio beic – mae'n rhaid fod rhyw goll ynof yn y mater hwnnw hefyd. Yn enwedig o sylwi fod rhai o'r plant yma ar ddwy olwyn cyn bod yn bump. Felly, merched y crydd fu fy nghymdeithion teithiol hyd hynny. Pan fwriai fy ffrindiau i lawr i'r Drôm gyda'r nos neu draw i Bont y Rhyd i chwarae ar eu beiciau, rhedwn innau yn eu hymyl fel y gwelsoch ambell gi defaid yn dilyn car ei feistr.

Aeth Goronwy yn syth o'r ysgol i'w hyfforddi yn beiriannydd yn Llanishen, ac ymhyfrydai ef ym mhob math ar feiciau. Reidiodd adref yr holl ffordd o Gaerdydd ar un ohonynt, a magodd ynof finnau'r chwant am berchnogi un. Ond nid march peidigri a gefais i, eithr heibrid o ffrâm Raleigh, cyrn rhywbeth arall ac olwynion rhywbeth arall wedyn. Yr oedd Griff y Rhyd yn cyflawni yn ein hardal ni swydd hollbwysig mewn ardaloedd gwledig – raparo beiciau yn ei amser hamdden. Sicrheais gêr fan hyn a brêc fan draw ganddo ef, a'u clytio at ei gilydd yn ôl fy nghynllun (neu fy niffyg cynllun) fy hun. Fe'i peintiais yn las llachar, a chan fod y ffrâm ar yr ochr fach i'm siwtio i, bu'n rhaid i mi estyn coes y sedd i'w heithaf i mi gael estyn fy nghoesau fy hun. Ond ei olwg e oedd waetha, a gwnaeth y tro i mi am sawl blwyddyn.

Ym misoedd yr haf âi Iwan a mi yn feunosol bron i Dre-saith neu Aber-porth neu Ben-bryn i 'molchyd, a buan iawn y daethom i weld y gwirionedd am bentrefi glan y môr – mae'n hyfrydwch pur i hedfan lawr y rhiw i'w cyrraedd nhw, ond mae'r un rhiw yn aros dyn i'w dringo ar y ffordd yn ôl.

Ar un o'r siwrneiau hynny, a ninnau'n llafurio yn y gêr isaf i fyny Rhiw Pencartws o Aber-porth (roedd yn fater o anrhydedd na fyddid byth yn disgyn oddi ar y beic pa mor serth bynnag y byddai'r rhiw), pasiwyd ni o ryw ychydig gan lori garan Tan-y-groes ac ynddi fuwch wedi trigo, mwy na thebyg. Er gwaetha'r aroglau cryfion, gan iddi fynd mor araf ar y gorifyny cydiodd y ddau ohonom, un ym mhob cornel o'r cretsh, i gael ein tynnu i fyny'r rhiw. Ond mae'n rhaid fod Dai Cole y gyrrwr wedi ein gweld yn ei ddrych a phenderfynu rhoi i ni reid i'w chofio. Rhoddodd y sbardun iddi gan gymryd tro Dolmanal yn ei herfa, a chollais innau fy ngafael gan fynd yn syth i'r clawdd ac anafu fy ngarddwrn de yn go ddrwg.

Y bore wedyn, er bod yr arddwrn wedi chwyddo tipyn, yr

oeddwn yn ceisio tanio'r Fforden Fach i fynd i 'redig, ac er gwaetha'r hen gred nad yw mellten yn taro yn yr un man ddwywaith, fe daniodd honno'n ôl, fel y medrai wneud weithiau, gan fwrw'r handlen yn ôl yn erbyn yr arddwrn yn yr un man yn union. Ac er gwaetha'r boen yr oeddwn yn hapusach yn awr, achos yr oedd gennyf bellach esgus hollol dderbyniol, fel petai, dros fethu â godro am rai wythnosau.

Ni fu pasio'r prawf gyrru mewn car yn drafferth o gwbwl, mwy nag oedd i lawer mab ffarm arall. Wedi'r cyfan, buasai'r rhan fwyaf ohonom yn gyrru tractorau ac yn y blaen am flynyddoedd cyn hynny, a hyd yn oed yn gyrru car hefyd lle nad oedd peryg i ni ddod i gwrdd â'r gyfraith. A phrynodd fy nhad i mi hen groc o Awstin Saith dwy sedd am ddeugain punt, car y medrwn roi dwy sero wrth y ffigwr hwnnw pe bawn yn berchen arno heddiw. Gan fod y ddwy sedd mewn cyflwr go wael rhoddwyd hen sedd bws yn groes o un drws i'r llall a'i gorchuddio â sach hadau McGill and Smith. Roedd honno'n dipyn mwy cyfleus.

Ond ni fu heb ei drafferthion. Tueddai i ollwng dŵr o'i redietor, gyda'r canlyniad y byddai'n berwi ar riwiau ymhell o fod yn serth. Clywswn rywun yn dweud fod rhoi gwyn wy mewn car felly yn sicr o ateb y broblem, a chan fod hwn yn gollwng yn go ddifrifol teimlwyd y byddai rhoi wy cyfan ynddo yn well fyth. A hynny a wnaed, tra oedd y dŵr yn y car eto'n boeth, yn ôl y cyfarwyddyd. Llanwyd ef i'r fyl â dŵr glân, a bwriodd Iwan a minnau i lawr am Aber-porth. Popeth yn iawn i lawr heibio pen lôn yr Esgair a Chnwc-yr-onnen gan hwylio heibio i Ffynnon-wen, ond wrth dynnu i fyny am gapel Bryn-mair sylwasom ar ryw wynt dieithr yn dod o rywle. Nid gwynt arferol car yn berwi ydoedd – yr oeddem yn hen gyfarwydd â hwnnw. Pasiwyd mai arogl Tan-y-groes yn cario ar yr awel ydoedd, a bwriwyd ymlaen. I lawr am Gnwc-y-manal a'r gwynt yn gwaethygu a'r Awstin bach erbyn hyn yn diffygio, ac ar gribyn y gorifyny allan i'r hewl fawr fe stopiodd. Aethpwyd allan a sbio 'tan ei fonet yn fanwl', ys dywed Ifan Jenkins – wedi i'r anwedd glirio peth. Ac o agor clawr y redietor cafwyd fod melyn yr wy wedi berwi'n galed yng ngwddwg y biben a'i thagu. Mae gormod o wy cynddrwg â gormod o bwdin, mae'n rhaid.

Bu gennyf foto-beic am gyfnod wedyn, a chymaint o gnaciau yn perthyn iddo â'r Awstin bach. BSA C11 yn swyddogol, ond roedd gen i dipyn helaethach geirfa i'w ddisgrifio yn aml. Aeth fy nhad â mi i lawr i Lawhaden i'w mofyn, a minnau heb fod ar gefn moto-beic erioed o'r blaen. Ond nid oedd wiw cyfadde hynny. Es ar ei gefn gan edrych mor ddidaro ag y medrwn, ei danio a'i refio unwaith neu ddwy a'i yrru y pum milltir ar hugain adref fel petawn yn fetran wrth y gwaith. Ond yr oedd yn rhewi, a minnau heb ddim ond côt fach amdanaf – dim menig na chap na dim, heb sôn am helmet fel sy'n angenrheidiol heddiw, ac ymhell cyn cyrraedd Crymych yr oeddwn yn teimlo mor solet â'r beic.

Ac fe rewodd am agos i fis, ac ar rew hir felly roedd hen rewyn yn groes i iet y clos a ffurfiai yn dalp o stania llithrig, gan ymledu tipyn bach bob dydd fel y bydd rhewynnau felly. Ac wrth ddod i fewn drwy iet y clos y noson gyntaf honno, a'm coesau bron yn rhy stiff gan oerfel i'm cynnal i, serch cynnal y beic, fe lithrodd oddi tanaf ar y stania nes i ni ein dau syrthio yn garlibwns, a syrthiais yn yr unman yn union bron bob nos am y pythefnos nesaf.

Ond yr oedd ei wendid mwyaf yn gynhenid ynddo. Taniai drwy gyfrwng rhywbeth a elwid yn 'coil ignition'. Hynny yw, nid oedd iddo fagneto. Popeth yn iawn tra byddai'r batri'n llawn, ond os rhedai hwnnw i lawr nid oedd mo'r cythraul a'i taniai wedyn. Ceisiais droeon ei danio drwy ei redeg i lawr rhiwiau serth, ond dim ond yn achlysurol y medrwn godi digon o gyflymder i droi'r deinamo yn ddigon buan i gynhyrchu tân. Prin y ceid man mwy delfrydol am herfa o'r fath na Rhiw'r Eglwys i lawr i Aber-porth, ond ni thaniai ef ddim.

A minnau yr adeg honno yn canlyn Siân 'ma ym Mharc-llyn, nid unwaith na dwywaith y bu'n rhaid i mi gerdded adref oherwydd ei styfnigrwydd. Ond trewais ar ateb i'r broblem un noson. Ar grib y rhiw yr adeg honno trigai gweinidog Bryn Seion, Aber-porth – Pastor Hitchings – a chan ei fod bellach wedi mynd oddi wrth ei waith at ei wobr, nid oes dim o'i le i mi gyfaddef yn y fan hyn fy niolch iddo am sawl cymwynas ddiarwybod a wnaeth â mi. Arferai adael ei gar, Morris Wyth, y tu allan i'r tŷ ar y brofa, a sawl gwaith y gwthiais y beic i'r fan honno o Blasnewydd ac yntau yn gwrthod tanio. Codi bonet y Morris yn dawel bach a rhoi darn o weier o'i fatri ef i fatri'r beic a chael tân ar unwaith. Mae'n bosib y caf innau dân rywbryd, ond nid am beidio â chyfaddef fy mhechod y bydd hynny mwy.

Fel yr awgrymwyd eisoes, yr oeddwn yn y sefyllfa garwriaethol o fod wedi 'cael tŷ', ac arferai Siân a minnau fynd am reid erbyn nos i rai o'r traethau cyfagos. Ond bu bron iawn i'r cyfan fynd i'r gwellt un noson, a hynny o achos y beic.

A minnau yn dod drwy Aber-porth gan weu drwy'r ymwelwyr orau y medrwn, gyferbyn â'r Hen Gapel gwelwn Siân a'i chorgast fach allan am dro. Ac yr oedd yn rhaid i mi gael aros i gynnig lifft i'r ddwy. A chware teg i Siân, dangosodd fwy o bryder ynghylch diogelwch yr ast fach nag am ei ffrog newydd. Ond wedi peth cymell, cafwyd perswâd ar y gorgast i eistedd y tu ôl i mi, a Siân y tu ôl i honno i'w chadw yn ei lle.

Gwisgai hi (hynny yw, Siân) ffrog haf yn ffasiwn y dydd – i lawr at ei garrau ymron, a honno'n llaes. Ac ymaith â ni, gan dorri'r gyfraith yn rhacs, ond nid âi'r beic damaid gwaeth oherwydd hynny, ac aethpwyd heibio i'r eglwys, a'r ast fach yn enjoio'n swît. Ond a ninnau bron gyferbyn â'r Rheithordy dyma sgrech o'r tu ôl i mi, ac nid sgrech corgast mohoni, a chollais fy nau gyd-farchog yn syth. Drwy drugaredd, nid oeddwn yn mynd ond prin cynt nag y medrai dyn ei gerdded yn weddol sionc, ac arhosais ar unwaith gan edrych o'm hôl. I'r chwith yr oedd y gorgast fach yn crynu fel deilen, ac i'r dde, Siân, heb ddim amdani ond ei phais. A'r ffrog wedi cydio yng nghogen yr olwyn ôl a'r tshaen, ac yn hongian yn rhubanau wrth gwt y beic.

Dro arall, yr oeddwn wedi mynd i Ymryson y Beirdd yn Aberystwyth yng nghwmni T. Llew Jones ac Alun y Cilie, gan imi erbyn hynny gael fy nerbyn fel rhyw fath o ddisgybl ysbas i'w cymdeithas. Euthum â'r beic cyn belled â Synod Inn, gan fynd oddi yno yng nghar Alun. Gadawsom y beic, fel y medrai dyn fentro ei wneud yn y dyddiau hynny, wrth dalcen y dafarn, a'm côt a'm menig ar y sedd. Ond mae'n amlwg fod gen i dipyn bach gormod o ffydd yn fy nghyddddyn hyd yn oed yr adeg honno, achos erbyn i ni gyrraedd yn ôl tua hanner nos roedd rhywun wedi bod yn ymhél â'r beic.

Er trio drwy deg a phob dull arall, methwyd â chael tân ynddo, ac wedi ei archwilio cafwyd fod y wifren a gysylltai'r plwg â'r coil wedi ei thynnu ymaith ac nid oedd sôn amdani yn unman. Eithr, a minnau yn newyddian cymharol yng nghwmni dau ffigwr mor ddisglair, ymdrechais ymddangos fel pe na bai rhywbeth fel hyn ond rhywbeth yr oeddwn yn gwbwl gyfarwydd ag ef. Euthum i ben y clawdd – clawdd Mr Hywel Heulyn Roberts o ran hynny – a chael hyd i ddarn o weier bigog yn rhwd coch. Torrais hwnnw'n weddol hawdd â'm dwylo a'i droi am blwg y beic a gwthio'r pen arall i'r twll yn y coil. A wyddoch chi beth? Fe daniodd ar y gic gyntaf. Mae'n wir fod gwreichion yn tasgu allan rhwng fy nghoesau wedi i mi fynd ar ei gefn, ac ambell golsyn coch cyfan hefyd yn rowlio ar y ffordd o'm hôl, meddai Alun – ond roedd ef yn tueddu i ymestyn peth ar ei ddisgrifiadau ar achlysuron o'r fath – ac er na fedrwn gynnau'r golau hyd nes oeddwn yn gwneud tua hanner can milltir yr awr, yng ngolau car Alun y mentrwn ymlaen, a chyrhaeddwyd y cartws yn ddiogel. Mae'n debyg fy mod wedi ennill streipen neu ddwy yng ngolwg fy nau athro y noson honno, ond dim byd tebyg i'r streipiau a enillais yn fy ngolwg fy hun.

# 13

## Ar arferion Cymru gynt

'Ar arferion Cymru gynt, newid ddaeth . . .' A newid ddaeth ar arferion ein Cymru ninnau hefyd. Prin y medrai neb ohonom ar ddiwedd blwyddyn edrych yn ôl ar y flwyddyn honno a dweud i sicrwydd fod arfer arbennig yn dechrau cilio ac un arall yn dechrau codi. Ond felly y mae. Mae trai'r naill a llanw'r llall yn rhedeg i'w gilydd rywsut, a phwy erioed a fedrodd ddweud yr union eiliad y bydd y teid yn troi? Mae un ai ar droi neu wedi troi bob amser. Pwy fedrai ddweud yn union pa bryd y dechreuodd y Gymanfa a'r rihyrsal edwino, a'r Oedfa o Fawl a Chaniadaeth y Cysegr yn cymryd eu lle? Neu pa bryd y newidiodd hen ŵyl y Calan Mai i fod yn garnifal, neu Ymryson y Beirdd i fod yn Dalwrn y Beirdd o ran hynny? Pa bryd yn hollol y gorffennwyd torri llafur â'r beinder, a dod â'r dyrnwr medi yn ei le? 'Ond bugeiliaid newydd sydd . . .'

Bellach y mae'n Wythnos Ŵyl, neu'n *Festive Week* yn amlach na pheidio, rywbryd yn ystod yr haf mewn llawer o'n pentrefi. Ac er bod y rheini bellach wedi eu trefnu ag un llygad ar yr ymwelwyr, mae rhagflaenwyr y gwyliau hynny yn mynd yn ôl ymhell i'n hanes.

Y mae yn Aber-porth ers cyn cof fath o ŵyl na chlywais amdani yn unman arall – Dydd Iau Mawr. Byddai'r ail ddydd Iau yn Awst yn fath o drip ysgol Sul eciwmenaidd i holl drigolion y cylch. Diwrnod o wyliau i'r gweision a'r morynion ffermydd wedi gorffen y cynhaeaf gwair a chyn cychwyn y cynhaeaf medi. A chan fod cynifer o drigolion yr ardaloedd hyn yn arfer gweithio yn ardaloedd y glo caled – y Tymbl,

Pontyberem a'r llefydd yna – naturiol ddigon oedd iddynt hwythau dynnu tuag adref ar y diwrnod mawr. Nid bod dim byd arbennig yn digwydd. Roedd yn gyfle i wladwyr o ardaloedd mwyaf diarffordd cefn gwlad gymryd eu trochiad blynyddol yn nŵr y môr, neu, oni byddent yn ddigon mentrus i hynny, i fracso.

Gwnâi'r ddwy dafarn, y Ship a'r White Lion, drêd i'w ryfeddu wrth gwrs, yn enwedig pan gyrhaeddai'r coliers, a chodai Dai Iach, y gwerthwr ffrwythau ffraeth hwnnw o Aberteifi, ei stondin y tu allan i'r Ship. Prin fod ei lysenw yn gweddu i'w ymddangosiad, mae'n rhaid dweud, ond yr oedd yn gweddu i'w alwedigaeth i'r dim, ac yr oedd ganddo lais hollol anghydnaws â'i gorff. Fel petaech yn clywed llais Pavarotti yn dod o enau Andy Capp.

Unwaith neu ddwy bu yno ryw esgus o ffair ar barc y Coronation neu ar Ben'rodyn. Ond, fynychaf, dim ond pobl wledig yn cyd-gwrdd, chwedleua a cherddetach o gwmpas y pentre, a'r rhan fwyaf o ddigon yn bodloni ar ddiosg eu sanau a'u sgidiau, torchi'r brethyn hyd y benelin a cherdded hyd y traeth ddwy waith neu dair yn y dŵr basaf. Bernid fod hynny yn lles i'r traed.

Deuai'r rhan fwyaf â'u bwyd eu hunain gyda hwynt am y dydd a chael picnic ar y tywod, a thros y blynyddoedd magodd rhai o'r pentrefwyr lygad busnes, a darparu dŵr berw i'w werthu i wneud te ac yn y blaen. Erbyn fy amser i yr oedd bwsiau a cheir wedi dod yn lled gyffredin, a gwelid pob amrywiaeth wedi eu parcio ar ymyl y ffordd drwy'r pentref i gyd, i fyny at y Rheithordy ar Fanc y Plas ac at Bencartws ar Fanc y Dyffryn. Ond mae'n rhaid ei bod wedi bod yn olygfa dipyn mwy cyffrous yn nyddiau'r cart a cheffyl, a thebyg fod rhai o'r tyddynnod agosaf at y traeth wedi gwneud cynhaeaf bach teidi ohoni yn pori'r ceffylau ac yn y blaen.

Ein pennaf ddifyrrwch ni, a'n cyfrifem ein hunain yn hen gyfarwydd â glan y môr, fyddai treulio'r diwrnod yn ein difyrru ein hunain yn gwylio *yokels* gwladaidd ardaloedd Tre-lech a mannau tebyg yn mentro i'r dwfn, ac ambell Victoria o wraig gorffol, a fyddai'n dipyn mwy cyfarwydd â bwydo'r lloi a'r ffowls yn ei ffedog sach, yn camgathu yn groes i'r graean at y dŵr, a'i gwisg nofio yn streipiau du a gwyn o dwll ei gwddwg i'w phengliniau. Y cyfan mewn uchel hwyl, wrth gwrs, a deuai cystal hwyl bob tipyn o'r Ship a'r 'Wheit', a barnu wrth y sŵn.

Byddai yno ganu wrth gwrs – byddai'r coliers yno – hen faledi a chaneuon o sawl ardal, a phob ardal â'i phencampwr. A hyd yn oed heddiw, a dim ond marworyn o'r hen hwyl yn aros, bydd rhywrai yn siŵr o bitsio rhai o'r hen ganeuon hynny cyn diwedd y dydd. Lawer gwaith bûm yn dyfalu pam mae rhai o'n caneuon lleol ni yn cynnwys geiriau ac ymadroddion o ardaloedd pell i ffwrdd, megis y gân honno sy'n sôn am:

> Ddringo i ben y darren
> I chwilio nythau'r jacs.

Nid oes gennyf amheuaeth erbyn hyn nad gwaddolion sawl hen Ddydd Iau Mawr 'slawer dydd ydynt, wedi eu cadw ar glawr o flwyddyn i flwyddyn.

Byddai rhywun arall eto yn mynnu cael adrodd rhai o'r hen, hen storiâu. Megis honno am y ffarmwr a gollodd ei wasgod yn Aber-porth un Dydd Iau Mawr, a dod o hyd iddi'r flwyddyn wedyn. 'Do fe, bachan? Ym mhle 'te?' 'O dan fy fest i!'

Mae llawer iawn o lên gwerin o'r math yn yr ardal a'i wreiddyn yng ngweithgareddau'r ŵyl hon. Mae yma, fel mewn llawer ardal arall, ryw ffrasus, rhyw ymadroddion nad ydynt yn golygu fawr ddim i rywun o'r tu allan, ac un o'r rheini yw'r ymadrodd cymharol ddiniwed, 'Dyna le dwl i ad'el whilber'. Fe glywir ei ddefnyddio rhwng y brodorion a'i gilydd fel y bydd rhai o gomedïwyr y radio a'r teledu yn ei wneud, fel rhyw fath o *catchphrase*. Ac y mae gwreiddyn y stori, yn ôl a glywais i, yn mynd yn ôl i'r adeg pan oedd Aber-porth yn dechrau denu ymwelwyr. Rhyw dŷ arbennig ac un ystafell ynddo wedi ei gosod i deulu ac iddo ddau grwt bach. Ystafell arall wedi ei gosod i deulu ac ynddo wraig a chanddi ddwy goes bren. Y wraig yn cael achos i ymweld â'r tŷ bach ym mhen pella'r ardd, a hwnnw yn rhy gyfyng iddi, gyda'i 'hiandiciap' hi, gau'r drws arni hi ei hun. Ac atebodd yr alwad gyda'r ddwy goes yn sticio allan drwy'r drws. Y ddau grwt bach yn cwrsio'i gilydd ar hyd llwybr yr ardd ac un ohonynt yn baglu dros y coesau, a'i ymateb ef i'w godwm yn ôl yr hanes yw'r ffras, 'Dyna le dwl i ad'el whilber'.

Ymhen wythnos union byddai'n Ddydd Iau Bach, sef cynnig arall yn union yr un fath ar fwynhau hwyl Dydd Iau Mawr. Ac i rai, byddai'r ffaith ei bod yn ddydd Iau ymhen wythnos wedyn yn ddigon o esgus dros gael rhyw Ddydd Iau Bach Bach, ac i rai ychydig roedd yn ddydd Iau rownd y flwyddyn.

A chan i mi grybwyll rhyw hanesion diniwed fel yr uchod, y mae gennyf un arall o'u bath y bydd cystal i mi ei tharo ar bapur pe na bai ond i gael gwared ohoni. Ac er nad yw'n uniongyrchol gysylltiedig â Dydd Iau Mawr, o leiaf bu'r ddau brif actor yn ffigurau blaenllaw yng nghymhelri'r diwrnod hwnnw am sawl blwyddyn.

Nid yn aml y byddaf fi, na'r rhan fwyaf o bawb arall rwy'n tybio, yn medru dweud ein bod yn bresennol yn yr union fan ar yr union adeg y bo cainc newydd o lên gwerin yn cael ei chreu. Gorfod bodloni ar 'glywed sôn fod rhywrai'n dweud' y bydd y rhan fwyaf ohonom, gan ychwanegu rhyw dameidiau yma ac acw o'n dychymyg ein hunain yn yr ail-ddweud. Ac nid oes dim o'i le ar hynny wrth gwrs. Onid felly y cawsom glasuron ein mabinogion? Ond am unwaith medraf ddweud i mi fod yno, os nad yr eiliad y tynnwyd y llen, o leiaf drwy gydol yr act gyntaf.

Roedd hi'n dywydd ofnadwy, corwynt yn chwythu o gyfeiriad Gogerddan a'r glaw yn sgubo i lawr. Prin y credech ei fod yn disgyn o gwbl nes ei fod hanner y ffordd allan i'r gorwel. Y math o dywydd a welir yn aml yn niwedd Tachwedd ac a wnâi i mi gofio'r llinell honno yn 'Cytgan y Pererinion' – 'Dacw'r nefoedd yn agored'. Ond yr oedd hi'n ddigon cyffyrddus ym mar y White Lion.

Ychydig cyn amser cau daeth Gareth Preis y pobydd i fewn ar ei ffordd adref o Aberteifi lle buasai'n casglu fan newydd. Fan Morris Mil loyw lân, heb na tholc na phlet arni yn unman, a'i phaent yn edrych fel petai newydd ddod allan o'r plisg.

Yn ei gornel arferol ac yn canu pwt o gân yn awr ac yn y man megis na fedrai neb ond ef, yr oedd Gwyn – Gwyn Lodge Glamedeni. Daethai i lawr ar gefn ei feic a'r gwynt o'r tu cefn iddo y pryd hwnnw, wrth gwrs, ac yn ôl a ddywedai ef, prin y gwelsai'r semetri wrth ei phasio gan gymaint y cered arno. Yn feddyliol, druan, gadawsai'r rhyfel ei ôl yn drwm arno, ac weithiau codai enwau fel Sidi Barrani a Salerno o waelodion arteithiedig ei isymwybod yn hunllefau i'w wyneb o hyd.

Pan ddaeth yr amser arferol iddo ymadael, gwisgodd ei gôt, ac allan ag ef i'r tywydd mawr. Prin y medrai reidio beic o gwbl i ddannedd y fath wynt, ac y mae'n rhaid ei fod yn wlyb at y croen ymhell cyn iddo gyrraedd sgwâr Waters yng nghanol y pentre.

Ryw chwarter awr yn hwyrach cychwynnodd Gareth yntau ar ei ffordd adref i Fetws Ifan ar hyd yr un ffordd, gan ymhyfrydu mae'n siŵr yng nghlydwch y fan newydd ar y fath dywydd. Tua hanner y ffordd rhwng Pencartws a'r semetri gwelai yng ngolau llachar ei lampau gwyryf, Gwyn yn bwrw am adref gan wthio'i feic i fyny'r rhiw a'i ben i lawr fel tarw yn erbyn y tywydd, a chyn wlyped â morlo.

Yr oedd yr un peth wedi digwydd droeon o'r blaen, a hwythau'n byw o fewn chwarter milltir i'w gilydd, a'r drefn arferol fyddai i Gareth gymryd trueni dros yr hen greadur a'i roi ef a'i feic yng nghefn y fan fara a'u cludo adref. Ond nid y tro hwn. Fan newydd sbon a hen feic mawr budr gwlyb yn crafu'r paent i gyd! Dim o gwbl, meddyliodd y becer wrtho'i hun, a safon heijîn ei gynnyrch i'w gwsmeriaid y bore wedyn yn ystyriaeth bwysig ganddo, ac aeth 'o'r tu arall heibio'.

Ond ac yntau bron gyferbyn â bwlch y semetri, a'r cerflun hwnnw o'r milwr a phen ei ddryll rhwng ei draed yn edrych draw i Fflandrys yn ein hatgoffa am yr aberth eithaf, dechreuodd ei gydwybod ei bigo. Ac arafodd ac arafodd nes o'r diwedd iddo stopio. Ac yno y bu am rai munudau yn ymladd â'r hen Nic, p'un ai i fynd yn ei flaen am adref ai yn ei ôl i godi Gwyn.

A thra oedd yntau yn ei gyfyng-gyngor dirdynnol cyrhaeddodd hwnnw, gam a cham, o'r tu ôl iddo. A phenderfynodd y pobydd ildio, gydag ochenaid fawr o ryddhad fel y bydd dyn wedi trechu'r gelyn pennaf. Ac allan ag ef i'r gwynt a'r glaw gan agor drws y cefn.

'Dere mla'n 'te, miwn â chi, ti a dy feic.'

Edrychodd hwnnw arno yn fud am eiliad, a'r glaw yn rhedeg yn ffrydiau bychain i lawr ei wyneb gan ddiferu oddi ar ei ên a blaen ei drwyn, yn amlwg yn methu penderfynu beth i'w wneud. Ond o'r diwedd, yn edifeiriol iawn, a chan brin fedru edrych yn llygad ei gymwynaswr, meddai ef: 'Na, dim diolch yn fowr. Wyt ti'n gweld, ma beic newy' gyda fi, a dwi ddim am 'i grafu e.'


Yn Aberteifi wedyn, cynhelid Dydd Sadwrn Barlys. Ac y mae dyddiad hwnnw yn adlewyrchu ein hagosrwydd ni at Iwerddon, greda i. Sef y dydd Sadwrn cyntaf ar ôl y dydd Gwener olaf ym mis Ebrill. Ni synnwn i ddim, gan agosed y ddau ddyddiad at ei gilydd, nad oedd rhyw gysylltiad rhyngddo a Chalan Mai yn y gorffennol pell. Achos rhyw fath o ŵyl i ddathlu ffrwythlonder ydyw. Mae'n digwydd ar ddiwedd y tymor hau, a chan mai'r barlys yw'r olaf o'r ydau i fynd i'r ddaear fe'i galwyd yn ddydd Sadwrn y cnwd hwnnw. Cynhelir yno sioe feirch, a chan mai'r un adeg o'r flwyddyn yw cychwyn gweithgarwch y rheini, mae'n gyfle i'r sawl sydd â chesig magu ganddo ddewis y march a hoffa ar gyfer ei ofynion, a gorfoleddu o'i weld ar yr un pryd. Felly tyfodd i fod yn ddyddiad pwysig i bob ffermwr yn y dyddiau pan oedd ceffylau yn brif bŵer y fferm. Digwyddai ddod, yn ogystal, tua hanner y ffordd rhwng dau G'langaeaf, ac felly hanner y ffordd drwy dymor cyflog y morynion a'r gweision, ac mae'n debyg nad oedd yn beth anarferol i rai ohonynt godi hanner eu cyflog ar yr ŵyl hon.

Yn nyddiau fy mhlentyndod cofiaf fel 'tasai ddoe y wefr a deimlwn wrth sefyll yn nrws Dai Shincyn y barbwr yn gwylio'r ceffylau trymion yn rhedeg y strydoedd yn dangos eu rhinweddau. A chodai rhai o'r ceffylwyr eu coesau cyn uched llawn â'r meirch. Ond wedi diwedd y rhyfel, a cheffylau yn prinhau ar y tir, dirywiodd Dydd Sadwrn Barlys nes peidio â bod. Eithr tua dechrau'r chwedegau daeth cadw ceffylau yn beth gweddol gyffredin unwaith yn rhagor. Ceffylau ysgafn gan fwyaf, mae'n wir; merlod a cheffylau main yn hytrach na'r cobiau a'r ceffylau trymion a fu yma gynt.

Ond gwelodd rhai pobl fel Ivor Radley a Jac y Crown ac eraill gyfle i atgyfodi'r hen ŵyl ar ei newydd wedd, yn rhannol er mwyn y gogoniant a fu, ac yn rhannol i ddarparu atyniad ychwanegol ar gyfer ymwelwyr â'r dref. Yn unol â dulliau'r oes, cynhelid gorymdaith o'r peiriannau amaethyddol diweddaraf, yn ogystal ag enghreifftiau o beiriannau oes a fu. Y cyfan yn enghraifft nodedig o gadw'r gorau o'r hen ac impio ato y gorau o'r newydd.


Yn blant, nid oedd gennym lawer i'w ddweud wrth y Nadolig. Hongianem hosan ar bost y gwely a chael rhyw fân ddanteithion: oren neu afal a bar o siocled efallai. Cynhelid Cymanfa Bwnc neu eisteddfod efallai, a cheid cinio aderyn dŵr – gŵydd neu hwyaden – a phlwm pwdin wrth gwrs. Ond ni wneid agos y ffair o'r ŵyl ag a wneir heddiw. Yn wir, yr oedd gryn dipyn yn nes i ddisgrifiad y gŵr ffraeth hwnnw ohoni – oren a bonclust.

Dydd Calan oedd ein diwrnod mawr ni. Cinio fawr eto, steddfota ac yn y blaen, a chrynhoi calennig (crynhoi yn Sir Aberteifi – eu *casglu* a wnâi pawb arall!). Mae'n debyg mai gweddillion o'r hen arfer o roi cardod i'r tlodion oedd y peth yn y lle cyntaf, ond erbyn ein dyddiau ni un ai yr oeddem bawb yn dlodion neu rywbeth, achos yr oedd holl blant yr ardaloedd wrthi.

Cychwynnem mor fore ag oedd modd fore'r Calan, a phawb â'i goden fach a'r llinyn crychu arni am ei wddf i gadw'r ceiniogau, a rhai o'r rheini yn geiniogau newydd, achos yr oedd yn arfer gan lawer i fynd i'r banc yr wythnos cynt i gael stoc o geiniogau ac arnynt ddyddiad y flwyddyn newydd. Buasai llawer ohonom at y prydyddion ymlaen llaw i gael ffras newydd. Hynny yw, rhyw bwt o gân neu bennill i'w lafarganu wrth y drysau i ddymuno'n dda i'r teuluoedd. Megis:

Dydd Calan yw hi heddiw, rwy'n dyfod ar eich traws
I mofyn am y geiniog neu glwt o fara a chaws,
A pheidiwch bod yn sarrug na newid dim o'ch gwedd,
Cyn daw dydd Calan nesaf bydd llawer yn y bedd.

Neu

Os ŷch chi'n rhoi, o dewch yn glou,
Mae 'nhraed i bron â rhewi,
Blwyddyn newydd, newydd, blwyddyn newydd
dda i chwi.

A gorffennid y perorasiwn drwy gyd-floeddio:

Calennig yn gyfan ar fore dydd Calan,
Unwaith, dwywaith, tair.

174

Roedd yn rhaid gorffen crynhoi am hanner dydd union, ac erbyn hynny byddem wedi bod ym mhob drws ym Mlaenporth a Blaenannerch ac efallai i rai o dai uchaf Aber-porth, yn ogystal â'r ffermydd rhyngddynt. Tueddem i orffen rywle tua Phencartws a chyfrif ein trysor ar garreg lydan ym môn y clais yn y fan honno. Credem ar y pryd mai honno oedd y garreg y cyfeiriai'r gân ati – 'Ar lan y môr mae carreg wastad'.

Yn nechrau ein harddegau graddiem o 'ganu'r dydd' i 'ganu'r nos'. Hynny yw, i gychwyn crynhoi calennig am hanner nos y noson cyn Calan. Ac yr oedd hynny'n talu'n well: sylltau, deusylltau, a hanner coronau hefyd yn rhai o'r llefydd gorau. Rhoddid bri mawr ar fod y cyntaf i ganu wedi deuddeg (achos canu a wnaem erbyn nos bob amser – ni wnâi adrodd ffras mo'r tro). Byddai hanner coron i'r cyntaf mewn llefydd fel Maes-y-deri a Llwyn-coed, ac yr oedd sôn fod sofren gyfan i'r cyntaf ym mhlas Neuadd Tre-fawr. Âi graddfa'r haelioni i lawr fel y cerddai'r cloc rhagddo, ond er i ni roi cynnig unwaith neu ddwy ar fynd draw i'r Neuadd tua hanner awr wedi un ar ddeg a chuddio yn y llwyni nes clywed y cloc mawr yn taro canol nos, byddai rhai o fechgyn Pont-hirwen a'r wybodaeth leol ganddynt, ac yn gwybod i'r dim o dan ba un o'r ugeiniau o ffenestri i ganu i ddeffro'r Ladi, a byddem yn rhy hwyr. Ys gwn i ai dyna darddiad yr ymadrodd 'wedi canu arno'?

Byddai pob perchen tŷ yn ei wely ar yr awr honno, a thipyn go lew o waith deffro ar ambell un hefyd. Cyrhaeddem o dan y ffenest yn grŵp o rhwng dau a phedwar – gorau i gyd po fwyaf y nifer ar gyfer deffro'r trwm eu clyw, ond gorau i gyd po leiaf gogyfer â rhannu'r ysbail – a dechrau rhuo i'r tywyllwch ar dôn 'Mor agos ambell waith':

> Mae'r flwyddyn wedi mynd,
> Na ddaw hi byth yn ôl,
> Mae wedi mynd â llawer ffrind
> A'm gadael i ar ôl.

Tôn a gair nad ŷnt mo'r llonnaf, mae'n rhaid cyfaddef, i neb ddeffro o drwmgwsg i'w clywed. Ond erbyn y byddem wedi cyrraedd at gydfloeddio 'Blwyddyn Newydd Dda' byddai un o ffenestri'r llofft fynychaf yn agor, a rhywun yn ei bans a'i grys a'i ben allan drwyddi yn holi pwy oedd yno, a thaflu ei offrwm i lawr i fflagiau cerrig y cwrt gan ddymuno blwyddyn newydd dda i ninnau. Ac aem ar ein ffordd yn llawen i'r lle nesaf ar hyd y lonydd a thrwy'r caeau tywyll, ac yn aml yn wlyb at y croen.

Byddai pryder mawr y nos cyn Calan am argoelion y tywydd tebygol tua hanner nos, ond rhywdro, a hithau'n bwrw glaw yn ddilyw tua'r naw o'r gloch yma, a ninnau'n gweld ein gobeithion am drysor yn mynd gyda'r llif, fe'n cysurwyd gan Jim Tai-bach a'n sicrhaodd y byddai'r glaw yn siŵr o beidio pan godai'r lleuad. A phrin y gwelais y broffwydoliaeth honno erioed yn anghywir.

Dirywio'n araf a wnaeth yr hen arfer o grynhoi calennig fel hyn, ond fel sawl hen arferiad fe'i haddaswyd at ddibenion yr oes newydd. Tua chanol y pumdegau, o dipyn i beth, lle'r oeddem gynt wedi arfer mynd allan yn ddau a thri, ac i bob lle ar gylchdaith yn ei dro, dechreuasom gwrdd yn gôr o rhwng pymtheg ac ugain a mynd i dri neu bedwar man arbennig ar ôl cyfarfod wrth ryw ffynnon i gael practis a chodi'r hwyl.

I Laneirw, pan oedd Dewi Thomas a'i wraig yn byw yno; at Ifor Tan-y-groes a Sali, yna at Rhydwin Evans a Madge yn Siop Blaen-porth, cyn gorffen am y nos – os gorffen hefyd, gan y byddai yn bedwar a phump y bore arnom yn troi adref – gyda Phreis y pobydd ym Metws Ifan. Byddai o ddeg i ddwsin o bobl wedi crynhoi ym mhob un o'r llefydd hyn i groesawu'r flwyddyn newydd, a bwrient ryw hatling i'r drysorfa a gyflwynem ni wedyn at ryw achos teilwng. Wedi pobo ddracht o iechyd da a chanu cân neu ddwy, symudem ymlaen i'r lle nesaf, gan goroni'r noson bob tro â boliaid o deisennau twrci yn ffres o'r ffwrn ym mecws Preis.

Mae gen i lun yn llygad fy meddwl na chredaf y dilëir ef byth, 'tawn i'n byw i fod yn gant, llun yr wyf yn siŵr ei fod wedi ei argraffu yr un mor ddwfn ym meddyliau'r deg neu ddwsin arall o'r cwmni iach a oedd wedi crynhoi at ei gilydd o dan ffenest llofft y Siop chwap wedi deuddeg o'r gloch y bore Calan hwnnw. Llun gŵr claf, nad oedd yn wir fawr gwell na chorff eildwym, wedi ei fframio yn y ffenest uwch ein pennau. Hanner uchaf ei gorff egwan yn pwyso'n drwm ar y silff, a'i wyneb golau-leuad a'r ddau gysgod mawr tywyll lle'r oedd ei lygaid, fel petai'n clustfeinio am y nodau olaf a glywsai o'r byd hwn. Rhydwin, ac fel y dywedodd rhywun ar y pryd, a lliw y riwl arno.

Roedd y côr wedi bod yn ymgyfathrachu â Syr John Buckley ac Ioan Gerddwr yn ddiogel yn gynharach yn y nos – y ddeuawd ryfedd honno sydd rywfodd yn gwneud pob tristwch yn dristach a phob llawenydd yn fwy llon. Roedd y 'flwyddyn wedi mynd, na ddaw hi byth yn ôl' gydag arddeliad unwaith neu ddwy eisoes, a'i heco soniarus yn rowlio ma's i'r tywyllwch cyn ymdoddi i berseinedd ambell barti arall a oedd wrth yr un gorchwyl ar hyd y ffermydd a'r tai cyfagos. Fe ganodd yr hen barti bach diarweinydd hwnnw fel na chanodd na chynt na chwedyn, er mwyn y gŵr hwnnw yr oedd mor amlwg na fyddai angen i neb ganu blwyddyn newydd arall i fewn yn ei hanes. A gwn yn sicr fod pob un o nodweddion amryfal ei gymeriad yn caffael ei pherffaith gymar yng nghalon pob cantwr yn ei dro.

Y mathemategwyr yn ein mysg yn ddiau yn cofio ac yn rhyfeddu eto at ei allu diarhebol gyda ffigurau. Pob capel yn y cylch yn anfon ei adroddiad blynyddol ato iddo gael bwrw llygad drosto a sicrhau ei gywirdeb. Y bensel yn rhedeg heb aros – heb arafu bron – i fyny gydag ochr un golofn o ffigurau ac i lawr yr ochr arall, a'r ateb yn ymddangos bron fel gwyrth ar y gwaelod, ac yn gywir bob tro.

Yr edmygwyr cŵn, os oedd rhai hefyd, yn gweld eto'r Lou anferth hwnnw o Great Dane a brynasai yn un o'r chwiwiau cŵn hynny a'i trawai bob ryw hyn-a-hyn, ond nad oedd i'r un ohonynt ddinas barhaus wedi iddo unwaith edrych yn gam ar ei feistr. Rhyw lo blwydd o gi â safn fel ffwrn, na allai Waldo ddweud amdano ef, beth bynnag, ei fod 'yn byw dan lefel y bwrdd'. Eithr o dan y ford y gorweddai rhyw dro ac ymwelwyr tra phwysig yn galw. Dyma gomand yn y Saesneg mwyaf awdurdodol a'r acen Rhydychen yn drwm arno yn saethu o'r stôl rocin wrth y tân, na allai unrhyw gi â rhithyn o frid ynddo lai nag ufuddhau iddo fel ergyd o wn – 'Lyw, ewt!' Ac yng nghyfyngder ei orweddfan dyma'r bytheiad yn tasgu i'w draed, ac owt yr aeth e a'r ford ar ei gefen.

Ni chredaf fod grymusach cyfarwydd na phertach datgeiniad o'n tafodiaith ni wedi bod erioed, ond pan ddôi'r Saeson haf i'r siop yn eu tro byddai'n werth mynd ymhell i glywed clasuroldeb y 'Raaaight, Zyr' a'r 'Raaaight, Mêdm', yn ei fas dyfnaf, a gawsent wrth ofyn am ryw nwydd, ac yntau'n *business efficiency* i gyd yn chwilio'r drorau a'r silffoedd amdano. Eithr cyn amled â hynny byddai wedi newid ei gân i 'Diawl, Madge, lle rhoist ti'r peth a'r peth?' ymhell cyn cyflawni'r archeb.

Ond yn gwbwl ddiamau, y rheini o'r cwmni a fedai'r cynhaeaf brasaf o atgofion y noson honno fyddai'r sawl a fawrygai barodrwydd ateb a ffraethineb tafod, a pha Gymro nad yw felly? Canys medraf dystio mai dyma'r gŵr mwyaf llwyddiannus am roi'r union air yn yr union le ar yr union eiliad a gyfarfûm erioed. Mae pawb yn medru gwneud hewl go lew ohoni drannoeth y drin, fel petai, ac ef ei hun yn dweud y stori wrth gwrs; eithr ym mhoethder y ddadl, a'r gwaed yn dwym yn fynych, ni welais hafal y ffermwr/casglwr treth/siopwr hwn, er nad oedd bob amser yn ddieuog o chwarae i'r galeri, gan sathru ar deimladau rhai diniwed weithiau. Megis y gwnaeth â Thom Bach y Bowls.

Roedd Tom, y dryw bach pump a thair o'r bonheddwr mwynaf a wasgodd drap cwningen erioed, braidd yn hoff o fwrw i lawr i'r dre ar nos Sadwrn bob ryw hyn-a-hyn; hen wendid bach a ddaliodd yn y Rhyfel Cynta, medden nhw. Dôi Sal ei wraig i'w gyfarfod oddi ar y bws ar yr adegau hynny, i'w hebrwng y ddwy filltir dda o ffordd i'w cartref. Saesnes oedd hi, y fwynaf o wragedd os braidd yn siaradus, ac ynddi duedd ei chenedl at ormodiaith mewn termau anwyldeb, a dyn yn 'dear' neu yn 'love' ganddi bob yn ail air. Efallai fod Tom y tro yma yn teimlo'i galon gydag yn ddiogel, ac yn tueddu i stwbwrno, ac meddai hithau yn ei ffordd dawel, garedig, 'Come on Tom darling, come home now with your Sal'. A dyma'r fwled fawr yn saethu o'r tu draw i gownter y *General Provisions*: 'Darling, myn yffarn i, mae e'n debycach i starling o beth cythrel!'

Yn rhyfedd iawn, ei hoff air cyfarch wrth siarad â'i gydnabod oedd 'Canon', os clywsoch chi 'rioed shwd beth! Ond erbyn meddwl, pam lai? Hen gynefinasom ag adlais o sifalri'r canoloesoedd yn y 'Sir' a'r 'Esquire', felly ai llai urddasol un o swyddi aruchelaf yr Hen Fam ei hun? Ar wahân i rai cysylltiadau braidd yn annifyr i ambell anghydffurfiwr efallai, gallasai brofi'n dipyn o newid digon derbyniol wedi'r 'boe' a gaiff dyn bob dydd, a'r 'brawd' Sabothol. Ac yn unol â tharddell glasurol y fath deitl, roedd yn rhaid i Rydwin gael ei ynganu â graen: 'Cênyn'. Yn wir, gan amled ei ddefnydd o'r term, daeth yn fath o lysenw arno – yn ei gefn wrth gwrs, a chan ofalu peidio â dyblu'r 'n'. Gallai droi'n gannon felly, a bwrw dyn yn glotsen ag un ergyd.

Er gwaethaf argoelion y llun, buom yno'n canu y Calan wedyn. Eithr nid o dan y ffenest – roedd mei lòrd erbyn hynny yn dechrau 'codi'r prynhawne' ac yn eistedd wrth dân y gegin. Yr ymennydd fel y nodwydd o hyd, er dirfawr anesmwythyd rhai ohonom, ac os oedd y siwt braidd yn llaesach nid oedd na botwm na phlet allan o'i le arni mwy nag a fu erioed. Rhwng amynedd a gofal rhyfeddol ei wraig ar bob awr o'r dydd a'r nos, ac ambell wiff o ocsigen go gryf gan y côr bach, fe ddaeth drwyddi'n syndod o dda, medde fe.

# 14
# Hendre

Rhyw ddeng mlynedd cyn ei marw yn 1955 cawsai Mam-gu'r Hendre drawiad cymharol ysgafn, ond un a effeithiodd er hynny ar ei lleferydd a'i symud. A dirywio'n raddol wnaeth ei hiechyd wedyn. Gofalai Wyn amdani hyd eithaf ei allu, gyda chymorth John Pen-ffin am rai blynyddoedd, a'i frawd Dai yn ddiweddarach, i redeg y fferm.

Buasai Wyn yn caru â Neli Lewis o'r Sarnau oddi ar eu dyddiau ysgol (Lewis arall eto, er na chlywais i am unrhyw gysylltiad teuluol rhyngddynt a Lewisiaid Treprior), athrawes yn ysgol Penmorfa, lle buasai Wyn ei hun yn ddisgybl-athro sawl blwyddyn ynghynt. Fel y digwyddodd yn hanes llawer carwriaeth arall, am ryw reswm ni bu iddynt briodi am amser, eithr flwyddyn wedi claddu Mam-gu aethant i gwlwm.

Y flwyddyn honno hefyd roedd hen deulu'r Jamesiaid, perchnogion Tan-yr-eglwys ers 1825, wedi penderfynu gwerthu'r lle. Y canlyniad fu i Wyn gynnig gwerthu'r Hendre i ni, a chan fod iechyd fy nhad yn gwaethygu, penderfynodd Mam a minnau ei brynu ar y cyd. Cefais gan Mr H. E. James, cyn-brifathro Harrow, ac un o'r teulu oedd yn gwerthu Tan'reglwys, restr o enwau'r deiliaid yno yn ôl i 1725, sef canrif cyn i'w deulu ef ei brynu, ac y mae'n weddol sicr fod Dafi Tan'reglwys yn ddisgynnydd uniongyrchol iddynt.

Gwerthodd Wyn ocsiwn yn yr Hendre ym Mai '56, ac aeth yn rheolwr cangen o Gymdeithas Amaethyddol Dyffryn Teifi ym Mrynhoffnant. Symudasom ninnau bob yn dipyn bach ein hoffer a'n hanifeiliaid yn groes i'r clawdd ffin i lawr i'r

Hendre. Roedd Islwyn Haulfryn, cyd-aelod â mi o'r Aelwyd yn Aber-porth, yn gadael yr ysgol yr haf hwnnw ac yn helpu tipyn arnaf ar hyd y lle. Olynydd teilwng i'w ewyrth Jim Arthur, un o adar mwyaf nodedig yr ardaloedd hyn yn yr hen ddyddiau, medden nhw. Roedd y Ffyrgi Fach a'i blwch cario heidrolig a'i rhaca gefn yn hwylus iawn at symud llwythi trymion a lletchwith, a chan fod ein hamser gennym, rhyngom ein dau daethom i ben â symud cutiau ieir, y felin falu, a hyd yn oed y piano, yn ddigon didrafferth. Wrth groesi'r Cefen Mawr roedd Islwyn yn chwarae 'Hen Wlad fy Nhadau' ag un bys ac yn canu nerth ei ben. Felly ni bu diwrnod symud fel y cyfryw, ond estynnwyd y peth allan dros wythnosau yr haf hwnnw.

Gan fod rhan helaeth o dir yr Hendre gennym ar rent yn Nhan-yr-eglwys, rwy'n cyfrif fy mod yn dal i ffermio daear y bu fy hynafiaid arno am dros ddau can mlynedd o leiaf. Yn yr un modd, fi fyddai'r olaf o'r llinach i fyw yn yr hen dŷ. Yr oeddwn wedi darllen mewn llyfr o'r enw *Celtic Folklore* pan oeddwn yn blentyn yn ysgol Blaen-porth, hen chwedl ynghylch Tan-yr-eglwys ac wedi cymryd diddordeb mawr ynddi, wrth gwrs, gan mai yno yr oeddwn yn byw.

Yn fras, y chwedl yw hon. Flynyddoedd yn ôl roedd gŵr o'r enw Ifan Dafydd yn byw yno (ac yn ôl y rhestr achau a gefais gan H. E. James, enw un o hynafiaid fy nhad-cu oedd Evan David). Dihunwyd ef ryw noson gan sŵn rhywbeth yn curo ar y pared. Nid oedd neb yno, ond clywodd lais o'r tywyllwch yn dweud wrtho fod lleidr wedi dwyn cwpan y cymun o'r eglwys, a'i fod yn nhafarn y Three Mariners yn Aberteifi.

Cododd Ifan ac aeth ar ei geffyl i lawr i'r dafarn, lle cafodd y gŵr a'r cwpan wedi ei guddio o dan ei glogyn. Aeth â'r cwpan oddi arno a'i ddwyn yn ôl yn ddiogel i'r eglwys, ac aeth yn ôl i'w wely. Ymhen tipyn dihunwyd ef wedyn gan y curo ar y pared. Yr ysbryd oedd yno eto, yn diolch iddo am ei gymwynas ac yn addo iddo yn dâl am hynny y byddai cloch yr eglwys yn canu ohoni ei hun o flaen marwolaeth pob gwryw yn y teulu hyd y nawfed genhedlaeth.

Nid wyf yn siŵr iawn a wyf yn credu mewn ysbrydion ai peidio, ond yr adeg honno, gyda chwilfrydedd plentyn, dechreuais resymu â mi fy hun ynghylch gwirionedd posib yr hen chwedl. A bwrw chwarter canrif ar gyfer pob cenhedlaeth, yr oeddwn i tua'r nawfed. Felly myfi fyddai'r olaf a allai ddisgwyl i'r gloch ganu cyn ei farw. Ond yn awr yr oeddwn i symud oddi yno a thorri'r cyfamod.

Aethai fy nhad i weithio fel taniwr yn y Pennar, a'r bore olaf hwnnw dim ond Mam a minnau oedd yn y gegin fach. Cofiodd hi am ryw neges y byddai ei hangen arni i lawr yn yr Hendre y prynhawn hwnnw, ac yn ôl ei harfer cychwynnodd i fyny i'r siop i'w mofyn, a chan fod peth brys aeth ar hyd llwybr y fynwent.

Daeth yn ei hôl yn fflwstwr i gyd, a gwyddwn nad oedd wedi prin gael amser i gyrraedd yr eglwys. 'Wyddost ti beth sy wedi digwydd?' meddai wrthyf. 'Mae'r gloch wedi cwympo ma's o'r tŵr.'

Ac felly'n wir yr oedd. P'un ai o fwriad neu o ddamwain, yr oedd y gloch ar y glas wrth droed y tŵr.


A oes le tristach yn y byd na chlos fferm wedi ocsiwn? Dim bref na gweryriad yn unman. Y beudái'n drwch o sarn gwlyb a'r aerwyau i gyd ar lawr, a'r adar to heb neb i'w dychryn. Dim iâr yn clochdar, na chyfarth ci i groesawu dyn, a phob storws a sgubor yn eco i gyd.

Ond prin y cawsom amser i ryw fyfyrdodau felly, achos drwy'r haf hwnnw roedd gofal y ddau le arnom tan i ni roi Tan'reglwys yn rhydd ym mis Medi. Roedd gennym ddeg erw ar hugain o ŷd rhwng y ddau le, a Margaret wedi iddi ddod adref o'r ysgol erbyn nos fyddai'n gyrru'r tractor i mi dorri llafur. Roedd hi'n flwyddyn ddigon cyfatal, a gorfu i ni ei dorri un ffordd bob llathen ohono. Cymerodd bron wythnos i ni dorri pedair erw ar ddeg o geirch du yn Nhan'reglwys, ac fel yr oeddwn yn gorffen torri'r cae ola roedd y sgubau cyntaf yn dechrau egino yn eu brig. Ond rywfodd daethpwyd drwyddi'n deg, ac wedi ei ddyrnu ar y cae yn ddiweddarach, prynodd Thomas Llanybydder, tad Jâms Thomas, y ceirch du hwnnw yn ôl bob wishin ohono yn llafur had.

Roedd peiriant godro yn yr Hendre, peth nad oedd gennym yn Nhan'reglwys, a bu'n ffair ofnadwy i gael y gwartheg i gyfarwyddo â hwnnw. Aem â'r llaeth i'r ffordd fawr mewn stenau yr adeg honno, a'r lori laeth yn galw am chwarter wedi wyth y bore, fel y gwnaeth am yr ugain mlynedd nesaf. Cwrddai chwech ohonom yn gymdogion wrth y stand laeth am ein clonc foreol – Jac y Crown, Dafi Lewis Coedfryn, Haydn Llwyn-coed, Sam Llwyn-gwyn, Jac Maes-y-deri a minnau. Erbyn heddiw nid oes un o'r chwe lle yn gwerthu llaeth. Yn wir, o'r ddau gwm sydd yn dod at ei gilydd yn Aber-porth, lle'r oedd deunaw lle yn gwerthu llaeth, dim ond y Dyffryn a Chwmporthman sy'n dal i wneud hynny.

Ac ymhlith y newidiadau hyn, un o'r mwyaf arwyddocaol oedd twf y contractwyr amaethyddol. Rwy'n siŵr y medrai ymchwilydd cymdeithaseg ganfod nifer o resymau drosto. I ddechrau, dygasai'r rhyfel lawer iawn o weithwyr oddi ar y tir, byth i ddychwelyd mwy, hyd yn oed ymhlith y rheini a fu'n ddigon ffodus i ddod drwy'r gyflafan yn ddianaf. A hynny ar yr union adeg pan oedd gwasgu parhaus am gynyddu cynnyrch y tir er mwyn arbed mewnforion. Rhoddwyd y cyfrifoldeb am wneud y gorau posib o'r adnoddau lleol ar Bwyllgorau Amaethyddol, y War Agricultural Executive Committee, neu'r Wôr Ag ar lafar, a chryn dipyn o rym cyfreithiol (cryn dipyn yn ormod ym marn rhai) yn ogystal.

Roedd yr hawl gan y pwyllgorau hyn i argymell troi rhywun o'i fferm pe na bai yn dod i fyny â rhyw norm ofynnol o gynhyrchu. Deddfwyd ei bod yn rhaid i bawb dyfu hyn-a-hyn o datws ac ŷd ac yn y blaen, gan orfodi aredig tir mewn llawer man nas trowyd ers cyn cof. I fod yn deg, cynigiwyd grantiau i gymell y newidiadau hyn, ac yr oedd cymorth mecanyddol ar gael oddi wrth bwyllgorau sirol y Wôr Ag. Ond grantiau neu beidio, yr oedd ym mhobman rai ychydig mor gyndyn ddigyfnewid yn eu ffyrdd na newidient i ddyn nac arglwydd, serch i bwyllgor.

Adroddai Dafi Jâms Brynhyfryd – aelod o'r pwyllgor dros Sir Aberteifi am lawer blwyddyn a Rhyddfrydwr traddodiadol – amdano ef a Thomas Bach Tre-main ac R. L. Jones Penwenallt yn gorfod mynd i ymweld â rhyw hen bâr a oedd yn ffermio ym mherfeddwlad Ceredigion i'w dwyn i gyfri am fethu â chadw llythyren y ddeddf. Thomas yn Sosialydd i'r carn, ac ewythr drwy briodas gyda llaw i Ddafydd Elis Thomas, er nad oedd a wnelai gwleidyddiaeth yr un o'r tri ddim â'r achos, hyd y gwn. Digon yw dweud fod dau o'r tri yn tueddu at drugaredd a'r trydydd efallai yn fwy parod i ddangos tu min y gyfraith. Gwisgai R.L. fwstashen fechan yn null gŵr nid anadnabyddus o'r Almaen, ac efe a arweiniai ddirprwyaeth Ei Fawrhydi i fewn drwy iet y clos, a gwraig y lle yn eu gweld yn dod o ddrws y beudy. Mae'n debyg nad hwn oedd y tro cyntaf iddynt orfod bod yno, a geiriau cyntaf y Misus oedd gwaedd ar ei gŵr rywle yng nghyffiniau'r ydlan: 'Hei, Jac, dere 'ma glou, ma Hitler 'ma heddi 'to!' Siafiwyd y fwstashen yn fuan wedyn.

Ond nid oes amheuaeth nad y pwyllgorau hynny a fu'n bennaf cyfrifol am agor llygaid yr amaethwr i bosibiliadau mecaneiddio. Gydag adnoddau'r Llywodraeth y tu cefn iddynt, dygasant dractorau caterpilar i aredig hen fronnydd serth a gweunydd gwlybion, cwympo gelltydd, a chlirio rhedyn ac eithin cannoedd o erwau. A chyda diddymu'r pwyllgorau yng nghyflawnder yr amser, gwelodd aml un a fu'n gweithio iddynt y posibilrwydd o redeg busnesion o'r fath ar eu liwt eu hunain.

Cyfrannodd amodau daearyddol yr ardaloedd hyn hefyd at dwf y contractwyr amaethyddol. Y ffermydd yn gymharol fychan, ac felly'n ei chael yn anodd i brynu'r gêr drudfawr newydd iddynt eu hunain. Ni bu perchnogaeth gydweith-redol yn orlwyddiannus chwaith, yn rhannol oherwydd anwadalwch cynhenid y tywydd. Pe bai tair fferm, dyweder, yn berchen dyrnwr medi ar y cyd, a'u llafur yn naturiol yn aeddfed i'w dorri tua'r un amser, pa un o'r tair a gâi dorri'n gyntaf? Erbyn trannoeth, yn ôl fel y mae'r tywydd yn y parthau hyn fynychaf, gallai fod yn diwel y glaw.

Mae'n wir dweud bod y broblem honno wedi parhau am gryn amser wedi dyfodiad y contractwyr, a sawl lle yn aml yn gweiddi gyda'i gilydd am eu gwasanaeth, ond fel y cynyddai eu nifer, lleihau yn gyson a wnâi anawsterau felly.

Yn 1958, haf gwlyb eithriadol, ac wedi i mi fethu â thorri'r llafur â'r beinder, y'm gorfodwyd i gyntaf i hurio dyrnwr medi i'w gynaeafu. I'r haf hwnnw y gwnaeth Dai Morris Dre-fach, a ymfudodd yn fuan wedyn i'r Amerig i fod yn beilot hofrenyddion, englyn a phob llinell ynddo yn gynghanedd croes o gyswllt:

> Haf araf oer a fu o, – un gwlyb iawn
> A glaw beunydd drwyddo.
> Dwg wae hefyd o'i gofio
> A grawn y brig ar rwn bro.

Glanville Morgan o Fryn-gwyn oedd y gŵr a'm tynnodd o'm trwbwl yr haf hwnnw, a chychwyn cyfeillgarwch rhyngom a barodd hyd ei farw disyfyd yn 1975. Hau, cynaeafu, torri a chywain silwair, belo gwair a'r holl orchwylion na fedrwn i fforddio'r peiriannau angenrheidiol i'w cyflawni.

Fel y digwyddai yr oedd ef, ar ôl dod adref o'r rhyfel a chymryd gwahanol waith yn y cylch ond heb weld llawer o argoel am ddod ymlaen, yn ceisio'i sefydlu ei hun fel contractiwr. Lawer gwaith yr adroddodd wrthyf yn ddiweddarach sut yr aeth ynghyd â hi. Benthyciodd ddigon o arian i brynu Fforden Fach ac aradr ail-law (neu drydedd neu bedwaredd law, o'i adnabod ef) a bwrw allan o Fryngwyn ryw fore i'w hysbysebu ei hunan. Gyrru'r tractor a'r arad ar hyd yr hewl fawr allan i sgwâr Gogerddan ac i fyny tua Sarnau, troi i lawr a thrwy Rydlewis ac i fyny i Benrhiwpâl ac oddi yno draw i Gastellnewydd, gan rowndio'n ôl adref i'r Bryn erbyn nos. Hwn-a'r-llall yn ei stopio ar y ffordd ac yn holi i ble yr âi. Yntau'n proffesu brys mawr i gyrraedd rhyw le arbennig i aredig rhyw gae yr oedd dau neu dri arall wedi methu gwneud dim ag ef. Gwyddai y byddai'r stori honno yn siŵr o fagu adenydd. Tynnu i lawr mewn rhyw dŷ tafarn yn nes ymlaen a gofyn a gâi adael yr arad yn rhywle cyfleus tra brysiai ef adref i mofyn mashîn hau neu ryw beiriant dychmygol arall. Gwyddai na ddôi neb i'r dafarn honno heb ofyn arad pwy oedd hi. Erbyn iddo gyrraedd adref, meddai ef, roedd hanes ei ddyfod wedi cyrraedd yno o'i flaen, a Bessie ei wraig â'i swper yn barod iddo ar y ford!

Allan y bore wedyn i gyflawni rhai o'r archebion aredig a gasglasai ar ei daith genhadol, ac o dipyn i beth prynu peiriannau eraill, nes gorfod cyflogi rhywun i'w helpu yn y diwedd, ac felly 'mlaen. 'Rhen Glanville druan. Cymeriad, does dim dwywaith. O barch iddo ef y cymerais enw ei gartref, Bryn-coed, yn ffugenw wrth yrru awdl 'Y Cynhaeaf' i Aberafan. Yr unig gadeirio iddo ddigwydd ei weld ar deledu erioed, meddai ef. Byddai wedi cwympo o sioc oni bai fod diferyn bach o foddion yn digwydd bod ganddo'n gyfleus! Y mwyaf cymwynasgar o feibion dynion, a chanddo dro ymadrodd a wnâi i ddyn ddwys ystyried ei ysmaldod a'i alw i gof yn ddiweddarach.

Rwy'n ystyried fy mod wedi bod yn hynod ffodus yn fy nghydnabod erioed. Wedi'r cyfan, byddent hwy a'u gwahanol nodweddion wedi cyfoethogi cymdeithas hyd yn oed pe na bawn i wedi bod o gwbwl. Eithr y mae'n rhaid i

186

ddyn symud beth ffordd oddi wrthynt i'w gweld yn iawn ac i ganfod eu hymwneud â'i gilydd.

Ni bûm erioed yn rhyw gapelwr brwd iawn, er bod y ffaith honno drwy drugaredd yn dal i anesmwytho arnaf. Tra pery felly, mae yna obaith o hyd y dof i weled y golau. Ac yr oedd Glanville yntau rywbeth yn debyg, er cystal esiampl ei dad – pen blaenor yn y capel a diwinydd tan gamp. 'Dwi ddim llawer o gapelwr, twel',' meddai amdano ef ei hun. 'Bydde un dy' Sul y mis yn hen ddigon i fi, ond am yr hen foi, twel', fe gymre fe dri dy' Sul yr w'thnos.'

Ond yr oedd ei galon yn y man iawn, a'i ffordd ef o gydymdeimlo â rhywun a chynnig help yr un pryd, yn ogystal efallai â'i atgoffa'n dirion nad ef oedd yr unig un â phwysau'r byd arno pan ddôi ato i geisio cymorth mewn rhyw gyfyngder, fyddai dweud: 'Fachgen, ma dy ofid di'n fach hefyd.'

Clywais Trefor Cilfallen, nad oedd yn gwsmer i Glanville, yn dweud iddo fynd ato ryw fore Sul gan fod buwch iddo wedi mynd i'r gors yn y tir gwaelod ac yn methu dod oddi yno, i geisio winsh a thractor i'w thynnu allan. Ys dywedai Trefor, roedd yn gas ganddo ofyn y fath beth i neb ar ddydd Sul, heb sôn am rywun nad oedd yn arfer rhoi ei gwstwm iddo. Dod ar ei union a wnaeth Bryn-coed, ond gwaetha'r modd roedd y fuwch wedi cael gormod o niwed ac wedi trigo. Llusgwyd hi allan yn barod i'r lori garan, a phan holodd Trefor i Glanville faint oedd arno am y gwaith, yr ateb oedd: 'O, dim byd am hyn'na, bachan – colled oedd hyn'na, bachan.'

Un o anghenion pennaf contractiwr llwyddiannus, yr adeg honno beth bynnag, gan fod cymaint o alw amdanynt, oedd y ddawn i ddweud celwydd heb flewyn ar y tafod na'r anesmwythyd lleiaf ar y gydwybod. Wel, nid celwydd yn hollol efallai, ond y ddawn i addo bod yn y lle-a'r-lle ar y pryd-a'r-pryd yn ddi-ffael, gan wybod fod hynny'n annhebygol a dweud y lleiaf. Meistrolodd Glanville y ddawn honno yn hollol ddiffwdan, gan lwyddo i'n hargyhoeddi mai er ein lles ein hunain y torrai ei addewidion inni.

Roedd wedi addo ar y ffôn y byddai yn Llwyn-coed ryw ddiwrnod arbennig i hau, a'r dedlein fel arfer wedi hen fynd heibio heb sôn am Morgans yn cyrraedd, a sawl dedlein wedyn mwy na thebyg. Ac o'r diwedd collodd Ifans Llwyn-coed ei amynedd a mynd draw i Fryn-gwyn i'w chwilio. Dod o hyd iddo yn hau cae rhywun arall, wrth gwrs, a pharcio'i gar yn y bwlch fel na allai'r contractiwr ddianc, gan aros yno nes iddo orffen ac yna rhoi wltimatwm iddo ei ganlyn yn ôl i Lwyn-coed. Nid oedd methu i fod y tro hwn. 'Ond diawch,' meddai Glanville wrth adrodd y stori. 'Buase'n well iddo fod wedi aros adre. Wyddest ti, roedd hen frân ar ben coeden ym Mryn-gwyn yn fy watsho i'n hou ac yn disgw'l 'i chyfle i godi'r had. Fe 'nilynodd i draw bob cam i Lwyn-coed ac fe dda'th â'i ffrindie gyda hi, ac fe gododd y diawled hanner yr had fel rown i'n 'i hou e.'

Ni hoffai, gyda'i hwylustod ef ei hun mewn golwg wrth gwrs, weld rhyw un ffarm yn galw arno i ddod i hau, ac arhosai tan y câi dri neu bedwar lle ar bwys ei gilydd. A'i reswm dros hynny? Fel bod y brain yn cael eu rhannu rhwng y caeau i gyd yn hytrach na chael canolbwyntio ar un. 'Let's feed the crows together,' ys dywedai.

Credai'n ddi-sigl mai 'fel y mae, y mae orau' – 'what happens is best', chwedl yntau. Yn wir, dyna'i eiriau cyntaf wrthyf a minnau yn cydymdeimlo ag ef ar gladdu baban bach. Diau y byddai ei dad wedi rhoi'r un peth mewn geiriau mwy ysgrythurol.

Deallai Tegryn Davies y ddau ohonynt i'r blewyn. Yn wir, ychydig oedd y rhai a drigai yn y plwyfi hyn nad oedd hwnnw yn eu deall. A phan ddigwyddodd alw yn ddirybudd yng ngweithdy Bryn-coed ryw dro, gan sefyll yng nghil y drws heb i neb sylwi arno, roedd mater go diclus o atgyweirio rhyw dractor ar droed, a'r iaith heb fod, wel, yn hollol weddus i glustiau pregethwr. Gwaeddai Glanville ar ryw lencyn ifanc twpach na'i gilydd am estyn rhyw dwlsyn iddo, ac o gael yr un anghywir yn dannod iddo'i ffaeleddau mewn iaith go liwgar. Yn sydyn sylwodd ar y gŵr parchedig yn sefyll yn y drws, a cheisio adfer y sefyllfa orau y medrai – 'O, mae'n ddrwg iawn 'da fi, Mr Davies . . .' ac yn y blaen. 'Weeel,' meddai hwnnw yn ei ddull hirben ei hun. 'Popeth yn iawn 'achan. Mae'n rhaid i chi siarad ag *e* yn yr iaith y mae *e* yn ei deall.'

Erbyn heddiw mae gen i ryw syniad fod gan Tegryn ryw edmygedd distaw o ambell gymeriad tebyg i Glanville. Vincent Tai-bach, er enghraifft, neu'r Go Bach fel yr adwaenid ef fynychaf. Prin y byddai neb a adwaenai hwnnw yn mentro dweud mai ef oedd un o hoff yrwyr Mr Davies i fynd â diniweitiaid Aelwyd yr Urdd i'w cyngherddau niferus. Gyda llaw, yr oedd Jac Morgan Henllan, ac aderyn nodedig wedyn, yn un arall.

Nid ei faintioli corfforol, mae'n siŵr, a roddodd i Vincent ei deitl, achos yr oedd y peth agosaf i ddwylath o daldra, neu yn hytrach, o hyd. Canys felly y gwelid ef fynychaf, ar asgwrn ei gefn ar lawr a'i hanner uchaf i fewn draw o dan rhyw dractor neu gar, a'i ffraethebion – a'r rheini yn lled goch yn ddieithriad – fel petaent yn byrlymu i fyny o'r dŵr a'r oeliach a fu'n gymaint rhan o'i fywyd, ac yn angau cynnar iddo hefyd gwaetha'r modd.

Roedd cyn feined ag asen iet, a llawn mor wydn, a dwy law fel rhofiau a'u hwynebau i lawr – yr oedd rhyw wendid teuluol yng nghymalau ei ddwylo fel na allai eu hagor yn llawn. Ond yr oedd mwy ym mlaenau bysedd y dwylo hynny nag sydd ym mhen llawer un mwy ei fanteision.

Gwnaeth ei brentisiaeth gydag Arthur, y Go Mowr, ac fel rhyw fachigyn o'r hen faestro yr adwaenwyd ef byth wedyn. Roedd hwnnw yn gawr o ddyn. Cest fel casgen a breichiau gof traddodiadol, a'i lais yn rowlio i fyny o rywle yng nghyffiniau trydydd botwm ei wasgod – pan ddywedai ddim. Chwarddiad cawraidd wedyn weithiau, a phoeriad i'r pentan nes bod y llwch yn gymylau yn dringo ar hyd y pelydryn o heulwen cyn diengyd drwy'r twll yn y to.

Digon helyntus fu hi yn aml ar y Go Bach yn y misoedd cyntaf hynny. Pobo dân a phobo eingion a'r prentis yn gorfod estyn pob gorchwylyn o'i waith am archwiliad terfynol Tubal Cain cyn cael nòd o ganiatâd i'w fwrw ar y garn o gylltyrau, bachau iet a phennau picasau gorffenedig gerllaw'r drws. Defod i'w chofio oedd honno. Arthur yn rhoi o'r neilltu rywbeth fyddai ganddo ar waith ar y pryd, estyn ei sbectol yn seremonïol iawn o'i boced wasgod a'i gwisgo'n araf, araf, a'r Go Bach yn cnoi 'i winedd rhag y farn a allai fod. Dim gair gan y naill na'r llall. Go Mowr yn dal y jobyn ar flaen y pinsiwrn o hyd braich rhyngddo ef a'r golau, anelu unwaith neu ddwy ar ei hyd, ac yna'i daro ar yr eingion a bwrw cewc ar ei draws. Yna, os pasiai'r prawf, ffling iddo nes disgynnai'n glwriwns ar y garn wrth y drws. Oni phasiai, disgynnai gyda thipyn mwy o glindarddach wrth draed y Go Bach – ac arnynt hefyd cyn amled â pheidio. A thrwy ei fynych gloffni, fel petai, y daeth hwnnw i adnabod ffyrdd uniondeb, a magu'r llygad hwnnw sydd, medden nhw, cystal â riwl y saer.

Dyna'r adeg y daeth yn drai yn hanes y ceffyl ac yn llanw ar y peiriannau. Ac er iddo ddysgu pedoli yn benigamp – yn wir, ef oedd y cyntaf yn yr ardal hon i ddwyn yr eingion at y ceffyl yn hytrach nag i'r gwrthwyneb – i gyfeiriad y tractor a'r car a'r lori yr oedd ei elfen ef. Daeth yn asiwr â sôn amdano, asio modern acsetalin a thrydan, eithr sut y meistrolodd holl ddirgelion y pethau hynny sy'n ddirgelwch, canys o'r braidd y medrai ddarllen. Nid na chafodd ysgol – ysgol Blaen-porth mae'n wir – ond chafodd yr ysgol fawr ohono ef. Llusgai i fewn tua hanner awr wedi naw yma, ar ôl bod yn edrych y maglau (roedd cwningod yn dri a chwech yr un adeg y rhyfel), yn hwyrach hyd yn oed na'r faciwî bach ieuengaf a lynodd wrth nefoedd newydd y lloi a'r moch bach hyd yr eithaf cyn ateb gwŷs y gloch.

Rhwng y cwningod a'r faciwîs a'i dwpdra ymddangosiadol ef ei hun, enillodd y Go Bach o dipyn i beth dragwyddol heol i gyrraedd pryd y mynnai o fewn rheswm. Yr unig amod ddealledig oedd ei fod mewn pryd i ferwi'r cawl i ginio. Waeth ef – fel y soniwyd eisoes – fyddai'n trin y stof, gan aberthu ei ysgolheictod ei hun ar allor digoni ei gyd-ddisgyblion.

Eithr os collodd lawer ar y darllen a'r sgrifennu, datblygodd y dalent ryfeddol honno a oedd yn ei ddwylo. A chan ei fod eisoes megis wedi ei biclo mewn oel, beth mwy naturiol na chyfuno crefftau'r gof a'r peiriannydd i ateb gofynion yr oes? Fel y gellid dychmygu, digon di-drefn oedd ei lyfrau cownt. Ambell gyfeiriad ar gefn almanac at ryw 'Gareth Brais beger' neu 'Ostin Jems bredder', a phwy ond ef ei hun a fedrai ddehongli'r fath Esperanto i wybod faint oedd dyled Mr Price y pobydd neu Awstin ei frawd iddo? Yn sicr, nid swyddogion treth incwm Ei Fawrhydi. Aethai'n ddadl rhyngddynt parthed y lwfans plant y gallai ef ei hawlio oddi ar ei dreth incwm. Er na fu erioed yn briod daliai'r gof fod llawn cymaint o gadw ar blant gordderch ag a oedd ar blant cyfreithlon, tra dadleuai'r swyddogion nad eu cyfreithlonder oedd asgwrn y gynnen, eithr eu nifer. Aeth pethau i'r pen rhyw ganol haf, a gorfu i ŵr mewn bowler hat gyda bag bach lledr o dan ei gesail alw ar y gof i gasglu ei ddyled i'r wladwriaeth.

Bwthyn bach dau ben o'r enw Blaen'resgair, ac un talcen wedi ei fwrw ma's, oedd ei *business premises* ar hynny o bryd, a chriw o fechgyn iach y pentref fel arfer yn potsiach o gwmpas. Dyma'r Bowler a'r Bag yn disgyn yn bwysig o'i Zephyr Six, a phawb yn crynhoi i edmygu'r fath Goncord o gar. Dechrau pigo ei ffordd fel cath drwy'r dŵr a'r llaca yn groes i'r tipyn clos, plygu ei ben hyd ei frest i fynd i fewn drwy'r drws pump a hanner, a mentro tua'r llygedyn o oleuni yn y pen draw lle'r oedd y *proprietor* wrth ryw orchwyl neu'i gilydd. O barch i'r bowler ciliodd pawb allan o glyw o fewn i ddim, ac aeth y *summit* ymlaen rywle ym mherfeddion y bwthyn rhwng y tuniau oel a'r catiau carbyretors a'r olwynion cloff.

Bob yn dipyn canfuwyd fod y lleisiau oddi fewn yn graddol godi, a nesaodd y cwmwl tystion yn raddol at y drws. Aeth pethau o ddrwg i waeth, gellid barnu, a'r funud nesaf dyma ŵr y bag yn ymddangos ym mhen draw'r entri gan encilio lwyr 'i din yn 'Yes, Mr James' ac yn 'No, Mr James' i gyd, y bag lledr a oedd gynnau mor bwysig yn awr mor llipa â phecyn crisps yn ei law, a'r bowler yn y llaw arall, a'r Go Bach yn ei ddilyn a'r mwrthwl triphown yn wafo o gwmpas ei glustiau bob cam i ddiogelwch drws y Zephyr.

Treuliodd gyfnod olaf ei oes yn cadw rhyw fath o efail-fodurdy ac yn trigo mewn carafán gerllaw, lle'r amlhaodd y chwedlau amdano bron cyn gyflymed â'r plant a genhedlai ef a'i gywely serchog un ar ôl y llall, a magu pob un am ryw flwyddyn yn nrôr isaf y coffor hyd nes dôi ei olynydd i'w fwrw dros erchwyn y nyth.

Onid ef a ymhyfrydai iddo gludo llwyth ei fws o blismyn i ryw ddawns, ac yntau heb drwydded iddo?

Onid ef, y gŵr di-ddysg a dibrofiad hwn, a leolodd bob peiriant cymhleth yn ffatri bwyd cŵn E. J. Jones and Son gerllaw? Ie, a dyfeisio gwelliannau i rai ohonynt hefyd na freuddwydiodd eu gwneuthurwyr amdanynt erioed.

Onid ef a aeth i Fanceinion i gyrchu boeler enfawr a brynasai un E. J. Jones yn ail-law o ryw ffatri yno, a'i ddatgymalu a'i gludo'n ôl a'i ailosod yn Nhan-y-groes heb gymorth neb ond George ei grwtyn hyna, pan nad oedd hwnnw ddiwrnod yn hŷn nag wyth oed?

Ac onid ef, pan gododd cythrwfl arall eto rhyngddo ef a gwŷr yr Inland Revenue, a aeth ag Ifor, yr 'and Son' yn y ffyrm y soniwyd amdani eisoes, gydag ef yn gyfieithydd i lawr i Hwlffordd i ddadlau ei achos? Mater o lwfans gogyfer â'i 'wraig' oedd pwnc y ddadl y tro hwn. Dechreuwyd yn ffurfiol:

'What is her name in full?' Distawrwydd.

'Beth mae e'n 'i feddwl?' holai'r gof.

'Gofyn mae e,' mynte'r cyfieithydd, 'beth yw enw Mari'n llawn.'

'Wel diawl, Mari yw hi p'un ai yw hi'n llawn neu beido 'achan.'

Ac onid ef, na thywyllodd ddrws tŷ cwrdd oddi ar ddydd ei fedydd, a dywyllodd yr hewl fawr am filltir o bobtu i'r fynwent brynhawn ei angladd?

# 15

## Pobl y Pentre

O dipyn i beth tyfasai'r ymweliadau achlysurol â'r Cilie i fod yn esgus dros gyfarfod mewn mannau eraill. Nid bod dim byd trefnedig na bwriadus yn y peth am hydoedd. Eithr ar nos Sadyrnau ceisiwn ofalu bod rhywle yng nghyffiniau Llangrannog, gan daro i fewn i'r Pentre yn ddamweiniol fel petai, yn y gobaith o gael torri gair neu ddau ag Alun neu T. Llew Jones ac efallai fod yn ddigon ffodus i gael fy ngwahodd i lawr i'r Rŵm Bach, lle byddent hwy eu dau ac Ifan Nant-y-popty a Rhys Tre-dŵr neu John Jones Glan-graig a Tom Stephens Talgarreg weithiau yn cwrdd.

Medrwn eu gweld drwy ffenest fach y talcen, a chlywed ambell don o chwerthin yn dod o'r ochr draw i'r palis, ond prin y byddai'n weddus i mi, nad oeddwn ond braidd yn eu hadnabod, fy hwtro fy hun ar eu cwmni. Beryl, yr oedd Alun yn ewythr iddi – merch ei frawd Tom – a gadwai'r Pentre y pryd hwnnw, a hi yn fynych fyddai'r llatai a sicrhâi fy mynediad i'r cysegr sancteiddiolaf. Cymeriadau unigryw, bob un ohonynt, a byddai noson yn eu cwmni cystal â thonic i mi.

John Jones Glan-graig, Rhys Tre-dŵr ac Ifan Nant-y-popty oedd y cyfarwyddiaid, a'u dull o adlonni yn amrywio o'r naill i'r llall. Yr un hanesion fyddai eu deunydd yn ddieithriad, gymaint felly fel y daethpwyd i gydnabod hawlfraint pob un ohonynt ar ei fabinogi ei hun. Ni byddai un nemor byth yn damsang cwysi'r llall. Ni byddai wiw i Rys, dyweder, geisio adrodd un o storïau John Jones, ac yn yr un modd caniatâi'r ddau ohonynt hawl lwyr Ifan ar ei storïau ef.

Am yr ychydig droeon cyntaf byddai dyn yn gwrando ar gynnwys y stori, ond o'i chlywed am tua'r chweched tro byddai dull y storïawr o'i dweud a'r nodiadau bach ymyl y ddalen yn hawlio mwy o sylw na'r stori ei hun. Ac nid byth yr adroddid hi'n hollol yr un fath. Eithr anaml y ceid hwyl ar un i fynd drwy'i bethau os byddai'r lleill yn bresennol. Fel y perfformwyr gorau i gyd, hawliai pob un y llwyfan cyfan iddo'i hun.

Maes arbennig John Jones oedd y stori dal, ac y mae'n rhaid ei fod wedi bod wrthi yn naddu a saernïo rhyw ddwsin neu bymtheg ohonynt gydol ei oes, nes eu bod yn emau bach perffaith erbyn y clywais i hwynt. Yr oedd ganddo lygad llenor am yr union air – y gair a fyddai'n cyfleu mwy i'r dychymyg nag a wnâi ei ystyr yn unig. Serch hynny, nid oedd yn llefarwr da. Tueddai i gropio'i lafariad ac i ynganu ei eiriau yn rhyw hanner mursennaidd. Ond ni wnâi hynny ond ychwanegu at ei apêl i'w wrandawyr. O'r braidd na ellid dal fod rhyw arlliw o lediaith ar ei ddweud. Yn enwedig pan ddôi'r Saeson haf o gwmpas. Medrai drafod y rheini fel y mynnai, a hwythau mor barod i godi llawes y 'local characters'. Fe'u godrai Jones nhw gymaint fyth.

Achwynai rhyw ladi benfrith wrtho fod ei 'darling doggy' – rhyw ffatsyn o sbaniel oedd ganddi yn ei chôl – yn gwrthod bwyta. Gormod yn ei fol ef a rhy fach ym mhen ei feistres, gwlei. A chynigiodd Jones ei wella iddi – am bris, wrth reswm. Cytunwyd y byddai'n mynd â'r ci adref gydag ef am driniaeth a'i ddychwelyd y Sadwrn canlynol. 'A wyddech chi,' meddai wrthym yn ddiweddarach, 'y cyfan wnes i oedd 'i glymu e wrth bost y sied wair a basnaid o ddŵr o'i fla'n e, ac ysgwyd tipyn o grofen bacwn o dan 'i drwyn e bob hyn-a-hyn am wythnos, a phan es i'n ôl ag e roedd e'n neidio am damaid o fara sych fel *bytheiad*.' Yr oedd cymharu'r bwndel blonegog hwnnw â chi hela yn dweud cyfrolau.

Fwy nag unwaith cefais gyfle i wylio'i athrylith ar waith yn fyrfyfyr – neu felly yr ymddangosai i mi, beth bynnag.

Euthum i'r Pentre ryw noson tua chanol Mehefin – ni fedraf roi amcan agosach – ond p'un bynnag, yr oedd yn gynnar iawn i neb fod wedi cael tatws newydd y flwyddyn honno. Yno ar y bar yr oedd taten wen fendigedig, pum modfedd o hyd o leiaf, a gofynnais i Beryl o ble y daethai. 'O, gofynnwch i Jones,' meddai. Ac fe wnes. 'Jones, 'achan, beth yw hanes y daten enfawr 'na?' Ac wedi iddo ei osod ei hun yn ei ystum ystorïol arferol meddai wrthyf: 'Wel, rwy'n arfer dod ag ambell bwn o dato i lawr i Beryl 'ma, ond rown i braidd yn hwyr 'leni, ac roedd twll yng ngwaelod y sach a finne heb 'i weld e, ac fe gw'mpodd honna ma's!'

Clywsom ei glasur am y clawdd a'r cwningod lawer gwaith. Y clawdd hwnnw oedd mor llawn ohonynt fel y bu'n rhaid tynnu tair neu bedair allan ohono i gael lle i'r ffuret fynd i fewn! Yn wir, gan amled y clywsom hi y mae'n bosib fod Jones yn rhyw led-synhwyro fod ei gynulleidfa yn dechrau diflasu arni, a chyda'i athrylith ef ychwanegodd atodiad: 'A wyddech chi, pan ddalion nhw'r gwningod i gyd, fe golapsiodd y clawdd!' Nid cwympo na syrthio na chwalu – ond *colapsio*.

Gwrandawr yn bennaf oedd Tom Brynonnen. Ac y mae gwrandawr da yn gymaint cymorth i lwyddiant stori ag unrhyw ddawn o eiddo'r storiawr. Cawr o ddyn a chanddo chwerthiniad fel rhochian march. Safai tua chwech a phedair yn nhraed ei sanau a phwysai ar un adeg ddwy stôn ar hugain, medden nhw. *Forte* fawr Tom, pan dresmasai rhai o'r Saeson cyn belled â'r Rŵm Bach, ac yn enwedig os byddai un neu ddau gweddol dal yn eu mysg, fyddai codi o'i sedd ac ymestyn ei hun i'w lawn hyd fel clacwydd. Safai yno am funud neu ddwy a'i wegil bron yn cwrdd â'r trawst uwch ei ben, gan din-droi a thaflu golwg dros yr ystafell fel rhyw gawr yn goruchwylio'i diriogaeth, a llwytho'i bibell gan bwyll bach, a honno at faint morthwyl cnap. Erbyn y byddai wedi eistedd eilwaith byddai hanner y dieithriaid wedi mynd allan – rhag ofn!

Nid oedd dim yn well ganddo nag ambell stori yn ei erbyn ef ei hun a'i faintioli. Daethai rhyw Bacistani i'r clos i werthu dillatach, mae'n debyg, a chyda thaerineb diarhebol ei siort mynnai gael arddangos ei holl stoc fan'ny ar wal y cwrt. Waeth faint a ddywedai Mrs Jones nad oedd am brynu dim ganddo nid oedd modd cael gwared ohono. Ond daeth Tom i'r golwg o rywle a dangos diddordeb mewn rhyw grys Hawaii a holl liwiau'r enfys ynddo. A fflachiai llygaid a dannedd gwynion y gŵr croenddu yn fwy fyth. Yr oedd dêl i fod. A pha seis o goler yr oedd 'your *verry* good husband' yn ei gymryd? 'Twenty two inch,' meddai'r llais arth o'r tu ôl i'r bibell gam, ac aeth y dyn bach i'w gwd. Dwy fodfedd ar bymtheg oedd y gorau y medrai ei gynnig. A bu raid i Bacistan bacio'i stwff.

Aeth draw i Ddulyn unwaith, meddai ef, i ryw gêm rygbi. Tom yn mynd i fewn i un o'r siopau mawrion i brynu presant i'w wraig, a'r lle dan ei sang o gwsmeriaid a hithau'n ddiwrnod gêm ryngwladol, a llawer ohonynt yn Shonis o'r Gweithe. O'r braidd y medrai neb symud gan gymaint y dyrfa, pan waeddodd un ohonynt o ben draw'r ystafell ar ei bartner a safai yn union y tu ôl i Tom: 'Hei Dai 'achan, dere 'ma, 'shgwl ar hwn,' gan chwifio'i law i gyfeiriad rhyw nwydd arbennig a welsai ar un o'r silffoedd. A'i bartner druan fel petai'n grugyn o bridd y wadd ar bwys Vesuvius, o brin yn medru tynnu anadl heb sôn am symud, yn gweiddi: 'Shwd alla i bachan, weli di seis yr yffarn hyn?' Ond llefarodd y mynydd: 'Aros di eiliad, boe, mi symuda i o dy ffordd di'n awr.'

Difyrrwch mawr Rhys fyddai blagardio Alun y Cilie – yn y modd mwyaf cyfeillgar posib, wrth gwrs – a chan ofalu fod pob hanesyn, ffeithiol a dychmygol, yn cael ei estyn i ddwywaith ei faint o leiaf. A'n difyrrwch ninnau, ac Alun yn fwy na neb, fyddai gwrando arno wrthi. A'r ddau ohonynt yn widmyn ac yn bileri'r achos yng Nghapel y Wig, tynnai'r naill goes y llall yn ddidrugaredd ynghylch ei fuddugoliaethau honedig ymhlith gwragedd gweddwon Pontgarreg – ac yr oedd hwnnw, yn ôl y medrwn i ei ddeall o wrando arnynt, yn rhyw fath o Folies Bergère o bentref yn y cyfeiriad hwnnw.

Prin fod llawer o wirionedd, gwlei, yn yr hanesion hynny, achos yr oedd Rhys hyd yn oed yr adeg honno wedi croesi oed yr addewid. Mae 'yma o hyd', er iddo weld ei ddeg a phedwar ugain erbyn hyn, ond ni newidiodd y storiâu fawr ddim. Crisialodd Jones Glan-graig y peth mewn dau air. Pan glywyd fod eto weddw arall wedi dod i gartrefu yn y pentref, ac Alun yn mynegi pryder sut yr oedd Rhys yn mynd i ddod i ben â'r galwadau ychwanegol arno, cyhoeddodd Jones ei fod wedi clywed sôn fod 'Rhys Jones yn dechre sbarioni'!

Ochr arall i'r un geiniog oedd disgrifiad Alun ohono ef a Rhys yn cychwyn ar eu ffordd am dridiau i Steddfod Aberdâr. Alun, meddai ef, yn galw â'i gar yn fore iawn yn nhŷ yr hewlwr, a hwnnw yn ei ddisgwyl ar step y drws gan arfaethu cyrraedd Maes y Brifwyl yn weddol gynnar. Ond wrth gychwyn ar eu ffordd drwy'r pentref, hyd yn oed mor blygeiniol â hynny, cawsent eu stopio ym mhob ail ddrws bron gan ryw widŵod di-ben-draw yn dwyn eu hoffrwm i Rys. (Tyngai Rhys mai ei ddwyn i Alun a wnaent, wrth gwrs.) Un â'i phecyn o frechdanau i'w gynnal ar y daith, un arall â barela benthyg rhag ofn y dôi glaw, un arall a tharten gyfan, 'ac fe ddo i lan i mo'yn y plât 'nôl pan ddewch chi adre!' A gwiriai Alun i un ddod allan â photel ddŵr poeth o dan ei chesail, achos 'Ma newid gwely yn beth dansierus, ac mae'n oeri erbyn nos, yn enwedig draw yn y Sowth 'na.'

'Peth jiw, jiw,' meddai'r Cilie, 'rown i'n codi Rhys fel yr oedd hi'n dyddio, ond diawl roedd hi'n hanner dydd cyn i ni gael dechre'r ffordd.'

Ond Alun, heb unrhyw amheuaeth, oedd ein 'tad ni oll' yn y gymdeithas honno, er nad oedd ef oedd yr hynaf o beth ffordd. Ni theimlid fod y cwmni'n llawn oni byddai ef yno. A phan ddôi i fewn – hyd yn oed pe na baem ond dau neu dri – byddai'r ystafell yn llawn. Bwriai ambell drawiad cynganeddol fel petai ar ddamwain i fewn i'r sgwrs, fel y gwnâi T. Llew yntau, ac unrhyw gynganeddwr arall a ddigwyddai fod yn y cwmni, ac o dipyn i beth deuthum i glustfeinio arnynt a cheisio gwneud yr un peth fy hun.

Erbyn hynny enillaswn ambell wobr am englyn, a chadair neu ddwy mewn ambell eisteddfod fechan, ac nid oedd hynny'n rhwystr o gwbwl, wrth gwrs, i sicrhau mynediad. A chyn bo hir fe'm cefais fy hun yn cael fy ngwahodd gan Llew – a'm gorchymyn gan Alun – i ymuno mewn tîm ymryson lleol. Bu'r rheini yn gyfarfodydd poblogaidd mewn llawer man am gyfnod – neuaddau Pontgarreg, Caerwedros, Penrhiw-llan a draw cyn belled â Pheniel a Bwlch-y-corn. Ac er na fuaswn yn cymryd rhan mewn un ohonynt erioed o'r blaen, yr oeddwn wedi gwrando sawl un ar y radio, ac onid Alun a Llew oedd asgwrn cefn y tîm diguro hwnnw o Geredigion? Tîm englynion 'Yr Orsedd' a'r 'Hen Efail' ac 'Owain Glyn-dŵr' a llawer arall.

Ni byddai yno dimau cydnabyddedig, eithr ymgasglai'r beirdd yng nghefn y neuadd a'u ffurfio'u hunain yn dimau fel y gwnaem wrth chwarae ar iard yr ysgol slawer dydd, gan ofalu bod Isfoel a Thydfor yn sefyll ei gilydd ar gyfer y Gân Gocos – neu'r Gerdd Talcen Slip fel y galwem ni hi. S. B. Jones fyddai'r beirniad fynychaf, ac ymddangosai mai ei brif bryder oedd ceisio osgoi gosod tasgau a roddai gyfle i Isfoel a Thydfor fynd dros ben llestri. Ond yr oedd yntau yn un o'r tylwyth ym mhob ystyr, ac yn gymaint wàg â hwythau!

Dechreuid y cyfarfod drwy i Isfoel gyflwyno'r beirdd i'w gynulleidfa – fel pe bai angen hynny, gan fod pawb yn adnabod ei gilydd drwy'r trwch. Ond yr oedd y rhan honno o'r gweithgareddau yn un yr edrychid ymlaen ati lawn cymaint â'r cynhyrchion eu hunain. Gan fod cynifer o aelodau'r timau yn frodyr neu'n neiaint neu'n gefndryd o ryw radd iddo, gorffennai bob pwt o gyflwyniad yn yr un modd. Wedi cyflwyno Hwn-a-hwn, enillydd cadair neu englyn neu'r llinell goll yn Fel-a'r-fel, rhestrai nifer o ragoriaethau, tybiedig yn fynych a dismolus bob amser, o eiddo pawb gan gynnwys y Parchus Feirniad, a chan orffen yn ddieithriad gyda, 'Mae e yn y tyl, chwel'.' Âi ymlaen felly nes dod at T. Llew Jones, a hwnnw wrth gwrs yn briod â nith iddo. Amrywiai ychydig ar ei ddiweddglo wedyn: 'Am y lleill, chwel', doedd ganddyn nhw ddim dewis ond bod yn y tyl – ond amdano fe 'ma, arno fe'i hunan mae'r bai!'

Trawai S.B. osgo arbennig wrth ddisgwyl i Isfoel ddod i'r llwyfan â'i gynnig. Ac fe allai hynny fod yn gryn funudau gan fod hwnnw yn dioddef yn drwm o'r cryd-cymalau ac ar bwys ei fodffon yn wastadol. Tyngai Alun fod ei gael i esgyn i'r llwyfan o gwbwl yn jobyn i graen, a sŵn ei ffon fel sŵn pâr o glocs mewn storws wag! Rhoddai'r beirniad ei ddau benelin ar y ford a'i fysedd ymhleth bron yn cuddio'i aeliau a'i fodiau yn ei glustiau – gan ddisgwyl y gwaethaf. Ac fe'i câi fel rheol. Credodd rywbryd ei fod wedi taro ar dasg ddigon diniwed, neu ffugiai iddo wneud hynny beth bynnag, na fedrai hyd yn oed Isfoel wneud rhyw lawer o sbloet ohoni. Cwpled yn cynnwys y gair 'dŵr'. Ond tynnodd hwnnw y to ar ei ben, ta beth am wg y beirniad, pan atebodd gyda winc lydan i gyfeiriad y dorf:

> Eitha peth gan bregethwr
> Yw swig dda'n gymysg â'i ddŵr!

Eithr mewn un ymryson arbennig bu musgrellni'r hen Isfoel yn fodd i danlinellu un o'r atebion mwyaf athrylithgar a glywais erioed mewn ymryson. Gosodasai S.B. iddo'r dasg o ateb y llinell: 'Anodd i henwr yn niwedd einioes', ac wedi'r oedi arferol i Isfoel ddringo i'r llwyfan a ffongloffi ei ffordd ar ei thraws, gadawodd ei wrandawyr heb fod yn hollol siŵr p'un ai i chwerthin neu i wylo:

> Anodd i henwr yn niwedd einioes,
> Yn yr wythdegau wneud gwyrth â dwygoes.

Dro arall, ac y mae'n rhaid fod i'r ymryson hwnnw feirniad dibrofiad braidd – yn sicr nid S.B. ydoedd – drwy ryw amryfusedd gosodwyd Alun a minnau i sefyll ein gilydd. Ac yn waeth fyth gosododd y newyddian hwnnw i ni'r dasg o orffen limrig. Nid bod dim gwahaniaeth gen i, wrth gwrs. Yn wir, yr oedd gorffen limrig yn dipyn mwy cydnaws â'm cyraeddiadau na gweithio englyn neu hir-a-thoddaid. Ond meddyliwch am ofyn i un o brif englynwyr Cymru ei ddarostwng ei hun i'r fath raddau! A phenderfynodd Alun y byddai honno yn limrig na welwyd mo'i bath. Byddai'n rhaid iddi gynnwys traw cynganeddol, wrth gwrs, pe na bai ond i ddangos i'r ffrwcsyn beirniad fod y fath beth yn bod. Hynny yw, a bwrw ei fod yn debyg o nabod cynghanedd petai un yn syrthio ar ei draws.

Yr oedd hyn rai misoedd wedi'r penderfyniad i foddi Cwm Tryweryn, a Henry Brooke a'r Arglwydd Aberhonddu yn eu swyddi, a'r llinell osodedig a roddwyd i ni wneud limrig ohoni oedd 'Aeth Wiliam i lawr at yr afon'. Pan ddaeth y Cilie i'r llwyfan gwyddwn wrth ei wyneb ei fod wedi cael hwyl arni:

> Aeth Wiliam i lawr at yr afon
> Ryw noswaith gan feddwl dal samon;
>   Fe deimlodd rhyw blwc
>   Ond ni chafodd lwc
>   Dim ond dau wy clwc,
> Y crwc Henry Brooke a'r Lord Brecon.

Prin y gellid disgwyl i un o'i athrylith ef ei gyfyngu ei hunan i nifer arferol y llinellau. Prin hefyd y buasid yn disgwyl i feirniad cyn dwped sylweddoli fod dim byd allan o'r cyffredin wedi digwydd. Ac ni wnaeth.

Mewn ymryson hefyd y cwrddais am y tro cyntaf â'r Capten Jac Alun, yn ystod Ffair yr Urdd yn y Cilgwyn ac yntau adref am dro o'r môr. Clywswn lawer amdano cyn hynny, wrth gwrs, a gwelswn ei gyfraniadau i gylchgronau fel *Blodau'r Ffair* ac yn y papurau lleol. Un o'r pethau cyntaf a ddaliodd fy sylw ynglŷn ag ef oedd englyn a anfonasai at Meuryn, golygydd Colofn Farddol *Y Cymro* y pryd hwnnw, o Awstralia. Yr englyn ar yr amlen oedd yr unig gyfeiriad arni:

> One bee-line from down below, – Par Avion
> Private to *Y Cymro*,
> Snowdonia, Wales, and you know
> To Meuryn by tomorrow.

Ac ni'm siomwyd yn y cyfarfyddiad cyntaf hwnnw. Palff o ŵr cydnerth, braidd yn Iancïaidd ei wisg a chanddo het gantel lydan, a sigâr gymaint â dwy yn ei geg. Gŵr bonheddig wrth natur, a'i fynych ymwneud â dynion o bob math ledled y byd wedi rhoi iddo ledneisrwydd ychwanegol. Ond deryn mawr yn ei hwyliau, a chanddo hoffter y tyl o ymestyn tipyn bach, bach ar ei stori.

Flwyddyn neu ddwy ynghynt, medden nhw, ac yntau rhwng dwy fordaith, anrhydeddodd Eisteddfod Is-genedlaethol Castellnewydd Emlyn â'i bresenoldeb, a Dewi Emrys yn ennill y gadair, a theimlai'r Capten afieithus ei bod yn ddyletswydd arno gyfarch y bardd, am wn i. Ac y mae'n rhaid fod y ffigwr lliwgar hwn yn aradru'i ffordd drwy'r dorf yn ddiwahoddiad o gefn y babell wedi peri peth penbleth i'r stiwardiaid. Yr oedd yn dywydd brwd iawn a sychedig, ac yntau, er mwyn ceisio claearu tipyn ar ei gorun, wedi bwrw dau dwll â'i fys yn yr het wellt drawiadol iawn a wisgai. Cyrhaeddodd ymyl y llwyfan, ac un ai o barch i'r Prifardd neu i'r gwres, diosg yr het a'i tharo ar lecyn gwag. Yn nerfus braidd, ac er mwyn tynnu siarad ag ef i geisio ei ddarbwyllo rhag esgyn i'r llwyfan, dygodd un o'r stiwardiaid ei sylw at y tyllau yn yr het hardd. Tynnodd Jac Alun ei swch nodweddiadol, na fyddech yn hollol siŵr p'un ai pendroni'n ddwys ai cael hwyl am eich pen yr oedd, a chrynhoi'r cyfan i un gair o ateb: 'Bwlets!'

O ddod i'w adnabod yn well, synhwyrwn nad oedd ef

efallai yn fardd llawn mor ddisglair ag Alun a Llew. Yn wir, yr oedd ein perthynas lenyddol ni ein dau â'r ddau gawr hynny rywbeth yn debyg. Ystyriwn fy hun yn fath o brentis iddynt. O, gwn i mi gael fy ehediadau yn awr ac yn y man, a hyd yn oed guro'r ddau ohonynt mewn ambell gystadleuaeth ddibwys, petai hynny'n golygu unrhyw beth, ond yn y bôn, ac ar wahân i gyfeillgarwch dyn a dyn, perthynas edmygydd yn tynnu at ei well a fu rhyngof a hwy erioed. Ond yr oedd y Capten yn wahanol. Yr oedd ef fwy neu lai ar yr un tir â mi, er ei fod genhedlaeth yn hŷn.

Fel englynwr yr oedd yn rhyfeddod. Bûm yn cydymryson ag ef ddegau o weithiau, a digon cyffredin fyddai ei awgrymiadau am linell a chwpled wrth lunio englyn cywaith. A bod yn gïaidd o onest, gwasanaeth pennaf Jac Alun fyddai taro'r llinellau ar bapur a chadw'r felin i droi, fel petai. Ond dewch chi, unwaith y câi raglen eisteddfod yn ei ddwylo, a chopi-bwc newydd glân yn ei stydi yng Nghilfor neu allan ar erwau helyntus yr Atlantic, nid oedd mo'r cythraul a'i curai. Mae ei record yn profi hynny. Ymhen rhai blynyddoedd daeth yn amser iddo yntau lyncu'r angor a chaem ei gwmni'n wythnosol bron. Ciliodd rhai o'r hen wynebau o'r Pentre ond daeth 'bugeiliaid newydd' – Donald Evans, Gwilym Thomas Llan-non, Wyn James ac Emyr Hywel, a phob un wrth gwrs â'i gyfraniad arbennig ei hun i'r gwmnïaeth. Ac anaml y byddwn i, beth bynnag, yn ymadael â'r cwmni hwnnw na chodai arnaf awydd sgrifennu rhywbeth. A gŵyr y cyfarwydd mai'r awydd hwnnw yw cychwyn pob llên. Yn anffodus daeth yno hefyd hwsmon newydd, er y buasai hwrdd efallai yn gymhariaeth fwy cydnaws â hwnnw! Pwlffyn o Sais a chanddo ryw grofen fach denau o foneddigeiddrwydd ffug na fedrai ond prin guddio'i afledneisrwydd cynhenid. Roedd yn ddigon parod i ymfalchïo yn y ffaith fod 'the bards' ganddo yn y Rŵm Bach yn ystod nosweithiau llwm y gaeaf. Yn wir, y ffenest honno fyddai bron yr unig un yn olau yn y pentref. Ond stori arall oedd hi yn yr haf – nid oedd rhialtwch cynganeddu ac eithafwyr ieithyddol yn hollol gydnaws â'i 'glientele'.

Aeth pethau i'r pen un noson wrth iddo ein hatgoffa ei bod yn bryd iddo ef gau ac i ninnau fynd adref. Ei ymadrodd sinicaidd ef ar yr adegau hynny, ac fe'i dyfynnaf heb ei gyfieithu rhag gwneud dim cam â'r dyn, fyddai: 'Gentlemen, it is time you were not here.' Nid bod rhyw lawer o'i le ar y geiriau eu hunain – yn ddiau credai ef eu bod yn glasur cynnil o ffraethineb. Ond yr oedd ei ddull seimllyd o'u dweud yn mynd o dan groen dyn. Ac o'u clywed dro ar ôl tro roedd y cornwyd yn rhwym o dorri rywbryd. A chododd wrychyn Alun. Nid am ddim y llysenwai ei frodyr ef 'Y Coch'.

'O dam,' meddai ef, gan roi blaen ei droed o dan gornel y bwrdd bach o'i flaen. 'It is time we stopped coming here.' A dyma hergwd i'r ford nes ei diwel yn glwriwns i ganol y llawr yn wydrau gwag a llwch sigaréts a choesau matsys i gyd, a 'mine host' yng nghanol y llanast yn edrych fel hwch wedi torri i fewn i'r sgubor. Ac nid aethom yn ôl yno wedyn tan iddo werthu'r lle. Ni bu raid aros yn hir.

Ym Mrynhoffnant y cwrddem wedyn am beth amser. Mrs Jones, yr oedd hi a'i theulu yn uchel iawn eu parch ac yn hen adnabyddus yn yr ardal, a'i cadwai y pryd hwnnw. Yn fy nychymyg i yr oedd yn ymgorfforiad perffaith o Neli, 'tafarnwraig ddoeth a chraff y Cart and Horses', ys dywed D. J. Williams. Gweddw Dai Lloyd Jones, canwr a diddanwr poblogaidd iawn adeg y rhyfel, a mam June Lloyd Jones a fu'n gyd-ddisgybl â mi yn Aberteifi ac sydd bellach yn un o brif gerddoresau y broydd hyn. A'r ffaith ei bod hi yn weddw, yn ôl Rhys Tre-dŵr wrth gwrs, oedd prif reswm Alun dros alw yno! Hwnnw fyddai eu *port of call* hwy eu dau wrth ddychwelyd o Gymanfa Ganu Glynarthen yn flynyddol. Gan uched ei hwyliau wedi profi o felystra'r gân, byddai'n werth gweld Alun, a'i het yn ôl ar ei wegil a rhaglen y gymanfa yn ei law, yn arwain y cynulliad unwaith yn rhagor drwy'r rhaglen honno o'r dechrau i'r diwedd, gan gynorthwyo pa bynnag lais y digwyddai fod angen cymorth arno. Rhys yn sefyll ar flaen y dorf yn canu'i chalon hi, gan syllu i wyneb Alun fel petai o flaen Syr Malcolm Sargent ei hun, wedi llwyr ymgolli. I'm golwg i, mae tebygrwydd syfrdanol rhwng wynebau Dafydd Iawn ac Alun 'yn ysbryd y darn', a phan welaf Ddafydd wrthi heddiw nid ef yn unig sydd 'yma o hyd'.

Yr oedd Alun, wrth gwrs, wedi canu llawer iawn o'i gerddi gorau cyn i mi erioed ei adnabod. 'Hen Fwthyn Deio'r Crydd' a'r 'Hirlwm' a'i gân dri-thrawiad i Gwm Tydu, a nifer o sonedau, ac englynion di-ri; ond byddai'n dda gennyf gredu fod y gwmnïaeth Sadyrnol ar ôl hynny wedi bod yn ysbryd-oliaeth iddo gyda'r lleill. Gwelsom a chlywsom ffurfiau y rheini'n tyfu. Cywyddau'r 'Helem', 'Y Bae' a'r 'Gwyddau' – yn wir, rwy'n credu i ni glywed pob cerdd o'i eiddo cyn iddi erioed ymddangos mewn print yn y cyfnod hwn.

Adroddai ddarnau helaeth o'i gof gan ymhyfrydu yng nghywreinrwydd ambell gynghanedd gyda chwerthiniad cawraidd a wnâi i mi gofio geiriau'r salm honno sy'n sôn am 'ymlawenhau fel cawr i redeg gyrfa', neu Waldo a'i 'chwarddiad cawraidd i'r cwmwl'. Rwy'n ei glywed yn awr yn adrodd y llinell honno o gywydd yr 'Helem': 'Warws gringras gywreingron', fel petai yn synnu at ei ddawn ef ei hun.

Lawer gwaith y'i clywsom yn dweud wrth edrych allan i'r môr o Langrannog, yn enwedig os byddai hwnnw yn digwydd bod yn arw a'r cesig gwynion yn cwrsio'i gilydd o'r gorwel draw gan falu'n ewyn chwilfriw ar Garreg Bica, ac i fyny'r hewl yn aml, a'r gwynt yn sgubo swnd a graean ddyfnder pâl at ddrws y Pentre – 'Diawl bois, ma isie cân ar y cythrel hyn.' Eithr nid cablu yr ydoedd, ond mynegi rhyw arswydus barch o ddyfnder ei enaid. Ac fe'i canodd, wrth gwrs – o'r fan honno y tyfodd cywydd 'Y Bae'.

Gyn amled â hynny troai'r sgwrs i fyd ffermio, ac yntau'n ymhelaethu ar nifer o wahanol anifeiliaid y buarth a fuasai ganddo yn ystod ei oes: ceffylau, teirw, gwyddau, ac wrth

205

gwrs anturiaethau rhyfeddol (a dychmygus braidd, efallai) Moss y ci defaid. Hwnnw y mynnai S.B. iddo ddod gydag ef i hela cwningod pan ddeuai adref ar ei dro. Ond gan saled saethwr oedd ei frawd, meddai Alun, dôi'r hen gi adref bob tro a'i din yn 'goncrit o siots'. Ond mynd gyda Seimon a wnâi y tro nesaf wedyn.

A hithau'n tynnu at ddiwedd oes yr ysgub a'r hen gynhaeaf medi, a'r combein yn dechrau dod i'w etifeddiaeth, clywsom ef yn hiraethus orfoleddu yng nghampau'r hen fedelwyr, a gwelsom ddistyll y cyfan i gywydd yr 'Helem', a sonedau'r 'Sgrap' a 'Fy Ngwedd Geffylau Olaf'. Ond wedi ei farw, ymhlith ei bapurau cafodd Llew hyd i gerdd na chlywodd yr un ohonom erioed amdani – ddim hyd yn oed Llew ei hun, a fu am flynyddoedd cyn i mi adnabod yr un ohonynt yn nes at Alun yn llenyddol na'i frodyr ei hun, mi fentrwn i ddweud. Cân heb deitl iddi a fwriadwyd i fod yn soned yn ôl pob tebyg, ond nad oes iddi gwpled clo. Cân sydd, i'm tyb i, yn gyffes ffydd bersonol Alun ar yr un pryd â bod yn salm o fawl i'r pethau tragwyddol:

> Yr un yw calon hael y ddaear hen
> Er pob cyfnewid yn rhodfeydd ei phlant,
> Dros greithiau'r bladur tynnodd gynt ei gwên
> A rhannu inni ei rhin o goffrau gant.
> Chwyrnwch beiriannau oerion ar eich rhawd
> A rhwygo'i bronnau maethlon dan eich dur;
> Fe wea newydd wisg dros greithiau'i chnawd
> A llunio gwlith y wawr o ddagrau'i chur.
> Mae rhaid ei phlant yn cuddio'i stranciau oll,
> Ceidw ei chyfamod â hwynt yn ddi-lyth;
> Teganau newydd eto a ddaw'n ddi-goll, –
> Pryd hau a medi – hyn ni pheidia byth.

Pam na chwblhawyd hi yn soned? Ai am fod Alun yn teimlo nad oedd dim byd pellach i'w ddweud, ac mai pwysicach oedd ganddo fynegi ei deimlad nag ateb gofynion unrhyw fesur? Ni chafwyd ar gefn pecyn sigaréts nac amlen wag nac yn unman arall unrhyw awgrym ei fod wedi cael cwpled i gloi'r gerdd. Fy nheimlad personol i yw fod terfynoldeb gorfoleddus-arswydus y llinell olaf ynghyd â chwaeth ddifeth y bardd ynddo wedi dweud 'Digon'.

Ni welodd Alun erioed angen am ddelwedd na symbol, namyn y rhai a godai yn naturiol o'i iaith bob dydd.


O'r pryd y cwrddais ag ef gyntaf roedd T. Llew yn darlledu'n gyson. Lluniai benillion i blant a sgriptiau rhaglenni radio, ac yr oedd fyth a hefyd â'i 'Uher' ar ei gefn yn recordio hwn a'r llall. Rwy at fod yn siŵr mai drwy ei weledigaeth ef yn unig y mae gennym record o leisiau Waldo a John Jones Glan-graig, ac wrth gwrs cynhyrchai gyfrol o ryw fath yn flynyddol, ac yn amlach na hynny ar adegau. Cynhaliai ddosbarthiadau cerdd dafod mewn sawl man, ac y mae'n amheus gen i a fu athro erioed mor llwyddiannus ag ef yn y dasg honno. Un peth yw medru cynganeddu, peth arall wedyn yw dysgu'r grefft i rywun arall, ond y mae nifer go helaeth sydd bellach yn hawlio eu galw eu hunain yn brifeirdd wedi cymryd eu camau cyntaf o dan ei gyfarwyddyd ef.

Eithr teimlais erioed fy mod i'n rhyw fath o ddisgybl annwyl ganddo – os nad yw hynny'n honni gormod ar fy rhan. Ar ei argymhelliad ef y cymerais ran mewn rhaglen radio gyntaf erioed: darllen un o storïau Jacob Davies mewn rhaglen a gynhyrchai Nan Davies, os cofiaf yn iawn. Mae'n rhaid eu bod nhw'n brin gythreulig o ddarllenwyr ar y pryd. A phan aeth *Llafar* ar yr awyr, cyfrannai Llew englynion a phenillion ar newyddion y dydd i'w canu gan Alwyn Samuel, ac os medrwn innau lunio englyn neu rywbeth a thipyn o raen arno, derbynnid y rheini yn ogystal.

O dan adain Llew hefyd yr euthum gyntaf yn un o dîm ymryson i'r stiwdio yn Abertawe pan oedd Meuryn yn teyrnasu. A dyna brofiad oedd hwnnw! Cawswn ar ddeall cyn dechrau mai rhyw funud a hanner fyddai gennym i ateb y dasg, a thrwy ryw ryfeddod yr oeddwn wedi cael llinell o ateb bron cyn i mi gyrraedd y drws i fynd i'r ystafell a neilltuwyd i ni. Ac y mae'r strôc honno yn fyw ar fy nghof o hyd. 'Mae awyr glir a môr glas' oedd llinell osodedig Meuryn. 'Mewn salwch i mi'n solas', meddyliais innau cyn i mi gael amser i fod yn nerfus rywsut. A bûm yn ei lyfrau da byth wedyn, rwy'n credu. O leiaf, rwy'n cofio i mi gael marciau llawn am linell anghywir unwaith. Sylwodd amryw o aelodau'r timau eraill – Môn a Phenfro – ar fy nghaff gwag, a gwelaf wyneb W. R. Evans y munud yma yn fy nisgwyl i lawr o'r llwyfan – 'Ma honna'n rong, 'achan.' Ond chware teg i fi, wedi ei darllen yn anghywir yr oeddwn yn fy nerfusrwydd, ac yr oedd y cywiriad gen i'n barod petai Meuryn yn cyfeirio at y gwall. Ond drwy drugaredd ni bu ei angen, achos os oedd un peth yn debyg o godi ei wrychyn, cynnig eglurhad ar eich llinell oedd hwnnw. Dau begwn oedd i'w feirniadaeth: ei ganmoliaeth neu ei gollfarn. 'Gwrandewch mewn difri calon. Campus yn wir – pedwar marc' neu 'Llinell symol 'di honna. Dau amdani.' Unwaith neu ddwy mentrodd ambell fardd geisio ei oleuo ynglŷn ag ystyr rhyw air tafodieithol neu ymadrodd y tybiai ei fod yn ddieithr i'r beirniad, ond buan y rhoddwyd llonydd i'r arfer hwnnw, o ganfod ymateb Meuryn: 'Ia, ia. Gwella fawr arni. Un marc.'

Ni chredaf i mi fethu'n llwyr â chael rhyw lun ar ateb erioed, ond bu'r arswyd y byddwn efallai'n methu â chael ateb o gwbwl bron â pharlysu hynny o frên sydd gen i lawer gwaith. Ac oni bai am Llew, fwy nag unwaith rwy'n ofni mai i hynny y dôi. Ac er i mi gymryd rhan mewn degau o gystadlaethau byrfyfyr wedi hynny, nid yw'r arswyd hwnnw fymryn yn llai heddiw. Rhyw fath o gyfaddawd fyddai hi bob tro rhwng yr hyn yr hoffwn ei ddweud a'r hyn y medrwn ei ddweud, a gorfod bodloni yn y diwedd ar rywbeth na fyddai'n werth ei ddweud beth bynnag ac nad oedd iddo swydd bwysicach nag ateb gofynion y dasg. Eithr ar y ffordd adref, a ninnau'n tynnu i olwg tipiau glo Cross Hands, nid oedd yn drafferth yn y byd llunio cwpledi ac englynion cyfan gymaint arall gwell na'r rhai a gynigiaswn i Feuryn lai nag awr ynghynt.

Ond yr oedd Llew yn gystadleuydd hyd fysedd ei draed. Nid ildiai tan y funud – nage, yr eiliad olaf. Hyd yn oed pe bai ganddo'r ateb perffaith, ac yr oedd hynny'n digwydd yn ei hanes ef yn amlach na dim arall, byddai wrthi yn ceisio ei wella hyd yr ennyd y byddai'n ei ddarllen ar yr awyr. A'r fath ddarllen! Rwy'n credu y byddai'n cario'r dydd pe na bai'n dweud ond carreg a thwll. Yr oedd ganddo'r llais a'r galon a'r crebwyll. Ac yn fwy na hynny, deallai Feuryn i'r dim. Ond rwy'n ofni mai cwpledi Cross Hands oedd fy ngogoniant i.

# 16

# O gylch Nidaros

Yn niwedd Ionawr 1959 priodwyd Siân a mi yn Hen Gapel Aber-porth. Dafydd Hughes Jones, sydd erbyn hyn wedi ymddeol i'r Rhyl ac yn un o sêr *Talwrn y Beirdd*, oedd y gweinidog yno am ryw bymtheng mlynedd. Daeth y llwythau ynghyd o'r ddau du i'r neithior, rhai ohonynt na welais ryw lawer arnynt na chynt na chwedyn.

Dechreuasom 'ganlyn', er na fûm erioed yn rhyw siŵr pwy oedd yn canlyn pwy, adeg Eisteddfod yr Urdd yn y Bala bum mlynedd ynghynt, pan letyai Aelwyd Aber-porth yng nghartrefi Glan'rafon, ac yn naturiol mae i'r ardal honno fyth oddi ar hynny ryw apêl unigryw i mi. Yno yr enillais fy ngwraig a'm cadair gyntaf! Nid oedd yn gystadleuaeth gref iawn am y gadair. A chyda llaw, er mai fel Siân yr adwaenir hi yn gyffredin ers blynyddoedd bellach, Jean yw ei henw bedyddiedig, ynghyd ag enw arall na fydd yr un ohonom fyth yn sôn amdano – rhoddodd ail gymal y gân 'Who is Sylvia' y farwol i hwnnw – ac fel Siân y cyferchais i hi erioed. O ran hynny, nid yn Dic y'm bedyddiwyd innau chwaith, ond mae ci da yn dod wrth unrhyw enw, medden nhw! Ac fel cyd-ddigwyddiad hapus iawn mae Rhys Evans, ysgolfeistr Brongest erbyn hyn ac a fagwyd yng Nglan'rafon, bellach yn briod â Siân (arall – swyddogol) y mae fy Siân i'n fodryb iddi.

Roedd yn noson lleuad lawn, lleuad felen gyda'r fwyaf a welais erioed fel yr ymddangosai i mi yn codi dros y Berwyn, a minnau'n llawn o'r gyfrinach fawr am y cadeirio drannoeth. Ond ddwedais i ddim! Bu rhyw fath o noson

210

lawen yn gynharach yn y nos yn yr ysgoldy yno, ac wedi gorffen honno aethom ni ein dau . . . ond i beth ydw i'n siarad – busnes y cysgodion yw hwnnw ontefe?

Gwahoddwyd Alun a Llew i'r diwrnod mawr, wrth gwrs (nid oedd Jac Alun adref o'r môr ar y pryd), ac aeth Alun, meddai ef, at y doctor rhyw fis ymlaen llaw i gael gweld a fyddai'n werth iddo brynu siwt arall! Mae'n debyg iddo naill ai gael ateb ffafriol neu iddo benderfynu ei mentro hi beth bynnag, achos cyrhaeddodd y neithior a'r labeli yn blastar ar gefn ei siaced newydd, ac aeth yn hwrê fawr wrth i Leisa Amos a Mari Coedlan eu plufio oddi arno. Afraid dweud mai ef a gafodd y gair ola. 'Rwy'n gorfod ca'l lebel, chwel', rhag ofon i fi fynd ar goll yn y llefydd dierth 'ma.' Yn y Gwbert yr oeddem.

A chan i mi ddwyn enw Mari Coedlan i'r amlwg, mae'n rhaid i mi gael dweud i mi glywed ganddi hi ymadrodd nas clywais gan neb arall, a byddai'n dda iawn gen i gael gwybod beth yw ei darddiad. I'r rhan fwyaf o bobl mae graddau'r ansoddair 'gwael' yn gyfarwydd – gwael, cynddrwg, gwaeth, gwaethaf. Ond mae gan Mari ei fersiwn ei hun, neu efallai fersiwn a fu'n gyffredin yn y broydd hyn flynyddoedd yn ôl. Gall pethau fod yn wael ac yn gynddrwg, ond pan fônt yn gwaethygu maent yn mynd yn 'ribeth', a'r radd eithaf, 'Mae wedi mynd yn *radwm* 'ma.'

Mae teulu Siân o ochr ei thad yn nodedig am eu hirhoedledd. Y teip ysgafn o gorff, gwydn, sydd fel pe baent yn hen erioed, a heb heneiddio dim. Bu farw ei modryb Elen yn ei nawdegau ac y mae modryb arall, Mari Anne, eto'n fyw ac wedi derbyn pum telegram gan y Frenhines yn barod, a chyn siarped â'r dryw. Euthum â Thristan, yr un ifanca 'ma, i'w gweld beth amser yn ôl, a phrofiad rhyfedd oedd ei weld yng nghôl un oedd ganrif gyfan yn hŷn nag ef. Bûm yn meddwl droeon peth mor braf fyddai dod â hi a'r hen John Evans, Abertawe, at ei gilydd i rannu profiadau, a'r ddau eto yn eu pethau. Yn wir mae mab Mari Anne, Jac y Gorwel, ac yntau ei hun yn tynnu 'mlaen erbyn hyn, yn tyngu'n aml fod mynd â'i fam allan am brynhawn i ymweld â'i ffrindiau yn ddiwrnod o waith sy'n ei labyddio'n deg.

Un arall o dylwyth Siân na chwrddais ag ef hyd y diwrnod hwnnw oedd ei hewythr Wil Jeremy o Gaerfyrddin. Bu farw yn fuan wedyn, ac felly prin y deuthum i'w adnabod, ond o'r ychydig a welais ohono yr oedd yn gymeriad o'r iawn ryw. Stacan byr, crwn, a chanddo wyneb fel lleuad lawn, bron cymaint â honno a welswn uwchlaw'r Bala. Treuliodd ei oes ar y rheilffordd, ac yr oedd yn Llafurwr digymrodedd. Roedd Wiliam yn amlwg wedi penderfynu bod hwn i fod yn ddiwrnod i'w gofio, torred y cart yn lle torro, a chyrhaeddodd noson ymlaen llaw, rhag ofn. Yn ystod y wledd cododd ar ei draed (nid bod fawr mwy ohono yn y golwg wedyn), a gwnaeth araith na fyddai ar Nye Bevan ei hun gywilydd ohoni, ac encilio wedyn i'r bar i adnewyddu ei nerth – ddwywaith neu dair. Gyda'r canlyniad fod y lleuad yn llawnach a chochach yn mynd i lawr nag oedd pan gododd, hyd yn oed. A phan ddirwynwyd y gweithgareddau i ben tuag amser te yma ar ôl cyfarchion nodedig iawn gan yr awenyddion, paratoai Siân a minnau i ymadael am Lundain am rai diwrnodau. A chan ein bod yn mynd i orsaf Caerfyrddin i ddal y trên, penderfynwyd mynd â Wil Jeremy adref gyda ni, orau y medrem.

Bu'n rhaid aros wrth adeilad bach cyfleus yng Nghynwyl Elfed, a ninnau'n aros yn y car i'w ddisgwyl ef allan. Disgwyl am bum munud, a deg, a rhagor wedyn, a dim sôn am Wiliam yn dychwelyd, ac amser y trên yn cyflym nesáu. O'r diwedd bu'n rhaid anfon dirprwyaeth i'w gyrchu, ac fe'i cafwyd yn pwlffagan yn y gornel fel Houdini yn ceisio ei ryddhau ei hun o *straitjacket*. Roedd Wil y bore hwnnw, er mwyn arbed cario cês dillad, wedi gwisgo'i byjamas o dan ei siwt briodas, ac nid oedd rhyw lawer o'i le ar hynny. Y drwg ydoedd iddo wisgo'r trowser pyjamas y tu ôl ymlaen fel nad oedd modd iddo ddod o hyd i bethau yn awr ei angen, fel petai. Erbyn i ni gael Wil a'i byjamas i wynebu'r ffordd iawn roedd hi'n hwyr arnom yn y stesion, ond fe'n sicrhâi ni fel undebwr cadarn na châi'r trên ddim cychwyn hebom. Dyna'r lleiaf y medrai ei wneud i ni am ein holl gymwynasau iddo, ac yn y blaen ac yn y blaen, ac onid oedd ef wedi gweithio deng mlynedd ar hugain yn y stesion honno ac yn nabod pawb o'r Stesion Master ei hun i lawr i'r merched glanhau, ac os na fedrai ef ohirio ymadawiad y trên am ryw ddwy funud, pwy fedrai?

Ond fel yr oedd Wil yn gollwng stêm wrth i ni dynnu i fewn roedd y trên yn gollwng stêm i dynnu allan. A'r olwg olaf a gefais arno wrth i ni fwrw oddi yno a'r teiers yn sgrechian i geisio dal y trên yn Abertawe, oedd yn sefyll fel Caniwt ar y platfform yn bytheirio a rhegi pawb o fewn clyw ac yn anelu'i ddwrn at olau coch y trên yn diflannu yn y pellter, a'i wyneb yntau cyn goched bob tipyn.


Bu farw Nhad yng ngwanwyn '57, ychydig fisoedd wedi i ni symud i'r Hendre. Yr un hen ddolur – yr ysgyfaint eto, a chan nad oedd ond un ganddo oddi ar driniaeth Dr Budd agos i bymtheng mlynedd ynghynt, yr oedd gymaint â hynny yn llai abl i ymladd. Yn eironig ddigon, yr oedd y côr a fu'n gymaint rhan o'i fywyd i ddarlledu am y tro cyntaf erioed o Ŵyl Fawr Aberteifi gyda Cherddorfa Gymreig y BBC, ac Arwel Hughes yn arwain. Ac ymarfer ar gyfer y perfformiad hwnnw yr oeddem pan ddaeth y newydd am ei farw.

Mae'n rhaid i mi ddweud nad oeddwn wedi credu ei fod cyn waeled. Buasai'n clafychu ers rhai wythnosau, mae'n wir, ac yn cadw gwely am tuag wythnos cyn iddo gael ei gymryd i'r ysbyty, ond fe ddylwn fod wedi darllen yr arwyddion yn well. Yr oedd wedi gosod rhych o ffa yn yr ardd beth amser ynghynt – peth anarferol iawn iddo ef ei wneud. Fel y rhan fwyaf o ffermwyr a welais i erioed, digon prin oedd ei ddiddordeb yn yr ardd. A threuliai amser yn syllu drwy'r ffenest ar y rhych ffa honno gan lygadu pob un yn torri'r tir. Bron nad awn ar fy llw fod ganddo enw ar bob ffeuen. Gwaetha'r modd, fel y tyfent hwy yr edwinai ef, a phan eginodd yr olaf nid oedd ef yno i'w gweld. Bu farw ar nos Fercher Ysgol Gân, a'i gladdu brynhawn Sadwrn, ychydig oriau cyn i'r côr gymryd y llwyfan yn Aberteifi, ac er nad wyf yn siŵr a yw maint angladd yn beth i ymfalchïo ynddo ai peidio, mi fentrwn i ddweud fod bron cymaint ym Mlaenannerch y prynhawn hwnnw ag oedd ym mhafiliwn yr Ŵyl yn Aberteifi gyda'r nos.

Am ryw ddeunaw mis wedi priodi buom yn byw ym Mhlasnewydd gyda fy rhieni-yng-nghyfraith. O leiaf awn yno i gysgu'r nos, gan dreulio'r dydd yn yr Hendre. Aeth y drefn hon yn ei blaen hyd nes gorffennwyd adeiladu Nidaros i Mam, byngalo ar y gornel o'r ffordd fawr i'r lôn sy'n arwain i'r Hendre. A chymerodd bron gymaint o amser i ni ddewis enw arno ag a wnaeth i'w godi. Ffynnon Segur oedd fy ffefryn i, gan fod hen ffynnon wedi ei chau gerllaw. Ond Mam a gariodd y dydd, a pham lai achos hi fyddai yn byw yno. Ac enwyd y lle yn Nidaros o barch i Nhad a'i gôr, a'r darn godidog hwnnw o waith Daniel Protheroe y disgleiriai'r côr arno. Canasom symudiad olaf y darn hwnnw – 'Christ is eternal' ac yn y blaen – ar lan ei bedd ymhen blynyddoedd.

Ond ni bu'r adeiladu heb ei funudau mawr. Prynasai Mam y tir gan Jac y Crown – hen gornelyn gwlyb braidd, rhwng adeiladau'r hen Grown Isaf a'r gornel, lle buasai perllan flynyddoedd yn ôl. Cliriwyd a gwastatawyd y safle a thorri'r sylfeini ac yn y blaen gan Jac Codi Baw Morgans Bryn-coed wrth gwrs. Ond wrth baratoi'r system garthffosiaeth a thorri twll i'r tanc septig, trawyd ar haen arbennig o galed o graig na fedrai ewinedd y Jac ond prin grafu eu hôl yn ei hwyneb. A bu'n rhaid ceisio cymorth un arall o gymeriadau y broydd hyn, Tom Powell, Rhydlewis – Tom y Bom – ac arbenigwr ar flastio creigiau a bonion coed a phethau felly. Chwythodd Tom i mi fonyn onnen anferth i lawr yn y cwm unwaith, a hwnnw'n fonyn pum troedfedd ar draws o leiaf ac yn pwyso tunelli, na chefais ar ôl ohono ddigon i lenwi whilber. Roedd y gweddill wedi ei wasgar fel pupur o ben lôn yr Esgair i Gapel Bryn-mair am wn i – hynny oedd y bwriad wrth gwrs.

Cyrhaeddodd Tom a chymryd un golwg ar y dasg, ac iddo ef nid oedd ond rhyw jobyn bach rhwng llaw a llawes. Rhywbeth bach i'w wneud rhwng cawl a chig, fel petai. Roedd arno frys mawr i fod wrth ryw orchwyl arall a mwy o daro amdano – torri bedd yn rhywle, ni synnwn i ddim. Felly wedi drilio'r tyllau gadawodd ddigon o jeli, ynghyd â chyfarwyddiadau manwl i mi sut i fynd ynghyd â'r tanio: cydio'r gwifrau o'r ffiws at fatri fflachlamp ac yn y blaen – a 'Phowns'. Wrth reswm bu'n rhaid cael cyfarwyddyd a phresenoldeb Jac y Crown i fynd ynghyd â thasg mor diclus, ac aethpwyd ati ar fore Sadwrn. Nid yr adeg orau, o bosib, gan fod trafnidiaeth go drwm ar y ffordd y diwrnod hwnnw.

Barnwyd, gan ein bod mor agos i'r ffordd fawr, y byddai'n well i ni sicrhau na fyddai cerrig a phridd a chlotas yn cael eu chwythu i'r cyfeiriad hwnnw rhag niweidio neb, a phenderfynwyd gorchuddio'r twll orau y medrem. Cafwyd hen gatiau o sinc a darnau o styllod a'u taenu drosto, ac i bwyso'r cyfan i lawr yn ddiogel rhoddwyd y whilber wyneb i waered ar ben y cyfan. Aeth Jac allan i'r ffordd fawr i stopio'r traffig, a rhoddodd yr arwydd i mi danio. Pan gliriodd y llwch roedd gennym dwll digon o faint i reserwâr y cownsil, un neu ddwy sincen fel stapal, a dim sôn am whilber. Ond daethpwyd o hyd i honno yng ngardd ffrynt Dafi Lewis gyferbyn, heb fod fawr gwaeth o fagu adenydd.

Symudodd Mam i fewn yng ngwanwyn '62 a daeth Siân a'r plant i'r Hendre. Erbyn hyn yr oeddem yn bedwar – Rhian a anwyd y mis Medi cynt, a Delyth oddi ar y mis Mawrth y flwyddyn cyn hynny. Pan aned hi, ein cyntaf-anedig, a minnau'n teimlo'n dipyn o foi, gwelwn fod pawb o bwys yn cyhoeddi genedigaeth eu plant yn y papurau. Fel-a'r-fel, brawd i Hon-a-hon, ac yn y blaen. A rhag i'r un fach deimlo

215

allan ohoni cyhoeddwyd genedigaeth ein merch ni hefyd. Delyth, chwaer i neb, eto. Ond gwaetha'r modd, gwnaeth y *Western Mail* gawl o'r coma (fel y gwnaeth â llawer peth pwysicach yn ei amser), ac fe gredodd rhai fod gan y plentyn chwaer o'r enw Nebeto. Rwy'n dal i gredu y byddai Delyth Nebeto wedi bod yn enw trawiadol arni, yn enwedig o ystyried ei galwedigaeth hi erbyn hyn.

Ar y llain borfa honno o flaen Nidaros y daeth yr ardal ynghyd i'm croesawu adref â chadair Aberafan. Ac yr wy'n dal i ryfeddu hyd heddiw nid yn unig fod cymaint o bobl mor awyddus i gyd-rannu â mi y llawenydd hwnnw, ond eu bod hefyd wedi dod i ben â threfnu'r fath beth o gwbwl mewn cyn lleied o amser. Wedi'r cyfan, nid oedd ond ychydig oriau oddi ar y cadeirio, ac eto drwy'r Reuters anesboniadwy hwnnw sy'n bodoli o hyd mewn ardaloedd gwledig, roedd pawb yn gwybod amdano mewn dim amser. Yn hollol ddigymell yr oedd llond yr hewl wedi crynhoi, a'r fflagiau allan a phob math o rialtwch yn ei rym pan gyrhaeddodd Siân a mi. Bron na wnâi i mi deimlo fel brawd y Mab Afradlon – 'A phan oedd efe eto ymhell, efe a glywai sŵn miwsig a dawnsio.'

Ac ni orffennodd yn y fan honno. Prin fy mod wedi cyrraedd y clos a bwrw golwg dros yr anifeiliaid a chael llond pen i'w fwyta nag y dechreuodd y dyrfa gyrraedd. Doedd ocsiwn ddim ynddi. Pan ddechreuodd pethau dawelu tua dau o'r gloch fore drannoeth, ac ambell un o'r rhai callaf yn dechrau meddwl am fwrw adref, roedd Sid yr Hafod wedi colli ei gar, os gwelwch yn dda. Colli car cyfan, a hynny ar glos yr Hendre! Ac ni ddaethpwyd o hyd iddo hyd nes i mi fynd allan i odro y bore wedyn a'i gael yn dwt yn y beudy a'r drws wedi ei gau arno! Pawb fel petai am wneud rhywbeth – unrhyw beth – i wneud y noson yn un gofiadwy. Gwyn Reed, yr oedd angen peth cocsio arno i berfformio fel rheol, yn canu'r 'Deryn Pur' fel na fedrai neb ond ef. Mrs Jones Brynhoffnant yn estyn i fyny i un o'r trawstiau uwch ei phen ac yn cyflwyno i mi gwpan porselîn gwerthfawr allan o set o bump a hongianai yno. A Rhian, bedair oed, yn dal i fytheirio wrth bawb y medrai ei gael i wrando arni ei bod hi wedi gorfod gwylio Dad yn cael ei gadeirio ar y teledu – a cholli *Tarzan*! O fewn mis yr oeddwn yn awdurdod ar bopeth, yn beirniadu carnifals a sioeau babanod a dewis breninesau a phob dim.

Yn 1957, blwyddyn 'Cwm Carnedd', y cystadleuais gyntaf am y gadair, pan oedd y testun yn agored. Cerdd am rygbi, a Chliff Morgan yn ffigwr amlwg ynddi. Roedd Thomas Parry yn un o'r beirniaid, a diddorol sylwi yn wyneb ei ganmoliaeth – ei or-ganmoliaeth efallai'n wir – i mi ymhen rhai blynyddoedd mai ef oedd yr unig un o'r tri i godi fy llawes rywfaint yn Llangefni. Rhoddais lonydd iddi wedyn tan '61, pan luniais awdl ar 'Icarws'. Llunio'r rhan fwyaf ohoni wrth balu'r ardd y gwanwyn hwnnw, ac mae arnaf ofn mai ôl palu oedd ar y gerdd hefyd.

Roedd hi'n '62 ac Eisteddfod Llanelli cyn i mi gredu fod 'rhywbeth gen i' wedyn. Cân i 'Llef un yn Llefain', a Waldo yn arbennig. Y gaeaf cynt, a minnau'n plygu perth Parc Dan Clos, canaswn gân Saesneg go grafog yn ymwneud ag ymddangosiad Waldo yn y llys yn Hwlfforrdd, cân y gwrthododd dau bapur lleol ei chyhoeddi. Mae'n bur debyg felly fod ei chynnwys, beth bynnag am ei saernïaeth, wedi pigo cydwybod rhywun. Ac ymhelaethais ar y gân honno a'i hymestyn yn awdl, a honno'n tyfu bob yn bennill fel yr âi'r plygu yn ei flaen.

A minnau o fewn dim i'w gorffen daeth y cŵn hela i'r cwm acw, ac os bu tir anodd erioed i gŵn cadno, daear y ddau gwm sy'n rhedeg i lawr i Aber-porth yw hwnnw. Nid nad oes yno ddigon o gadnoid, y nef a ŵyr, ond mae'r cymoedd mor gul ac mor goediog fel nad oes gan geffylau obaith o ddilyn y cŵn. A'r cadno yn ei gwneud hi am graig y môr fynychaf, ac unwaith y caiff e'r lloches honno mae'n nos da am gael gafael arno. Eithr y diwrnod arbennig hwnnw gwelais ei 'ryfeddod prin' dair gwaith yn ystod y dydd a'r cŵn yn ei ganlyn, o hirbell y tro cyntaf, ychydig yn nes yr ail, a bron yn ei gynffon y trydydd tro. Yn wir, gyda dim na ddywedwn ei fod wedi bod yn cael sbort iawn am ben y rhai oedd yn ceisio cael sbort ag ef.

Fe'i codwyd yng nghwm yr Esgair o dan Ryd-y-gaer, a dilynodd y cwm ar i lawr bron i Barc-llwyd-uchaf. Pam na chymerodd gwrs arferol ei debyg a bwrw am y Pennar a diogelwch craig y môr ni wn i ddim, ond fe groesodd Barc Troed-y-rhiw ac i gwm Llwyn-coed yr ochr draw a dilyn hwnnw ar i fyny i'w eithaf ym Mlaen-cwm, gan basio o fewn llai na channllath i mi a chroesi Parc Cerrig Gwynion Llwyn-coed a Chefen Mawr yr Hendre ac yn ôl eilwaith i gwm yr Esgair, gan gychwyn ar yr un cylchdro eto. Cymerai tuag awr iddo redeg pob lap, a thua dau o'r gloch fe'i gwelais wedyn, a'r cŵn rywfaint yn nes ato erbyn hyn, ac yntau ar dipyn bach mwy o frys hyd y medrwn i farnu, ac aeth heibio i mi i fyny cwm Llwyn-coed am yr eilwaith. Gwyddwn wrth fiwsig y cŵn wedi iddynt fynd o'r golwg ei fod wedi croesi i gwm yr Esgair unwaith yn rhagor, a chyn wired â'r pader, a hithau'n dechrau llwydnosi tua'r hanner awr wedi tri yma, fe'i gwelais am y trydydd tro, yn dilyn yr un cwrs yn union a'r cŵn bron ar ei warthaf yn awr. Ac eto nid oedd yn rhedeg fel petai'n rhedeg am ei fywyd, o bell ffordd. Gwyddwn (a gwyddai ef bid siŵr) am ddaear oedd ganddo yn y drain duon ym Mharc yr Afr, a thybiais yn siŵr y tro hwn ei fod yn anelu am honno. Wedi'r cyfan, yr oedd wedi cael gêm fach yn iawn gyda'r cŵn drwy'r prynhawn. Ond, ac ef o fewn dim i gyrraedd ei ddaear, trodd yn sydyn yn ei ôl gan redeg fel llucheden drwy ganol y pac a'u gadael yn gwau drwy'i gilydd fel cynrhon a'i gwneud hi am ddiogelwch craig y môr.

Ond hawyr bach, sôn am awdlau yr oeddwn tan i'r cringoch hwnna groesi'r llwybr! Roedd Llew yn un o'r beirniaid y flwyddyn honno ac felly ni fedrwn gael ei farn ef ar fy nghampwaith. O leiaf nid cyn yr eisteddfod. Bernais nad doeth fyddai ei ddangos i Alun chwaith. Wn i ddim a wyddai Llew mai fy nghân i oedd hi, ond cefais ganddo ddigon o eirda i'm darbwyllo nad oeddwn yn hollol anobeithiol. Am y ddau arall, rwy'n ofni na chefais fwy o lwyddiant o'u cyfeiriad hwy nag a gafodd y cŵn cadno y prynhawn hwnnw.

Mae'n anodd dweud pam y mae dyn yn mynd ynghyd â chanu awdl o gwbwl. Wedi'r cyfan, am gyfnod o fis neu ddau neu ragor weithiau, y gân yw'r unig beth sydd mewn bywyd. Yn ei waith fel yn ei hamdden, yn ei hwyl ac allan ohono, cwblhau rhyw gwpled sy'n gwrthod dod, neu englyn a llinell yn brin ynddo, yw'r cyfan sy'n cyfri. Mae'r gobaith – yn wir y disgwyl ffyddiog – am gadair yn rhan o'r cymhelliad wrth gwrs. Achos ni chanodd neb awdl erioed nad oedd yn llwyr gredu ei bod yn ddiguro. Ond mae'r peth yn fwy cymhleth, ac os caf fi fentro ei ddweud, yn fwy dyrchafol na hynny.

Pan fo dyn yn llwyddo i saernïo pennill sy'n hollol, hollol wrth ei fodd, neu gwpled y mae ei adrodd iddo ef ei hun, hyd yn oed, yn lleithio'i lygaid, y mae'n gwybod i lawr yng ngwaelodion ei enaid nad oes wahaniaeth beth ddywed na beirniad na neb arall. Mae fel petai wedi derbyn rhyw gymorth o'r tu allan iddo ef ei hun, fel petai'r peth wedi bod erioed, a'i fod ef wedi bod yn ddigon ffodus i fod yn y fan a'r lle i'w ddarganfod. Y mae wedi derbyn ei wobr. Ac fe dreulia efallai einioes gyfan yn ceisio ailflasu'r ennyd hedegog honno.

Bydd yn gwybod o fewn eiliadau o weld y testun a oes iddo ef gerdd yn y testun hwnnw. Dim byd mor benodedig â thema a chynllun, ond rhyw gryndod o gân fel petai eto'n rhy bell i glywed ei nodau, rywle rhwng y pen a'r galon. Ac fe ŵyr na chaiff lonydd ganddi nes chwysu'r peth allan ohono. Ac ni welais i, beth bynnag, fod rhywbeth y gellir ei alw'n drefn artiffisial, eisteddfodol yn llai tebyg o ysgogi'r cymhelliad hwnnw na threfn fwy esoterig yr hyn a eilw rhai yn Gelfyddyd Bur. Ond yn aml iawn bydd yn rhaid iddo fodloni ar ryw safonau ychydig bach yn fwy cyffredin, rhyw gadw'r felin i droi fel petai, a disgyn o'r copaon i'r tir is. Ond pa fôr erioed na fu iddo drai i ganlyn y llanw?

Beth bynnag am hynny, rhoddais i lonydd iddi, neu efallai mai hi roddodd lonydd i mi, wedyn tan Abertawe yn '64. Gwelswn mai 'Patagonia' oedd y testun, y flwyddyn cynt yn Llandudno. Eisteddfod oer o ran tywydd, eisteddfod ddiflas, a minnau heb linell i fewn. Prynodd Siân lyfr R. Bryn Williams ar y Wladfa i mi fel na byddai gennyf esgus i fod cyn ddiflased yn Abertawe, a da o beth oedd hynny gan na wyddwn fawr o'r hanes cyn i mi ei ddarllen. Yr oeddwn wrthi ar y pryd yn traenio a thaclu cloddiau Parc Pwdwr, cae a fuasai yn nyddiau fy nhad-cu yn rhos eithin, ac y cychwynnodd ef ei ddiwylltio. Yn ôl a glywais i, bu'n rhaid cael injan stêm Sam y Glasgoed i ddiwreiddio rhai o'r bonion coed ynddo. Wedi blynyddoedd o aredig a thrin yn nyddiau fy nhaid ac Wncwl Wyn roedd yr eithin wedi diflannu a'r brwyn yn graddol gilio, a minnau'n paratoi i'w droi a'i ailhadu unwaith yn rhagor. A chan gymaint hud cyfrol Bryn arnaf, erwau Parc Pwdwr oedd Patagonia i mi, a hawdd y medrwn ddychmygu arloeswyr y paith yn Nyffryn Camwy yn cloddio ac aredig a throi'r dŵr a hau. Yn y modd hwnnw y deuthum â'r testun yn nes ataf i, yn hytrach na fy mod i'n mynd at y testun. A hynny, fel y dangosodd y beirniaid yn deg iawn, oedd gwendid y gerdd. Ond yr oeddwn, heb yn wybod i mi fy hun ar y pryd, yn gosod y seiliau ar gyfer Aberafan, ac Aberteifi wedi hynny. P'un bynnag, y flwyddyn ganlynol oedd canmlwyddiant sefydlu'r Wladfa, ac anfonais yr awdl i eisteddfod a gynhaliwyd yn Nhrelew i ddathlu'r achlysur, a'r cyntaf a wyddwn i am ei thynged oedd cael fy ngwahodd i Gaerdydd ar raglen Owen Edwards, ac o flaen y camerâu yn y fan honno y cefais i'r newydd i'r awdl ennill y gadair.

Ddwy flynedd ynghynt, blwyddyn Llanelli, buasai Ken Evans o'r Wladfa yn aros yng Nghilie gydag Alun am agos i chwe mis, yn rhyw weithio'i docyn fel petai. Ei ymweliad cyntaf â gwlad ei dadau, ac ymunai yn ein seiadau Sadyrnol gyda blas. Yn wir, tyngai Alun iddo drafaelu mwy o gwmpas yn y chwe mis hynny yng nghwmni Ken nag a wnaeth yn ystod unrhyw chwe blynedd cyn hynny. Rhyfeddod o ŵr, a gynrychiolai i ni holl ramant a menter y freuddwyd o sefydlu gwladfa Gymreig ym mhen draw'r byd. Ni fedrai Saesneg na dangos unrhyw awydd i'w ddysgu, ac yr oedd hynny ynddo'i hun yn fodd i dorri tipyn ar gribau rhai o Seisnigyddion mwyaf ymroddedig y parthau hyn, sydd wedi credu, gellid barnu, mai patrwm i ddysgu i'r haul godi yw'r Iwnion Jac. Siaradai Sbaeneg wrth gwrs, a Chymraeg – Cymraeg didafodiaith, byr ei lafariaid, y Wladfa. Gwerinwr dau ddiwylliant, nad oedd a wnelai'r un ohonynt ddim â'r duwiau papur y mae cymaint ohonom mor barod i blygu iddynt. A'r Ken hwn, gan na fedrwn i fynd i Drelew i'm cadeirio, a'm cynrychiolodd yn y seremoni. Ac addas iawn oedd hynny, gan i'w hynafiaid ymfudo o Flaen-tir ar Riw Gogerddan ac yng ngolwg Parc Pwdwr i Batagonia yn agos i ganrif cyn hynny.

Yn y Drenewydd ymhen y flwyddyn cefais eto gyfle arall i droi dŵr y testun gosodedig i'm melin fy hun. 'Yr Ymchwil' – a gwelais y medrwn ganu i dri math o ymchwil a welwn o garreg fy nrws. Yr ymchwil i berffeithio arfau yn Aber-porth, yr ymchwil yn y Fridfa Blanhigion yn Aberystwyth, a'r hen, hen ymchwil am Gantre'r Gwaelod allan yn y bae o'm blaen. Defnydd tair cân unigol, hwyrach, ond defnydd y ceisiais (ac y methais efallai) ei blethu'n un.

Roedd gennyf ddigon o wybodaeth – arwynebol a chyffredinol iawn mae'n wir – am y gwersyll yn Aber-porth gan agosed y lle a chan fod gennyf gynifer o gyfeillion a weithiai yno. Digon, yn fy nhyb i beth bynnag, i seilio trydedd ran o gerdd arno. Ac am Gogerddan, onid oedd gennyf berthnasau yn y labordai yno, a phrofiad rhai blynyddoedd o elwa'n uniongyrchol ar yr wybodaeth amaethyddol a ddeilliai oddi yno? Ac yn fwy na dim, onid oeddwn yn hen gyfarwydd â Llew Phillips, y gwladwr diwylliedig hwnnw yr oedd trasau planhigion a dulliau amaeth mor gyfarwydd iddo ag awdl ac englyn? Rwy'n hoffi meddwl fod ganddo ef gornel arbennig o gynnes yn ei galon i mi, yn rhannol am ei fod yn gyd-ddisgybl â'm Wncwl Wyn yn Aberteifi ac yn rhannol am fod Alun Isaac, cefnder i mi o'r ochr arall, yn gyd-weithiwr ag ef yng Ngogerddan. Beth bynnag, pan grybwyllais fy nghynlluniau ar gyfer y gân iddo ef, nid oedd digon y medrai ei wneud i'm helpu. Cefais ganddo fapiau o holl dir Gogerddan, enwau'r caeau, hanes pob dernyn o lên gwerin yn ymwneud â'r lle, a phob manylyn o wybodaeth a fedrai fod o unrhyw gymorth i mi. Ac yn bwysicach na dim, bu ei ddiddordeb parhaus yn y gân a'i gefnogaeth yn fodd i'm gyrru ymlaen pan fyddwn i'n tueddu i ddigalonni.

Ac am Gantre'r Gwaelod, tybiwn fod cyn lleied o wybodaeth brofedig ynglŷn ag ef fel bod cystal hawl gen i i'm damcaniaethau ag oedd gan unrhyw un arall i'w ddamcaniaethau ef. Ond daeth myfyrio uwchben yr hen chwedl a phendroni i roi hynny ar gân â mi wyneb yn wyneb â ffaith ddiddorol ynglŷn â mi fy hun.

Yr oeddwn wedi sylwi erioed, pa bryd bynnag y cysgwn oddi cartref o olwg y môr, nad oeddwn fy hun yn hollol pan ddihunwn yn y bore. Yr wyf felly o hyd. Yn achlysurol bwriaf y nos yn nhŷ fy chwaer yn Nhongwynlais, neu gyda'm brawd yn Swydd Buckingham, neu mewn llety adeg eisteddfod efallai, a phan godaf bydd rhyw arlliw o anesmwythyd arnaf, fel pe bawn yn ddieithr i mi fy hun rywsut. A chymerodd flynyddoedd i mi sylweddoli'r rheswm. Y peth cyntaf a welaf bob bore o'm ffenestr adref yw'r môr. Bae Aberteifi o Ben Cribach i Ddinas Lochtyn fwy neu lai, ac i fyny cyn belled â gwlad Llŷn ar dywydd arbennig o glir. Nid fod gen i ryw hoffter arbennig o'r môr. Ys dywed Alun Cilie:

Gan ei nwyd ni'm denwyd i
Erioed ag ef i briodi.

Ond y mae yno, yn ddisymud ddigyfnewid fel y bu erioed
ac fel y bydd byth. Ac er nad wyf yn feunyddiol ymwybodol
o'r peth, y mae'n rhoi i mi fy merins, fel petai. Yn yr un
cipolwg boreol hwnnw, fel y bydd trem ar wyneb cyfarwydd
yn dweud cyfrolau, fe ddywed wrthyf yn fras pa amser o'r
dydd yw hi, pa adeg o'r flwyddyn, i ba bwynt o'r cwmpawd
yr edrychaf, o ble y mae'r gwynt a pha dywydd yw hi'n
debyg o fod, a'r holl bethau eraill y mae dyn yn eu synhwyro
yn hytrach na'u rhesymu. Tynner y môr oddi yno ac yr wyf
rywfaint ar goll. Wrth gwrs, nid y môr ei hun sy'n gwneud
hynny, achos ni wnâi unrhyw ddarn o fôr mo'r tro, ond y
ffaith fy mod i, o arfer dyddiol gydol fy oes, wedi dod i
berthnasu yr olygfa arbennig honno â'm bywyd bob dydd.
Honno yw'r norm. Nid oes gennyf amheuaeth na fedrwn
ddod i gyfarwyddo â môr a ffenestr arall, ond fe gymerai
gryn amser, a ph'un bynnag, does gen i fawr o awydd trio.

Ond ni chofiaf i mi erioed geisio cynllunio awdl 'Y
Cynhaeaf' na meddwl am ryw thema arbennig iddi. A dweud
y gwir, fy unig fwriad ar y cychwyn oedd canu darn o
gywydd i'r hen ddiwrnod dyrnu, cyn yr âi hwnnw dros gof.
Eithr fe dyfodd y peth rywsut hyd nes i mi weld tua hanner
y ffordd drwyddi fod posibilrwydd gwneud un gân gyfan
allan o nifer o ddarnau llai. Ac am y tro cyntaf yn fy hanes
i, nid mater o chwilio am rywbeth i'w ddweud oedd hi ond
mater o chwilio am le i'w ddweud e, achos cyfyngid yr awdl
i ddau gant a hanner o linellau y flwyddyn honno. A gorfu i
mi daflu nifer o gwpledi ac englynion yr oedd gennyf gryn
feddwl ohonynt i'r fasged.

Yn ystod gaeafau'r chwedegau cynnar bûm wrthi yn
clirio'r gelltydd yma a chwympo llawer o brysgoedd di-
werth a phlannu larts a sbriws yn eu lle, gan fod ar fy mhen
fy hun am ddyddiau bwygilydd a chennyf berffaith chware

teg i lefaru llinellau nerth fy mhen, pe dymunwn, heb neb i'm clywed. Ac fe wnawn. Pe bai hynny o bwys, medrwn bwyntio o fewn llathen neu ddwy at yr union fannau ar hyd y caeau yma y safwn arnynt wrth ddod ag ambell englyn y tybiwn i ei fod yn un go lew i ben, neu gwpled yr oedd gennyf fwy o feddwl ohono na'i gilydd. Yng nghornel isaf Parc y Ffog yr oeddwn, yn dod dros y sticil i'r Lôn Fach pan drewais ar y llinell olaf un.

Newydd ddechrau aredig y Cefen Mawr ar gyfer hau rêp yr oeddwn pan ddaeth y llythyr. Heb fod yn cael llawer o hwyl arni chwaith – y tir yn galed yng Ngorffennaf fel hynny, a minnau heb fod yn rhyw arddwr gwych iawn erioed. Eithr yr oedd yn dasg yr anelwn ei chwblhau bob blwyddyn cyn mynd i'r Steddfod er mwyn dal 'spring Awst'. Amlen ddigon cyffredin yr olwg arni, ac agorais hi heb fod gennyf syniad beth allai ei chynnwys fod, ac nid oes gen i gof am unrhyw wefr arbennig wrth ei darllen y tro cyntaf – yn wir y mae gennyf gof tipyn cliriach am lunio ambell linell a fu'n achos yr amlen honno – ond mae Siân yn tyngu imi roi'r fath gythrel o ergyd i'r ford â'm dwrn nes bod y fowlen siwgr, a honno'n llawn, yn codi'n grwn oddi arni – ac yr oeddem yn deulu trwm ar siwgr yr amser hwnnw! Y peth blaenaf ar fy meddwl ar y pryd oedd y byddai'n rhaid i mi fynd i lawr i Grymych i mofyn sychod newydd i'r arad – roedd y Cefen Mawr yn cario'r dydd yn deg arnaf. Ac i Grymych yr aethom ein dau ar ein hunion, a'r tri phlentyn wrth gwrs, gan adael y llythyr ar y ford lle'r agorwyd ef. Erbyn i mi ddod adre'n ôl roedd y peth wedi dechau gwawrio arnaf, ac arddwyd y Cefen Mawr y flwyddyn honno mewn byr amser, a'i hau yn ei seithmis.

Yr oedd yn gyfle, yn ogystal, i mi lunio englyn o ateb i lythyr Cynan. Holai, yn ffurfiol a boneddigaidd iawn, a fedrwn fod yn bresennol yn yr eisteddfod brynhawn Iau, a chan ddeisyf arnaf gadw'r mater yn gyfrinachol. Atebais innau:

Dof, mi ddof brynhawn dydd Iau – yw f'ateb,
    Gellwch fetio'ch crysau,
    Ac mae'r geg yma ar gau
    'N oesoesol os oes eisiau.

Gwahoddaswn Alun a Llew i lawr acw ryw bythefnos cyn postio'r gerdd i gael eu barn arni. Enciliasom i'r Rŵm Ffrynt gydag odyn o dân a gofynnais i Llew ei darllen i ni. Gwyddwn y byddai'n *swnio'n* dda beth bynnag felly. Pan orffennodd, disgwyliai ef a minnau am ymateb Alun. Dim gair am ysbaid ddiogel, dim ond syllu i'r tân. Yna poeriad i'r grât, 'Bachgen, ma sŵn dibs 'ma.' Eithr cyn ei fodloni'n llwyr, meddai ef, hoffai petai ynddi gyfeiriad at Gwrdd Diolchgarwch. Yn rhyfedd iawn, yr oeddwn innau ychydig ddyddiau ynghynt wedi bod yn chwarae â'r un syniad, ac wedi rhoi esgyrn rhyw fath o emyn ar ffurf cywydd at ei gilydd. Ond yr oeddwn yn ei amau braidd oherwydd cyfeirio at yr Hollalluog mewn ffordd ystrydebol y medrid ei galw yn ffuantus, ar y naill law, ac oherwydd rhyw gyfeiriadau eraill y medrid dal eu bod yn baganaidd, ar y llaw arall. Yr oeddwn fel petawn yn simsanu rhwng cred ac anghred, ond o'r diwedd, gan nad wyf yn berffaith siŵr beth yr wyf yn ei gredu p'un bynnag, a chydag anogaeth Alun yn pwyso'n drwm arnaf – 'Diawl, bachan, canwch chi eich cân eich hunan' – ei gynnwys a wnes, ond bu'n rhaid chwynnu deunaw llinell arall allan o'r gerdd i wneud lle i'r darn cywydd hwnnw. Digon tebyg ei bod wedi bod ar ei hennill o hynny, ond ni buasai wedi dod i ben hyd yn oed wedyn oni bai i mi ddigwydd galw i gof y cwpled hwnnw gan Waldo:

    Daw'r wennol yn ôl i'w nyth
    I'r aelwyd a'r wehelyth.

Yr oeddwn dan yr argraff mai enw gwrywaidd yw gwehelyth. Felly yr arferais ef erioed. Ond ni welwn ffordd yn y byd i gwblhau'r cwpled 'Am fod uwch yr Henfam fyth, olau'r haul . . .' ac yn y blaen, heb ei dreiglo. Eithr pan ddaeth cwpled Waldo yn ôl i mi, gwyddwn fy mod wedi dod i ben tir. Teimlwn yn weddol saff yn ei ddilyn ef. Ac ystyriaf yn un o'm trysorau pennaf fy nghopi o Gyfansoddiadau a Beirniadaethau yr eisteddfod honno.

Wedi'r cadeirio ac i'r ffws â'r wasg a'r cyfryngau dawelu, aethom yn griw bach am bryd o fwyd, a Waldo gyda ni. Ymhen tipyn esgusododd ef ei hun, gan ddweud ei bod yn rhaid iddo ddal y trên am adref, a gresynu nad oedd ganddo Gyfansoddiadau i'w darllen ar y ffordd. Yr oedd ganddo siec ei dâl am feirniadu yn ei boced a'i docyn trên, ond dim arian mân. Felly rhoddodd Siân ein copi ni iddo. Ymhen rhyw wythnos daeth y gyfrol yn ôl i mi drwy'r post, ac ar dudalen gyntaf yr awdl roedd llygad y dydd wedi ei sticio â selotep, a phwt o gywydd wedi ei sgrifennu odano:

> Arwydd tu hwnt i eiriau,
> Agwedd o'r edmygedd mau,
> Symboliaeth a ddaeth yn ddel
> Ma's o gae i Mos Gïel.
> A gwyddost sut mae'n gweddu
> A holl swyn y gadwyn gu.

Bu'n rhaid i minnau hefyd chwilio ystyr y Mos Gïel yna. Clod yn wir.

# 17

## Hwsmona

Ni chredaf i mi erioed fod yn un o'r rheini sy'n debyg o roi'r byd amaethyddol ar dân, na dyheu am fod felly. Rhyw geisio cadw fy mhen uwchlaw'r dŵr, a hynny o brin yn fynych, fu fy hanes erioed. O, fe geisiais gadw i fyny â'r datblygiadau diweddaraf orau y medrwn, a hyd y caniatâi'r boced. Ond rwy'n credu i mi gyfarwyddo yn weddol gynnar â'r gwirionedd na wnaeth neb erioed ei ffortiwn wrth ffermio, neu yn fwy cywir efallai, wrth hwsmona. Achos y mae yna wahaniaeth rhwng y ddau – yn ôl fy niffiniad i ohonynt, beth bynnag. Mae yna drefn naturiol, mae'n rhaid gen i, na chaniatâ i'r neb sy'n hwsmona tir ac anifail fynd yn ewn ar y drefn honno a chrynhoi iddo ef ei hun fwy na'i siâr o'i bendithion. Megis y mae planhigyn a dyf yn dalach na'r lleill yn fwy tueddol o ddal y gwynt. Yn y mater o ennill bywoliaeth roedd yr hen Gledlyn yn go agos ati:

> O chawn hwyl a chynhaliaeth
> Yn ein byw, yna ba waeth?

Ond byddai'n braf, ar brydiau, gwybod nad oes raid pryderu am yfory.

A beth yw bod yn fodern, beth bynnag? Yn sicr ni fedrais i erioed weld mai perchnogi rhyw beiriannau drudfawr sy'n debyg o wneud mwy o elw i'r sawl sy'n eu gwerthu nag i'r sawl sy'n eu defnyddio ydyw. Nid neidio ar gefn y chwiw ddiweddaraf i godi cnydau dieithr a magu anifeiliaid egsotig ydyw chwaith. Hyd y gwelaf i, agwedd o feddwl ydyw, nad oes gan unrhyw oedran nac unrhyw oes hawlfraint arni. Un o'r dynion mwyaf gwironeddol fodern ei agwedd a welais i erioed oedd Benj Pant-coch, hen ŵr y gellid barnu wrth ei olwg ei fod yn perthyn i ganol y ganrif o'r blaen. Godro â llaw ar hyd ei oes, ac ni chafodd dractor tan iddo fynd yn rhy glunhercyn i ganlyn ceffylau. Prynodd ffens drydan, o bopeth, yn nyddiau cynnar y ddyfais ryfeddol honno. Ond nid ar gyfer llain-bori'r gwartheg, ffasiwn a oedd mewn bri ar y pryd ond a fu farw gryn dipyn cyn marw Benj. O na, 'Diâr i, mae'n sobor o handi i roi rownd y Perci Bach pan fydd yr hen dda bach yn dueddol o dorri ma's yn yr haf, w.' Hynny yw, gwelai yn y ddyfais newydd fodd i wneud ei hen system ef yn haws iddo. Fe'i gwelai yn fodd i'w gwneud yn haws iddo ef ysgwyddo'i faich, yn hytrach na'i gweld yn fodd iddo ysgwyddo baich newydd. Dyna foderniaeth. Fel yr hen saer hwnnw y clywais amdano yn ddiweddar a brynodd ffwrn feicro-don, nid i gwcio'i ginio yn gynt, ond am ei bod yn un dda i feddalu pwti!

Bron oddi ar sefydlu'r Bwrdd Marchnata Llaeth yn agos i hanner canrif yn ôl bellach, ac yn sicr oddi ar ddiwedd y rhyfel, prif gynhaliaeth ffermydd y broydd hyn fu godro – cynhyrchu llaeth. Yn ôl tystiolaeth unfrydol bron yr hen do, ni wnaeth dim arall gymaint i wella byd y ffermwr. Yn hytrach na bod holl ffermydd y wlad yn cynhyrchu cig oen, cig moch a biff, gwartheg a defaid stôr, aeth llawr gwlad i gynhyrchu llaeth gan wella'i fyd yn sylweddol, ac ar yr un pryd tynnwyd cymaint â hynny o gystadleuaeth oddi ar y ffermydd mynydd, gan greu'r amodau iddynt hwythau elwa yn ogystal.

Trefn arferol ffermydd ein hardal ni fyddai cadw hyn-a-hyn o wartheg godro, ac o gwmpas hanner hynny o dda bach a lloi – tua phen i'r erw, fwy neu lai – ynghyd â hwch fagu neu ddwy (rhag i'r wast fynd yn ofer, ys dywedodd yr hen wàg hwnnw), ac ar aml le, ychydig o ddefaid yn ogystal. Codid cae neu ddau o ŷd – ceirch a barlys yn bennaf – ac ambell gae o siprys, yn gymaint er mwyn y cyfle i ailhadu'r tir porfa yn ei gylchdro ag am y gwellt a'r grawn. Prif gynhaliaeth y da cyrnig dros y gaeaf fyddai gwair, ynghyd ag ambell gae o rêp neu gêl a barhâi rywle at wyneb y flwyddyn.

Ond tua dechrau'r chwedegau gwelwyd newid graddol. Daeth cynaeafu silwair yn fwyfwy poblogaidd, a bendith o beth oedd hynny yn hinsawdd anwadal y de-orllewin yma. Bellach, medrai dyn fod yn weddol siŵr o borthiant gaeaf pa mor wael bynnag y buasai'r haf. Ond fel pob bendith arall, daeth â'i melltith yn ei sgil. Gwelwyd, pa mor drwm bynnag yr achlesid y tir, gyda'r canlyniad o gael cnydau anferth, y medrid bod yn siŵr o'i gael i ddiddosrwydd – yn wahanol i wair, lle byddai cnwd trwm iawn yn anodd ei sychu ac yn fynych yn mynd yn ofer i gyd.

Ac felly dechreuwyd dwysáu'r 'powdro' – y defnydd o wrteithiau celfyddydol. Er mwyn cael mwy o gnydau er mwyn cadw mwy o wartheg er mwyn cynhyrchu mwy o laeth er mwyn prynu mwy o wrteithiau celfyddydol. Diflannodd yr ieir a'r moch ar lawer fferm i wneud lle i fwy o wartheg godro. Diflannodd y da bach ar ambell un yn ogystal, gan y bernid ei bod yn talu'n well i brynu gwartheg godro na'u magu. Diflannodd yr ŷd hefyd, a'r gwair i raddau helaeth – roedd yn hwylusach a mwy proffidiol i brynu dwysfwyd parod. A chan gymaint y cynnydd yn nifer y gwartheg godro bu'n rhaid darparu adeiladau helaethach a mwy modern, parlyrau godro i hwyluso'u trafod, a llociau rhydd yn lle'r hen feudái trafferthus. A hyn i gyd gyda chefnogaeth (ac anogaeth yn wir) ariannol gwahanol lywodraethau. Grant at hyn a chymhorthdal at arall, nes o'r diwedd, rhwng y cwmnïoedd ariannol mawrion a'r banciau, yr oedd y diwydiant amaeth ymron mor gyfan gwbwl o dan eu bawd â phetai wedi ei wladoli.

A pharhaodd yr hyn y daethom i'w alw yn 'gynnydd' yn ei rym. Daeth arbenigo yn fwy cyffredin. Dim ond gwartheg godro ar un fferm, dim ond moch neu ieir batri ar y llall, a dim ond ŷd ar y drydedd. Ugain mlynedd yn ôl cyfrifem fuches o ddeg ar hugain yn fuches fawr. Hyd yn oed ymhlith fy nghymdogion mae o'r trigain i'r cant yn gyffredin heddiw. Llawer, llawer llai o ffermydd a llawer, llawer mwy o stoc. Rywbryd yn y dyfodol bydd yn rhaid creu'r amodau i'w gwneud yn bosib torri'r cylch-y-cythraul hwn, onid ydym yn barod i weld hanner y wlad yn faes chwarae i'r hanner arall.

Fel y mae'r hyn a alwn ni yn ffermio yn nesáu at berffeithrwydd mewn effeithiolrwydd yr ydym yn ymbellhau oddi wrth yr hyn a ystyriaf i yn egwyddorion hwsmonaeth. Mae'r rheini, onid wyf yn methu ymhell, yn ddigyfnewid. Sef bod dyn yn medru hwsmona tir ac anifail yn gyd-ddibynnol ar ei gilydd yn y fath fodd ag i ddarparu bywoliaeth iddo ef ei hun, ac ychydig dros ben ar gyfer ei gyd-ddyn mewn galwedigaeth arall, gan adael y tir a'r anifail yn well nag y cafodd hwynt. Nid er dim y bathwyd yr ymadrodd hwnnw a ddywed y dylai dyn fyw fel petai'n mynd i farw yfory a ffermio fel petai'n mynd i fyw am byth.

Gall anifail fyw ar borfa: ni allwn ni. Ond medrwn fyw ar yr anifail. Felly rhoir porfa i'r anifail hwnnw i droi'r borfa yn anuniongyrchol i'n cynnal ni. Pa bwynt, felly, sydd mewn rhoi blawd pysgod i'r anifail hwnnw yn fwyd? Oni fyddai'n llawn cystal i ni fwyta'r pysgod a hepgor yr anifail? Pa bwynt sydd i achlesu porfa â nitrogen a wnaed o adnoddau hysbydd glo ac olew, pan fedr meillion gynhyrchu nitrogen o adnoddau dihysbydd yr awyr, a phan fedr yr anifail ddarparu'r adnoddau eraill? Paham y mynnwn dlodi un cwpwrdd er mwyn llenwi'r llall? Ond er gwaethaf popeth nis newidiwn, o ddewis, am yr un alwedigaeth arall. Ni wn yr un.

Felly yn fras ar hyd y blynyddoedd dilynais ddulliau ein hardal ni o ffermio. Cadwem rywle'n agos i ddeg a thrigain o wartheg a'r anifeiliaid eraill arferol ar ryw bymtheg erw a thrigain gan gynnwys rhyw ddeuddeg erw o elltydd. Chwarter canrif yn ôl yr oedd braidd yn ormod i un, a heb fod yn llawn digon i gyfiawnhau cadw gwas; erbyn heddiw nid yw ond prin ddigon i un. Ryw ddwywaith rhoddais gynnig ar gyflogi llanc i'm helpu. Billy Ryan o Kilkenny oedd y cyntaf. Gweithiwr diarbed fel y Gwyddel traddodiadol, yr euthum i'w gyfarfod oddi ar y llong yn Abergwaun ac a ddechreuodd ar ei waith fore drannoeth yn yr un siwt ag y cyrhaeddodd ynddi. Cyrhaeddodd y Tad Cunanne o Aberteifi bron cyn gynted i edrych ar ôl ei enaid. Hollol ddibrofiad yn yr hyn yr oeddwn am iddo ei wneud, ond ni welais erioed ei barotach i gymryd at unrhyw waith pa mor ddieithr bynnag y byddai. Agorodd fy llygaid fwy nag unwaith yn y grefft o fyw'n gynnil. Synnai fy ngweld yn gwastraffu rhychau gorau'r ardd i blannu bresych ynddynt. Cadw'r lle gorau i'r tatws a wnâi ef, a phlannu'r bresych ar bennau'r rhychau ac yn sowdwl y clawdd. Tyfent yn well hefyd.

Hawdd oedd dirnad adleisiau o'r hen berthynas a fu gynt rhwng Cymru ac Iwerddon yn ei ymadroddion. Pan anfonais ef i lyfnu Parc Pen'rallt, a cheisio egluro iddo beth yw grwn a sut i fynd ynghyd â'i agor, gofynnais iddo onid oedd gair am y peth yn ei fro ef. 'Aye, sure, they'd be lands,' oedd ei ateb. Grynnau – 'lands'. Ni chlywais am y fath air mewn unrhyw ardal yn Lloegr. Nid oedd enw ar ei gartref – cyfeirid llythyron at ei dad, William Ryan arall, ac enw hwnnw oedd yr unig ffordd i wahaniaethu rhwng eu tŷ hwy a phob tŷ arall mae'n debyg. Megis y defnyddiwn ni enw'r lle yn aml am y sawl sy'n byw yno, enw'r sawl a drigai yno a nodai'r tŷ iddynt hwy. Pan ofynnais iddo am y pentref agosaf ato, nid oedd na phentref na thref meddai ef – ''Tis a townsland.' Treflan, ys gwn i? Pan gynilodd ddigon o bres prynodd foto-beic, ac ni welais mohono wedyn.

Robert Neill oedd y nesaf. Sais tua'r ugain oed yma, wedi gweithio ar fferm am rai blynyddoedd ac yn deall y cwbl! Cyn feined ag asen iet, a chyda'r bytwr rhyfedda a welais erioed. Bwytâi hwnnw fwy wedi swper nag a fwytawn i drwy'r dydd, ac yr oeddwn i yn fy mhreim yr amser hwnnw.

Ys dywedai Glyn y Wern, byddai gofyn gosod hanner erw o dato yn unswydd ar ei gyfer. Aeth pethau yn eu blaen yn oilyn am agos i fis, ond rhyw fore yr oedd ef a minnau yn torri cwter yn groes i'r clos a'r graig yn agos, fi â'r bicas ac yntau'n rhofio, neu felly y bwriadwn i iddi fod beth bynnag. Ond treuliai ef hanner ei amser a rhyw olwg bell arno, yn dyrchafu ei lygaid i'r mynyddoedd. A minnau wedi credu mai fi oedd y bardd! A phan ddaeth yn ôl i'r ddaear a gofyn i mi pam y poerwn ar fy nwylo, deuthum i'r casgliad y byddai'n well iddo orffen ei addysg yn rhywle arall.

# 18

# Ein nythaid ni

Yn Ionawr '63 y ganed Dafydd. Gaeaf dychrynllyd o oer. Rhewodd hyd yn oed y cwymp dŵr yn Nhre-saith y flwyddyn honno, a deuai pobl o bell i weld pibonwy hanner can troedfedd yn hongian ar y graig. Dechreuodd rewi tuag wythnos cyn y Nadolig, a rhewodd yn solet am agos i ddeufis. Ar yr ail neu'r drydedd noson o rew daeth Alun a Llew i lawr acw a Jac Alun, gartref o'r môr am fis neu ddau, gyda hwy. A hithau'n nesu at yr Ŵyl daethai'r Capten â'i roddion arferol gydag ef – diferyn bach o rywbeth i'n gwresogi a hanner dysen o sigârs fel coesau mandreli. Ac yn y Rŵm Ffrynt y buom yn sgwrsio a chwedleua drwy'r nos. Roedd tuedd yn ffenestr yr ystafell honno i chwyddo ar dywydd rhew, a methodd Siân â'i hagor tan i'r tywydd droi. Roedd sawr y sigârs hynny yn ein Rŵm Ffrynt ni y C'lamai wedyn!

Yn ysbyty Aberteifi y ganesid Delyth a Rhian, ond erbyn ymddangosiad Dafydd roedd y duedd feddygol at eni plant yn eu cartrefi, gan gael y nyrs i ymweld â'r fam a'i phlentyn yn ddyddiol. Ond noson ei eni ef yr oedd pob piben ddŵr yn yr Hendre wedi rhewi, ac mewn sawl Hendre arall hefyd. A thra oedd Siân yn ei phwl yr oeddwn i â'r blowlamp yn chwythu yma a thraw yn ceisio cael y tapiau i redeg. Bu'n rhaid bodloni ar sosbenni a thegellau a'u berwi ar y Calor yn y diwedd. Ganol nos wedi geni'r bychan daeth y dŵr adre – yn ffrydiau afreolus o bob piben y bûm i'n ei thwymo mor ofalus ychydig oriau ynghynt, a llawr y bathrwm yn Ddardanelles o un wal i'r llall. Drannoeth daeth yr eira, a'r

233

lluwchiau yn tagu'r ffordd ym mhob cyfeiriad, a bu'n rhaid mynd â'r tractor allan drostynt i gael y nyrs at Siân.

Mae ein tri hynaf ni felly o fewn tair blynedd i'w gilydd, a phan oeddent yn fanach byddai un neu ddau ohonynt, a'r tri yn aml iawn, wrth fy nghwt drwy'r dydd. Ac o dan fy nhraed hefyd yn amlach na pheidio – dyna un gwahaniaeth mawr y sylwais arno yn fy mhlant fy hun rhagor plant 'slawer dydd. Pan awn i gyda Nhad o gwmpas y clos disgwylid i mi fod ryw hanner cam ar ei ôl ef, fel Prins Philip yn canlyn y Cwîn, ond erbyn heddiw y plancrynion sydd hanner cam o flaen eu tadau!

Ac onid yw'n rhyfedd fel y mae'r gwahaniaeth ym mhersonoliaeth plant yn ei amlygu ei hun mor gynnar. Delyth yn siarpen fach ar ei thraed o'r dydd y'i ganed. Ni chofiaf iddi gerdded fawr ddim. Un diwrnod roedd hi'n cropian (a dringo popeth a safai'n llonydd), drannoeth yr oedd yn rhedeg. A bu'n chwimwth ar ei thraed fyth oddi ar hynny. Oni bai fod rhyw wendid bach yn un o'i phengliniau ar un adeg, credaf y byddai wedi gwneud rhedegwraig tan gamp. Yr oedd fel petai'n llamu dros y tir yn hytrach na llamu arno. A rhedeg a'i thaflu'i hun din-dros-ben a phob rhyw gampau felly y bu am flynyddoedd, ac wrth gwrs bu ei mam a minnau â'n calonnau yn ein gyddfau droeon o'i hachos.

Gadawswn ysgol ddeunaw ffon yn pwyso ar dalcen y sied wair ryw ddiwrnod, a hithau Del tua dwyflwydd oed ar y pryd. Collwyd hi rywbryd yn ystod y dydd, ac fel y buasech yn disgwyl, y tro nesaf y'i gwelwyd yr oedd wedi dringo'r ysgol honno o fewn ffon neu ddwy i'r top ac yn edrych fawr mwy nag un o'r adar to oedd yn cecru o gwmpas. Drwy drugaredd ni waeddais i ddim arni, neu byddai'n siŵr o fod wedi edrych i lawr a dychrynu, a phetai wedi cwympo o'r uchder hwnnw i'r concrit odani, dyn a ŵyr beth allai fod wedi digwydd. Ond yr oedd Dai Llwyn-gwyn yn digwydd bod ar y clos – rhyfedd mor gŵl y medr dyn fod gyda phlant rhywun arall – ac meddai wrthi yn reit ddidaro: 'Jiw, jiw, Del, beth wyt ti'n 'i neud lan fan'na? Rwyt ti'n siŵr o fod yn gallu gweld Tan'reglwys gwlei. Aros di eiliad, fe ddo i lan atat ti'n awr.' A daeth hithau yn ei hôl i lawr mor hamddenol â phe bai'n gwneud peth felly bob bore cyn brecwast.

Llathen o frethyn arall oedd Rhian. Parablai'n ddi-stop gan ei drysu hi ei hun a phawb arall. O asgwrn cryfach, roedd yn llai egnïol a mwy hamddenol ei ffordd, os dyna'r ffordd orau i ddisgrifio plentyn a oedd mor wit-wat ag iâr. Cysgai rownd y cloc unwaith yr âi i'r gwely, heb sôn amdani tan y bore. Ond sylwais yn gynnar iawn fod ganddi ffordd ar greadur, peth nad oedd yn perthyn i un o'r lleill. Mae'r ddawn honno wedi ei geni mewn ambell blentyn. Pan ddôi gyda mi i hôl y da neu i roi help i mi droi rhyw lo neu fochyn i sied arbennig, gwyddai fel wrth reddf yn union ble i sefyll, yn union beth i'w wneud a'r union bryd i'w wneud e. Fel y bydd ci defaid ifanc, os oes 'arail yn ei waed', yn synhwyro y bydd anifail yn cilio tuag yn ôl os croesir o flaen ei lygad, a thuag ymlaen os croesir y tu ôl iddi.

Y ffordd hwylusaf o ddigon o gludo un o'r plant o gwmpas fyddai drwy roi corcyn coch iddo. Hynny yw, ei godi ar fy ysgwyddau. A chyda Delyth nid oedd ffwdan yn y byd – nid oedd angen llaw i'w dal; roedd hi mor sicr â chath ar ei sedd ac fe'm gadawai innau â'm dwy law yn rhydd. Gwelais gario llo bach adref yn fy nghôl yr holl ffordd o Fanc y Rhedyn unwaith a Delyth ar fy nghefn yr un pryd. Ond nid oedd Rhian lawn cystal joci, a phan na fyddai gennyf law i'w sbario i'w diogelu arferai gydio yn howld-bi-dag mewn dyrnaid o'm gwallt. Dyna'r pryd y torrais fy ngwallt yn grop, ac aeth y corcyn coch, yn ei geirfa hi, yn 'cocyn y wallt'.

Ni chredaf i Dafydd, unwaith y dechreuodd gerdded, adael fy sowdwl tan iddo ddechrau'r ysgol, a chythrel o strach oedd honno! Pa bynnag waith y byddwn wrtho allan ar y clos neu ar y tir, yr oedd ef yno. Yn fy nghôl ar ben y tractor o fore hyd nos, ac yn cysgu yn amlach na pheidio. Ni byddai'n ddim i mi, unwaith yr âi i gysgu'n sownd, ddod i lawr o gefn y tractor a'i roi i orwedd ym mola'r clawdd a thaenu fy nghôt drosto a'i adael yno i gysgu tra awn i ymlaen â'r gwaith.

Ei strôc fawr ef fyddai mynd ar goll a gwrthod ateb pan fyddem yn gweiddi arno. Gwelais ef unwaith, a Rhiannon fy chwaer yn digwydd bod acw, ar goll am brynhawn cyfan, a'i fam a minnau a Rhiannon yn rhedeg i bob cyfeiriad yn chwilio amdano. Un i lawr y lôn rhag ofn ei fod wedi mynd tua'r cwm, un arall i fyny'r ffordd at yr hewl fawr filltir i ffwrdd, a minnau â'm calon yn fy ngwddf yn chwilio'r pwll biswail a sied y tarw a thwlc yr hwch, a phob math o ddrychiolaethau yn gwibio drwy fy meddwl. A'r diawl bach yn cyrcydu mewn hen gist de o fewn decllath i ddrws y tŷ ac yn mwynhau'r cyfan!

Ond yr oedd yn adnabod ei dad a'i wendidau, hyd yn oed yn yr oedran tyner hwnnw, yn rhy dda o lawer. Buasai gyda mi am ddarn diwrnod neu ddau yn crymanu'r lôn, tasg yr awn ynghyd â hi tua chanol haf ac a gymerai tuag wythnos yn y dyddiau cyn cael tractor a chontractiwr i wneud y gwaith. Fel rheol gadawn y cryman a'r chwynfforch a'r garreg hogi ym mola'r clawdd wrth ollwng, yn un peth fel y byddent yno'n gyfleus ar gyfer ailgychwyn drannoeth, ac yn beth arall er mwyn cael dwy law yn rhydd i'w gario ef, Dafydd, adref.

Drannoeth yr oedd y garreg hogi ar goll, ac er chwilio'n ôl a blaen ar hyd yr hewl am amser ym mhob man y cofiwn i mi ei tharo, doedd dim sôn amdani. Dechreuais innau ryw amau ei fod ef wedi bod yn chwarae â hi a gofyn iddo ym mhle y'i gadawodd, ac fel y gwadai ef awn innau'n fwyfwy siŵr mai ef oedd y gwalch. Ac mae'n gywilydd gen i ddweud i mi ei brofi a'i gael yn euog heb ddim mwy o dystiolaeth na hynny, ac i mi golli fy nhymer a chodi fy llais yn go arw. Ond nid oedd hynny'n ddim at fy nghywilydd mewn ychydig amser pan ddeuthum ar draws y garreg – yn yr union fan y gadawswn hi y noson cynt wrth gwrs. Ond erbyn hyn roedd Dafydd ei hun ar goll. 'Gweiddi, gweiddi a neb yn aped', ys dywed Dewi Emrys, a rhedeg yn ôl i'r clos ac i'r tŷ. Dim sôn amdano yno. Erbyn hyn yr oedd yn greisis iawn. Ffonio Mam ar ben yr hewl, a Mrs Rees rhag ofn ei fod wedi bwrw i lawr am Gwmhowni, ond dim sinc na sôn yn unman. Eithr ymhen rhyw hanner awr dyma Dai Llwyn-gwyn yn dod draw drwy'r hewl a Dafydd yn trotian wrth ei ochr a charreg hogi yn ei law. Wedi bod lan yn Llwyn-gwyn yn mofyn benthyg un 'achos ma Dad wedi colli'i un e!'

Ond am Delyth, roedd ganddi hi gof eliffant. Gwelais hi'n chwarae â hen goes fforch a'r ffirel wedi torri arni rywbryd yn ystod rhyw haf. Ganol y gaeaf wedyn, a'r eira'n drwch ar lawr a lluwchiau dyfnion yng nghorneli'r clos, torrais goes y fforch a oedd gen i'n carthu'r beudy, ac fel rhyw jôc fach fwy neu lai gofynnais i Del ble'r oedd y goes fforch a oedd ganddi fisoedd yn ôl. Arweiniodd fi at luwch eira tair troedfedd o ddyfnder o leiaf, a phwyntio â'i bys. 'Fan'na,' meddai hi, ac ni fûm fawr o dro yn rhofio'r eira o'r naill ochr, a'i chael yn yr union fan.

Saith mlynedd wedi Dafydd ganed Brychan, a hyd y gwn i cyd-ddigwyddiad yw'r ffaith mai bob saith mlynedd y dôi'r plâu ar yr Aifft! Felly, fel yr oedd un yn llacio peth yn ei ffyddlondeb i'm canlyn o gwmpas, yr oedd un arall yn barod i gymryd ei le. Gartref y ganwyd yntau hefyd, ac ym mis Ionawr eto, ond ar hin dipyn tynerach. Llwybrau arferol y tri a aeth o'i flaen a ddilynodd, gyda'r gwahaniaeth fod y tractor a pheiriannau yn gyffredinol yn fwy o ffefrynnau ganddo na'i frawd. Ac nid anghofiaf byth mo'i wyneb pan gafodd yrru'r Ffyrgi wrth ei hunan bach ac yntau heb eto ddechrau'r ysgol. Dyw'r ffaith mai fi a'i dodai yn ei gêr a chodi'r clyts nac yma nac acw. Ef oedd wrth y llyw, nid ei dad.

Rowlio'r tir glas ym Mharc Pwdwr yr oeddem â'r Tractor Fawr (i wahaniaethu rhyngddi a'r Tractor Fach, rwy'n prysuro i ddweud – nid oedd ond tegan o'i chymharu â thractorau rhai o'n cymdogion). Nid oedd ond tua chanol Mawrth, a'r tir heb eto sychu'n iawn, a thrwy ryw amryfusedd, ynghyd efallai â'r ffaith ei fod ef yn fy nghôl yn llesteirio peth ar fy ngyrru, euthum yn rhy agos at hen bisyn cleiog ar y ffin rhyngof a Pharc Cerrig Gwynion Llwyn-coed a methu dod oddi yno. Ni fedrwn ddod yn ôl; ni fentrwn fynd ymlaen. Byddai'n rhaid cael cymorth tractor arall. Ond o ble y dôi fy nghymorth? O'r diwedd gofynnais i Brychan a fedrai lywio'r Ffyrgi petawn yn mynd i lawr i'r clos i'w mofyn – dim ond rhyw bownd bach o gymorth fyddai ei eisiau. Gloywodd ei wyneb i gyd bron gymaint ag a wnaeth fy wyneb i, mae'n rhaid, pan ges fod adref o'r ysgol i yrru Deimon, flynyddoedd yn ôl.

Daethpwyd â'r Ffyrgi a dodi Brychan arni a'i rhoi yn ei gêr, a daeth â'r Tractor Fawr allan o'i thwll fel pe na bai dim o'i hôl. A chan iddo wneud cystal gwaith ohoni gadewais iddo ei gyrru'r ddau led cae yn ôl i'r clos – gan bwyll bach, bach, wrth gwrs – a minnau'n dod â'r tractor arall ar ei bwys i gadw llygad arno. Ac i goroni ei ddiwrnod yr oedd ei fam yn digwydd bod yn dychwelyd o ryw neges neu'i gilydd mewn union bryd i'w weld yn dod at y bwlch. Os oedd yn ddyn cynt yr oedd yn gawr wedyn! Ac nid wyf yn siŵr ai'r cof am y gymysgedd o sioc a rhyddhad a balchder ar ei hwyneb hi ai'r gorfoledd cwbl ecstatig ar ei wyneb ef a fydd yn aros hwyaf gennyf.

Dangosodd yn gynnar ddiddordeb mewn ffotograffiaeth, a byddai wedi bod yn dda gennyf pe bai camra wedi bod wrth law un bore heulog o wanwyn ac yntau tua thair oed. Yr oedd yr haul yn llifo i fewn dros ddrws y Sied Isaf lle'r oedd llo bach du a gwyn a fwriwyd rhyw ddeuddydd ynghynt yn cysgu yng nghynhesrwydd y sgwâr golau. Ac yn rhannu clydwch ei wâl, a'i ben ar obennydd gwddw'r llo ac yn cysgu cyn sowndied ag yntau, yr oedd y pengrych bach a'i fawd yn ei geg. Ond hwyrach hefyd ei fod yn llawn cystal nad oedd gennyf gamra y bore hwnnw. Nid yw fy llun i yn debyg o felynu gyda'r blynyddoedd.

Ddeng mlynedd wedi geni Brychan daeth yr efeilliaid, Tristan ac Esyllt, ac er holl adnoddau'r byd meddygol erbyn hynny, nid oedd neb yn rhag-weld llawenydd dwbwl. Ond buan y torrwyd y llawenydd hwnnw i lawr i'r hanner. Fe all fod y peth yn swnio'n oer ac yn galed – yn anifeilaidd braidd – ond efallai hefyd, yn hanfodion geni a marw, nad oes cymaint â hynny o wahaniaeth rhwng dyn ac anifail. Beth bynnag, o'r olwg gyntaf a gefais ar y ddau fach, gwyddwn ym mêr fy esgyrn nad oedd popeth yn iawn gydag Esyllt. Gwyddai Siân hefyd. Nid peth i'w weld ydoedd yn gymaint â rhyw islais o arswyd yn wyneb yr anesboniadwy. Profwyd yn fuan ei bod yn dioddef o'r Down's Syndrome ynghyd â chymhlethdodau ynglŷn â falfiau'r galon. Nid oedd dim y medrid ei wneud ynglŷn â'r cyntaf, ar wahân i aros i weld faint yr amherid ar ei chyneddfau fel y tyfai. Am yr ail, bwriedid rhoi iddi lawfeddygaeth pan, ac os, cryfhâi hi ddigon i'w dderbyn. Ac yn yr wythnosau cyntaf hynny bu raid i ni ein dau wynebu'r dewis ingol rhwng ei thraddodi i ryw ysbyty, efallai am ei hoes, neu ei dwyn adref ac ymladd orau y medrem. Ond, a hithau yn dri mis oed, bu farw. A dygodd marw diniwed y bitw fach y dewis oddi arnom. Yng nghanol holl storom teimladau'r dyddiau hynny, bron heb yn wybod i mi fy hun, dechreuais wneud englyn neu ddau, ac o dipyn i beth tyfodd y rheini yn gerdd gyfan. Ac yr wyf yn hollol argyhoeddedig heddiw fod y catharsis hwnnw, ynghyd â Thristan, wedi bod yn fodd i'n dwyn ni ein dau yn ôl i ryw fath o normalrwydd.

Pan ddaethpwyd â Thristan adref o'r ysbyty un o'r rhai cyntaf i ddod i'w weld oedd Madge, gweddw Rhydwin y Siop, a hithau'n lled oedrannus erbyn hynny. Ar brynhawn annhymhorol o deg yn Nhachwedd pwy fordwyodd i fewn drwy iet y clos a'i hwyliau yn llawn ond hyhi, wedi cerdded yr holl ffordd o Flaen-porth a'r fflagiau'n cwhwfan.

Cymerodd un olwg ar yr un bach yn ei grud, a chyda'i gonestrwydd diflewyn-ar-dafod cyhoeddodd, 'Jean, ma golwg *dod* ar hwn ta beth.' Ac wrth yr olwg arni hithau ni feiddiai holl bwerau'r fall dynghedu yn wahanol.

Felly, am agos i chwarter canrif bu plant a phobl ieuanc yn cyfanheddu'r lle hwn, a phob un a'i ofid a'i lawenydd yn ei ddilyn. Ni cheisiais erioed wasgu arnynt fy niddordebau i fy hun, ond gobeithio ar yr un pryd nad esgeulusais unrhyw gyfle i ennyn eu diddordeb yn y pethau hynny. Ac eto, rywfodd, tueddodd y pedwar hynaf hyd yn hyn at ryw ffurf ar gelfyddyd. Credaf fod o leiaf un ohonynt a garai barhau olyniaeth y tir hefyd, ond pwy wyf fi, na fedraf honni i mi fod yn gyfrifol am lywio fy mywyd fy hun, i geisio cyfeirio bywydau pump o eneidiau eraill?

*Siân a Dic gyda Rhian ar ôl iddi raddio*

*Delyth yn actio yn y gyfres deledu*
Y Palmant Aur

*Y meibion yn ymlacio yn yr Hendre. O'r chwith: Dafydd, Brychan a Tristan*

*Y teulu ynghyd yng Nghapel Blaenannerch ar achlysur cyngerdd arbennig i godi arian i gael to newydd i'r capel.*

*Cefn (o'r chwith): Dafydd (mab), Dic; Brychan a Rhian (mab a merch).*

*Canol: Rhiannon (chwaer), Tristan (mab), Goronwy (brawd), Delyth (merch), Mary a Margaret (chwiorydd), Parch. Gwyn Madoc Jones.*

*Blaen: Anti Neli (modryb trwy briodas), Steffan ac Osian (wyrion)*

*'Tair sbarcen off i'r Bafftas!' Rhian, Delyth a Siân ar eu ffordd i seremoni wobrwyo BAFTAS Cymru yn 2000, a Delyth wedi'i henwebu am ei rhan yn* Y Palmant Aur

*Dic a Brychan yn cael hwyl ar 'Greensleeves' ar y teledu yn y nawdegau*

*Dic, Siân ac Idris Reynolds (cyfaill agos iddynt) ar ymweliad ag Aberglasney*

*Dau 'gymêr' o'r iawn ryw yn chwilio am ysbrydoliaeth! Dic gyda Hywel Teifi*

*Côr Pensiynwyr Aberteifi yn ennill yn Eisteddfod Genedlaethol Caerdydd, 2008. Dic a'i dair chwaer yn y blaen – Mary, Rhiannon a Margaret (yr arweinyddes)*

*Côr Meibion Blaen-porth, a Dic yn bedwerydd o'r chwith yn y cefn*

*Yr wyrion i gyd ym Mai 2008. Cefn (o'r chwith): Elis, Jac, Osian, Steffan, Peredur a Bedwyr. Blaen: Ynyr ac Ethan*

*Meistres y Gwisgoedd bersonol i'r Archdderwydd newydd!*
*Dic a Siân yng Ngorffennaf 2008, yn paratoi at y Brifwyl yng Nghaerdydd*
*y flwyddyn honno*

*Yr Archdderwydd newydd yn llywio seremoni'r Fedal Ryddiaith yn 2008,*
*a Mererid Hopwood yn ei hennill*

*Dau enaid hoff cytûn – Siân a Dic*

# 19

# Cylchoedd y Pethe
# a phethau'n gylchoedd

Dychwelwn adref yn ddieithriad wedi bod 'ar gered' mewn
stiwdio neu steddfod, fel petawn yn cyrraedd dinas noddfa.
Yn ôl at rygnu cynefin y rhod feunyddiol. Cyrraedd efallai
yn oriau mân y bore a rhoi tro am y gwartheg cyn mynd i'r
gwely – mae disgyblaeth bara a chaws yn gystal disgyblaeth
â'r un. Yn rhy aml o lawer byddai'r da wedi torri i'r cae llafur,
neu lo wedi'i daro'n sâl neu ryw alanas arall wedi digwydd
yn fy absenoldeb. Ond unwaith y cawn y gwynt ar fy wyneb
eto, a'r cesair a'r glaw cyn amled â hynny, allan ar y caeau,
a sŵn y peiriant godro yn fy nghlyw dôi pethau yn raddol
yn ôl i'w lle a chawn fy nhraed danaf wedyn. A theimlais
erioed fod union ddigyfnewidrwydd y bywyd hwn yn
gymaint o fendith ag o faich. Oni ddôi'r gerdd i'r brig neu'r
rhaglen i fyny â'r disgwyl, byddai gan Seren ei llo, neu'r
hwch ei thorraid newydd, a byddai ceirch Parc Cwm Bach
yn tonni yn yr awel.

Ailgydiwn innau yn fy nychmygion a'm hel meddyliau.
Am tua phedair awr y dydd, y bore a'r nos, byddwn yn hollol
ar fy mhen fy hun yn godro, a thician rheolaidd pendil y
peiriant yn gyfeiliant i'm myfyr. Yn wir, bron nad oedd y
tician hwnnw yn fy nghymell at rythmau cerdd dafod – yn
enwedig at fesurau'r cywydd a'r hir-a-thoddaid. Bron nas
clywswn yn curo 'Draw dros y don mae bro dirion nad ery',
a llinellau felly. A chyn fy mod yn llawn sylweddoli hynny
rywsut, byddai gennyf innau linell gyffelyb ac fe'm cawn fy
hun yn prysur adeiladu pennill o'i chwmpas, ac oni ddôi i

ben yn ystod y godro hwnnw, byddai'r hen dician yn ei alw yn ôl i'm cof y godro wedyn i fynd ymlaen â hi. Efallai mai rhaglen steddfod fyddai'r ysgogiad, efallai gofynion Talwrn neu raglen arall, neu efallai eto dim byd mwy na rhyw syniad a'm trawai fel rhywbeth gwerth ei ddilyn, ac nid yn anaml byddwn wedi derbyn llythyr neu alwad ffôn oddi wrth rywun nas gwelswn erioed, yn rhoi imi'r manylion am briodas fan hyn neu angladd fan draw ac yn gofyn cân neu bennill i'r achlysur. Gwnes englyn ar briodas Teifi Evans, Troed-yr-aur ar gais ei frawd Rob unwaith, a chael pedwar brithyll yn dâl. Brithyll y llinell – does dim amheuaeth pwy gafodd y gorau o'r fargen honno!

Ni chymerwn i mo'r byd am arddangos fy odrwydd yng ngŵydd dynion, ond mae creadur yn wahanol. Ni waeth ganddo ef i chwi daranu cynganeddion yn ei glust drwy'r dydd gwyn. Nid etyb ef ddim, ac nis digiwch. Weithiau – fynychaf yn wir – fe'm cawn fy hun yn y wasgfa gyfarwydd honno rhwng yr angen am wneud rhywbeth a'r cyfle (a'r hwyl) i'w wneud. Y dedlein yn dod a'r amser yn mynd. Bryd arall, yn y pant hwnnw rhwng dyfnderau gofid ar y naill law a chopaon gorfoledd ar y llall. Eithr sylwais dros y blynyddoedd nad oes fawr ddim yn digwydd ond pan fo dau eithaf yn cwrdd â'i gilydd. Y plws a'r meinws sy'n gwneud y trydan. Y gwryw a'r fenyw sy'n creu bywyd.

Y mae'r bri a roddir o hyd yma yng Nghymru ar rywun a fedr lunio pennill yn dal i'm rhyfeddu. Mae'n bosib, gan fod bodau o'r fath rywfaint yn y lleiafrif, nad yw ond adlewyrchiad o'r duedd honno mewn dyn i edmygu camp nas medr ef ei hun. Megis y byddaf fi yn dotio at rywun a fedr dynnu llun neu ddynwared neu bregethu, ac y cenfigennaf wrth ei athrylith. Ond fe hoffwn gredu fod y peth yn ddyfnach na hynny – ei fod yn rhywbeth sy'n gynhenid ynom fel Cymry ac fel Celtiaid hefyd, rhywbeth sy'n mynd yn ôl i niwloedd y 'cofio am y pethau anghofiedig'. Beth bynnag ydyw, pan fo rhywun o bellafoedd gwlad Llŷn, dyweder, neu o gyrion

Morgannwg yn gyrru yr holl ffordd i'm gweld ar ôl colli rhywun annwyl ac yn gofyn i mi geisio crisialu ei alar mewn cwpled neu englyn, yn sicr y mae rhywbeth yn y peth.

Synhwyrais yn ogystal, rwy'n credu, yn y blynyddoedd diwethaf hyn newid yng nghyfeiriad llên yn gyffredinol, a phrydyddiaeth yn arbennig, yng Nghymru. Erbyn tua diwedd y chwedegau cyrhaeddodd darllen ei anterth. Wedi hynny daeth record a thâp yn fwyfwy cyffredin, a dal i ddatblygu – a hynny ar draul y gair ysgrifenedig – y maent o hyd. Gwelir effaith hynny ym mhob cyfeiriad. Llawer mwy o acenion lleol, er enghraifft, ar radio a theledu, rhagor yr iaith glasurol yr amcenid ati mewn ysgol a choleg rai blynyddoedd yn ôl – yn Saesneg efallai yn fwy nag yn y Gymraeg. Y pwyslais tipyn llai a roddir heddiw ar lawysgrifen a sillafu. Negeseuon busnes yn cael eu trosglwyddo ar Telex yn hytrach nag mewn llythyr, a'r ffôn yn bwysicach na'r ffeil, a'r comiwtiwr a fu unwaith â'i lyfr yn gwmni iddo ar ei daith feunyddiol i'r gwaith, bellach â'i Walkman wrth ei glust. Y glust yn hytrach na'r llygad piau hi heddiw. Ac y mae'r newid hwnnw cyn wired am brydyddiaeth ag ydyw am unrhyw gainc arall o gelfyddyd, wrth gwrs. Daeth yn beth i wrando arno yn gymaint, os nad yn fwy, nag i'w ddarllen. Yn naturiol, dylanwadodd hynny ar y math o brydyddiaeth a grëwyd. Tueddodd mydr ac odl, cynghanedd ac addurniadau seinyddol o'r fath, a fu mewn cymaint bri yn y cyfnodau pell pan nad oedd darllen yn beth mor gyffredin, i fod ar i fyny unwaith yn rhagor. Bron nad awn cyn belled â honni fod y dulliau hynny o brydyddu a ystyrid yn hen-ffasiwn ac ar eu ffordd allan yn nechrau'r chwedegau ar y ffordd i'w hystyried yn *avant garde* eto erbyn hyn.

Ac nid ym myd llên yn unig y mae'r dystiolaeth i'r cylchdroi hwn yn safonau'r byd sydd ohoni yn blaen i'w weld. (Fe adawn ni ffasiynau dillad y merched, a hyd y sgertiau ac yn y blaen, yn llonydd am y tro!) Mae byd amaeth cyn llawned â'r un o enghreifftiau o'r un math o beth.

Byddai fy nhad yn troi'r gwartheg i bori cae Fel-a'r-fel, a phan orffennent hwnnw fe'u troai i gae arall, a dyna ddiwedd arni. Yna daeth yn ffasiwn i'w llain-bori â'r ffens drydan, gan roi ffens arall o'r tu ôl iddynt i ganiatáu i'r rhan gyntaf o'r cae ailgodi. Datblygwyd wedyn i bori'r cae yn glytiau, gan bori clwt bob dydd yn ei dro, a dychwelyd at y cyntaf mewn un diwrnod ar hugain ac ailgychwyn wedyn. Canfuwyd gwendidau yn y ddwy system fel ei gilydd a datblygwyd yr hyn a elwid yn bori yn flociau. Sef darparu bloc o dir gan amcanu tua thri chwarter erw i bob buwch a gwrteithio'r bloc bob tair wythnos yn ystod y tymor tyfu. Yr ydym felly wedi cyrraedd o fewn lled cae i fod yn ôl yn yr union fan yr oedd fy nhad ynddo hanner can mlynedd yn ôl.

Cedwid gwartheg mewn beudái y pryd hwnnw, gydag aerwy i bob un yn ei chôr, a'i phreseb ei hunan o'i blaen i roi bwyd i fewn yn un pen iddi, a sodren o'r tu ôl i'w dderbyn allan o'r pen arall. Rhwng y ddau ben eisteddai ei pherchen ddwywaith y dydd i dderbyn ei chyfraniad hi i'r economi. Yna dechreuwyd gwneud silwair, porthiant i'w ryfeddu, ond trwm ac anodd ei gael o'r cladd i breseb y fuwch. Felly, rhyddhawyd y fuwch o'i haerwy a'i throi i fwyta'r silwair yn syth o'r cladd, a'r cam nesaf oedd hepgor y beudy yn gyfan gwbwl a'i rhoi hi a'i chwiorydd mewn sied enfawr yn rhydd i fynd a dod fel y mynnent i fwyta a gorwedd bob yn ail. Ond yr oedd angen toreth o wellt i'w chadw'n lân o dan drefn felly – gwellt a aethai'n brin erbyn hynny gan fod cymaint mwy o'i bath hi a chymaint llai o ŷd. Felly, datblygwyd ciwbicl iddi, hynny yw côr unigol iddi hi ei hun y medrai fynd i fewn ac allan ohono fel y mynnai, ac nad oedd angen cymaint o wellt i'w gadw'n lân. Un cam pellach, a rhoi aerwy eto yn ei chiwbicl, a dyna ni'n ôl yn y lle y dechreusom ni – yn y beudy.

Y beudy hwnnw yr arferem garthu'r annibendod allan ohono yn foreol mewn whilber a'i olwyno i bwll y domen i'w adael yno i bydru tan y gwanwyn, pan wnâi achles delfrydol ar gyfer pob cnwd. Ond pan ddaeth y fuwch allan o'r beudy i'r sied fawr, ac allan o'r sied fawr i'r ciwbicl prin ei wellt, roedd ei hannibendod hi bellach yn rhy rhedegog i'w roi yn y whilber. Felly fe'i sgubwyd i'r llyn biswail, a phan aeth hwnnw yn llawn gwnaed lagŵn i'w dderbyn, a'i godi mewn bwced Jac Codi Baw i'r mycsbredar ei wasgar hyd y caeau. Pan aeth y lagŵn yn rhy fach codwyd seilo slyri a'i bwmpio allan i arbed i'r mycsbredar dorri'r tir yn y gaeaf gwlyb, a phan fagodd y seilo slyri grofen drwchus ar ei hwyneb fel na allai'r mycsbredar fycsbredio, darparwyd peiriant fel llwyau buddai i chwalu'r grofen honno. Ond dihangodd peth o'r slyri i'r afon a dyma fois y Bwrdd Dŵr yn dod a dweud y dylid cymysgu gwellt â'r slyri i'w sychu, a ph'un bynnag fe wnâi well achles felly. Sy'n ein gadael ni ymhle? R'ych chi'n iawn, yn ymyl y domen eto.

Ond peth felly yw cynnydd, onid e? Mae pob cenhedlaeth a fu erioed wedi credu ei bod yn symud ymlaen rhagor cenhedlaeth gynharach. Os byth y genir cenhedlaeth a ŵyr nad yw'n symud ymlaen, bydd wedi symud ymlaen gymaint â hynny.

Ond i ddod yn ôl at bethau llên. Fwy nag unwaith bu'n rhaid i mi fod ar fy llw rhag syrthio i'r temtasiwn parod o dreulio mwy o amser yn sôn am y peth nag yn gwneud y peth ei hun. A hwyrach y byddai rhai yn barod i ddweud na lwyddais yn hollol chwaith. Ond rhywfodd byddai agwedd ddisymach y plant, na hidient yr un ffeuen am fy nhipyn bri, a diawledigrwydd ambell fuwch a mochyn a hidiai lai fyth, yn ddigon i gadw traed dyn ar y ddaear, ac ynddi hefyd. Rwy'n gobeithio hynny beth bynnag. Wedi'r cyfan, faint gwell fyddwn i o ddadansoddi godidowgrwydd fy nghywydd diweddaraf i grwtyn saith oed a fynnai imi raparo pwnsher yn whîl ôl ei feic, neu chwifio tystysgrif yr Eisteddfod Genedlaethol o flaen bustach a oedd wedi penderfynu fod porfa'r cae nesaf yn lasach na phorfa'r cae yr oedd ynddo, neu restru fy muddugoliaethau i ryw lo yr oedd yn well ganddo fynd â'i gownt i fewn nag aros dyfodiad y fet? Dim dam bit. Yn ôl felly, at y pethau a oedd yn cyfri ar y funud. Dunlop Repair Outfit, bilwg cryman a lori Tan-y-groes.


Buasai Alun y Cilie mewn ysbyty am beth amser yn '68. Yr arwydd cyntaf, petawn i wedi dewis sylwi ar hynny, fod y cadarn hwnnw, hyd yn oed, yn dechrau dadfeilio. Ond gan fod ymweliad neu ddau wedi sicrhau ei fod ar wellhad, ac yntau ei hun mor rhyfygus ag erioed ynghylch ei iechyd, mentrwyd anfon iddo gywydd cyfarch, yn rhestru'r dirywiad mawr a fu yn y gyfeillach yn ei absenoldeb, ac yn pwysleisio pryder yr holl ardal amdano ac yn y blaen. Teimlai rhai ohonom fod peth perygl iddo o gyfeiriad y llu nyrsus o'i gwmpas bob awr o'r dydd a'r nos ac yntau'n widman, gan geisio codi ei hyder drwy atgoffa iddo beth o'r hen gadernid a fu:

> Yn dy breim buaset bron
> Wedi matryd y metron.

Daeth adre chwap wedyn, ond nid cyn iddo ganu cywydd ateb maith a manwl y bu hwrê fawr wrth ei wrando pan ailymunodd â'r seiad. Yr oedd ei ddau frawd olaf, S.B. ac Isfoel, wedi eu claddu a'i adael ef yr olaf o Fois y Cilie, a Jac Alun wedi gadael y môr ac yn prysur lenwi'i le fel capten tir sych. Byddai'n werth ei weld yn cyrraedd maes eisteddfod, â'i het wellt gantel lydan a'i siwt ddrudfawr a'i sigâr. Petai ganddo gamra ar ei ysgwydd yn ogystal, o'r braidd na thyngai dyn mai un o'r Cymry ar Wasgar ydoedd.

Hwnnw oedd cyfnod sefydlu eisteddfodau Pantyfedwen

ym Mhontrhydfendigaid, ac estyn nawdd yr ymddiriedol-
aethau hynny i steddfodau Aberteifi a Llanbedr Pont Steffan,
datblygiad a ddigwyddodd ar yr union adeg yr oedd ei
angen. Aethai nifer yr eisteddfodau pentref i lawr yn
ddifrifol. Lle gwelwyd yn neuadd Aber-porth yn unig yng
nghanol y pumdegau gymaint â naw eisteddfod rhwng
diwedd Medi a diwedd Ebrill, nid oedd bellach ond un.
Darfu, dros dro, am eisteddfod enwog Rhydlewis hyd yn oed
– eisteddfod a enillodd iddi ei hun yr enw fod unrhyw un a
enillai'r gadair ynddi ar ei ffordd i brif wobrwyon y
Genedlaethol ei hun. Ac o ystyried enwau fel Gwilym Ceri
Jones, W. J. Gruffydd, John Roderick Rees, Emlyn Lewis,
T. Llew Jones a Donald Evans, byddai'n anodd amau'r
honiad hwnnw. Pan ddarfu am y gwyliau hyn nid oedd dim
i bontio'r bwlch rhwng cyrddau cystadleuol y capeli – a
diolch am y rheini – a'r Eisteddfod Genedlaethol. Dim
llwyfan i adroddwr nac unawdydd fwrw'i brentisiaeth arno,
nac i brydydd gael gwyntyll beirniad ar ei waith. Dyna'r
bwlch a lanwyd gan haelioni Syr David James. Yn eu
blynyddoedd cyntaf tynnai'r gwobrwyon hael gryn sylw – yr
oedd y wobr am englyn yn gyfwerth â phris dwy ddafad ar
y pryd – a mynych y cymharai Alun y gwobrwyon hynny â'r
prisiau a gâi ef am loi a pherchyll yn yr hen ddyddiau. Ond
enillodd gadair eisteddfod gyntaf y Bont ac ni chlywyd
cymaint o gymharu wedyn!

Ond yn 1974 cefais innau gystal hanes i'w adrodd wrth
fy wyrion â dim a ddywedodd ef. Y flwyddyn cynt degolwyd
ein harian, a'm barn bersonol i yw mai dyna'r twyll mwyaf
a wthiwyd erioed ar y wlad, yn sicr o fewn fy nghof i. Ar
un ergyd cwympodd y bunt o fod yn werth dau cant a
deugain o geiniogau i fod yn werth cant. O, gwn yn burion i'r
awdurdodau bropagandeiddio'r syniad fod y geiniog newydd
yn werth dau pwynt pedwar o'r hen un, ond gwyddoch chi
a minnau mai fel arall yn union y bu'r effaith. Ac ni synnwn
i ddim na ellid olrhain y chwyddiant arswydus ym mhrisiau

tir a nwyddau o bob math a'r holl anghyfiawnderau a ddaeth yn sgil hynny, yn ôl i'r penderfyniad trychinebus hwnnw. Yr Arabiaid a phris olew sy'n cael y bai yn gyffredinol, wrth gwrs, ond os yw hynny'n wir, sut na chwympodd prisiau wrth i bris olew ostwng? Y mae hwnnw tua hanner y pris yn awr ag oedd rai blynyddoedd yn ôl. Gwelaf y dyddiau hyn fod pryder mawr yn y *City* fod yr FT Index, gan taw beth yw pwysigrwydd hwnnw, mewn dirfawr berygl o gwympo'n is na 1750. Yn Nhachwedd 1974 rwy'n cofio darllen iddo fynd o dan 150 am y tro cyntaf erioed, medden nhw. Ac aeth prisiau lloi yn is na hynny!

Dyna'r adeg y bu'r ffermwyr yn protestio ynghylch y cig a fewnforid o Ffrainc ac Iwerddon, ac y buom yn picedu'r porthladd yn Abergwaun, ac nid heb achos. Euthum â dau lo i fart Aberteifi – dau lo gwryw Friesian – a fyddai'n werth rhywle o gwmpas canpunt yr un heddiw. Cefais bunt – y can ceiniog newydd bondigrybwyll – am y ddau! Cadwodd yr arwerthwr yn ôl un geiniog ar bymtheg o gomisiwn arnaf ac anfon siec o bedwar ugain a phedair o geiniogau imi. Mae'r siec gennyf o hyd – ni synnwn i ddim nad yw'n werth mwy na hynny fel *antique* erbyn hyn!

Cwrddais ag Emyr Oernant yn y mart y bore hwnnw. Yntau a chanddo ddau lo ond wedi gwrthod gwerthu am bris mor warthus, ac yn paratoi i fynd â nhw adre'n ôl. Aethom ein dau i'r Eagle am rywbeth bach i anghofio'r trêd gan adael ein ceirt y tu allan, fy un i yn wag a'i un yntau a'r ddau lo ynddo. Pan ddaethom allan yr oedd ganddo dri! Ac nid oeddem yn gweld dwbl chwaith.

Blwyddyn Caerfyrddin oedd hi i'r Genedlaethol y flwyddyn honno, a minnau wedi derbyn gwahoddiad i fod yn un o'r tri beirniad yng nghystadleuaeth y gadair. Derbyn, mae'n rhaid i mi gyfaddef, wedi cryn betruso. Nid oedd gennyf amheuaeth na fedrwn adnabod barddoniaeth pan welwn hi, neu'r hyn a ystyriwn i'n farddoniaeth beth bynnag. Ond beth os dôi cerdd ddofn, astrus ei chyfeiriadaeth i'r gystadleuaeth? Ni fyddai gen i agos digon o wybodaeth i wneud cyfiawnder â hi. Ond fe'm darbwyllwyd gan Tecwyn Lloyd y byddai fy nau gyd-feirniad yn fwy nag abl i'm goleuo pe dôi i hynny; a derbyn a wnes.

Fel y digwyddai, yr oeddwn ar y clos pan ddaeth y post â'r pecyn pwysig. Pecyn y bu'n rhaid i mi arwyddo amdano – peth nad arferwn ei wneud ond i dderbyn llythyron lled fygythiol. Nid argoelai'n dda. Newydd droi'r gwartheg allan i Barc Dan Clos yr oeddwn, wedi godro, a dwy neu dair ohonynt yn pori o fewn llathen neu ddwy i wal y tŷ, a medrwn glywed yn blaen sŵn eu tafodau yn llarpio'r borfa. Rhois fy nghyllell boced drwy'r amlen yn y fan a'r lle i gael gwybod y gwaethaf, a dechrau darllen tudalen gyntaf yr awdl a ddigwyddai fod ar ben y pecyn, gan ling-di-longian at y tŷ. Gwyddwn cyn gorffen y dudalen honno fy mod wedi disgyn ar fy nhraed unwaith eto, ac na fyddai atal yng Nghaerfyrddin pe cawswn i fy ffordd. Arafodd fy ngham ymhellach pan ddeuthum at yr:

> '. . . ast ffyddlon, fronwen?'
> Buan oedd ar bawen wen,
>
> . . . Mynd ar wib ar ddim ond 'Rhed!'
> yn ei hawydd diniwed.

Ond stopiodd yn gyfan gwbl pan ddeuthum at:

> . . . gwrando'r fuwch yn pori
> ar waun a haf arni hi.

Mae'n anodd i mi ddisgrifio ias yr ennyd honno. Yr oedd fel petai rhyw gyfrinach ogoneddus rhwng y bardd a minnau yn unig, a'r ddau ohonom yn gweld, yn teimlo, yn clywed – yn wir fod pob synnwyr o'r eiddom am un eiliad fer yn hollol, hollol gydweithio. Rhyw fath o empathi gefeilliol mewn pedair sill ar ddeg.

Petai T. Gwynn Jones a Williams Parry eu hunain yn y gweddill o'r pecyn, fe gaen nhw gryn ffwdan i godi i'r brig wedi mi weld hwn'na. Pan ddeuthum ataf fy hun, gyda sŵn y gwartheg yn fy nghlust a'r cwpled yn fy nghof yr euthum i'r tŷ i ddarllen y lleill. Rhagfarn, meddech chi. Dyfarnu ar sail un cwpled. O bosib, meddaf innau, ac nid ymddiheuraf am hynny. Achos ymhen rhai wythnosau bu'n llawenydd llawn cymaint gen i ddeall fod Eirian Davies a Geraint Bowen lawn cyn gryfed dros gadeirio Moses Glyn Jones ag oeddwn i. Mae'n bosib – yn wir yn fwy na thebyg – na fyddaf byth yn feirniad da, ond gwn fy mod unwaith wedi bod yn feirniad wedi ei blesio.

Yr hydref hwnnw cychwynnodd y paratoadau ar gyfer Eisteddfod y Dathlu yn Aberteifi. Wyth gan mlynedd wedi cynnal yr eisteddfod gyntaf honno yn y castell o dan nawdd yr Arglwydd Rhys, ac yr oedd ymwybyddiaeth gref o falchder yn yr achlysur yn cyniwair y broydd. Euthum i gyfarfod cyntaf pwyllgor yr Orsedd a goddef fy newis yn gadeirydd arno, ac wedi i hwnnw gwrdd ryw ddwywaith, deallais i mi gael fy nghyfethol i'r Panel Llên yn ogystal. Yr oeddwn yng nghyfarfod y pwyllgor hwnnw pan awgrymwyd, ac y derbyniwyd yn llawen, yr awgrym y dylid enwebu Alun y Cilie yn un o feirniaid cystadleuaeth y gadair. Penderfynwyd ar ddau destun, 'Y Castell' a'r 'Gwanwyn', i'w hargymell i'r Pwyllgor Gwaith fel testunau addas i'r gystadleuaeth. Ni wn pa gorff a fu'n gyfrifol am ddewis y 'Gwanwyn' o'r ddau.

Cychwynnodd Pwyllgor yr Orsedd ar unwaith ar y dasg o gael llecyn addas i godi'r Cylch arno. Y freuddwyd gyntaf oedd cael ei osod o fewn muriau'r castell, ac er na fyddai'n berffaith o ran maint, y teimlad cyffredinol oedd y dylid estyn peth ar reol a hyd yn oed addasu defod efallai er mwyn ei leoli mewn man mor unigryw. Ond er cael pob anogaeth a chymorth gan swyddogion Bwrdd yr Orsedd, profodd anawsterau perchnogaeth ac yn y blaen yn amhosib eu goresgyn. Gan fod y Cyhoeddi i'w gynnal y Mehefin canlynol, o'r holl bwyllgorau Pwyllgor yr Orsedd oedd yr un y byddai'n rhaid iddo orffen ei waith gyntaf. Ffurfiwyd Côr yr Eisteddfod a oedd i berfformio'r 'Elias' yn y Cyhoeddi, a chôr cerdd dant pedwar llais, yn ogystal â phartïon iau o'r côr hwnnw i ganu'r Cywydd Croeso a nifer o ddarnau eraill. Ymunodd Siân a minnau a Delyth a Rhian ym mhob côr a pharti yr oeddem yn addas iddo. Yr oedd Côr Blaen-porth hefyd â'i fryd ar gystadlu, ac felly roedd yn bractis neu bwyllgor bob nos o'r wythnos. Ni chredaf i mi siafio cyn amled yn fy holl ddyddiau ag a wneuthum yn ystod y ddwy flynedd hynny!

Wedi cyfres o drafferthion i ddod o hyd i fan addas i Gylch yr Orsedd, cafwyd caniatâd Teifion Morris i'w osod ar lecyn hyfryd ar gwr y dref, yn y cae bach o flaen Brondesbury Park ac ar fin y ffordd fawr. Man delfrydol, ac er bod rhai mân anawsterau ynglŷn ag union leoliad y meini teimlid y gellid eu goresgyn i gyd, ac aeth y gwaith o chwilio meini addas a chael y modd i'w cywain a'u codi yn ei flaen.

Yr oeddwn wedi dod i gysylltiad, yn ystod y paratoadau ar gyfer Eisteddfod Hwlffordd bedair blynedd ynghynt, ag Emrys Evans o Grymych, pan ganem ail denor ein dau yng nghôr *Cilwch Rhag Olwen* W. R. Evans. Un o'r tymhorau difyrraf a dreuliais erioed. Gwnaethai Emrys fynyddoedd y Preselau a'u chwedloniaeth yn brif ddiddordeb ei fywyd, a'i fywoliaeth am rai blynyddoedd fuasai naddu a cherfio carreg las unigryw Caermeini yn llestri ac addurniadau o bob math. Carreg meini Côr y Cewri, wrth gwrs. A'i awgrym ef oedd y dylid ystyried codi cylch gorsedd Aberteifi yn gyfan gwbwl o'r garreg las. Teimlai mai Eisteddfod y Dathlu fyddai'r cyfle

251

olaf yn Nyfed, efallai am byth, i godi cylch unigryw o'r fath, cyn agosed i'r Preselau eu hunain.

Yr oedd gan Emrys ei ddamcaniaethau ei hun, nad wyf fi'n gymwys i draddodi ar eu cywirdeb na'u hanghywirdeb, ynglŷn â chwedlau a rhyfeddodau gwlad Pwyll a Phryderi, a bûm gydag ef lawer gwaith yn cerdded y mynyddoedd o Grymych i Fynachlog-ddu a thu hwnt, yn rhannol i chwilio'r tri maen ar ddeg yr oedd arnom eu hangen, ond yn gymaint â hynny am i mi syrthio'n llwyr dan gyfaredd y lle. Er mai Caermeini – neu Caermenyn ar lafar – yw'r unig le yn y byd, meddir, lle ceir y garreg las, dros y cannoedd blynyddoedd cludwyd llawer ohonynt i wneud pystion ietiau ac yn y blaen, a channoedd o flynyddoedd cyn hynny wedyn i'w sefyll yn barau yma a thraw ar hyd y mynyddoedd a'r rhosydd. Gwyddai Emrys am bob carreg strae ohonynt. Yn ei gartref un noson cymerodd fap ordnans o'r ardal a'i osod ar y ford, gan dynnu llinellau arno i gydio pob man y gwyddai fod yno gromlech neu ddolmen, a phob fferm yr oedd y gair 'maen' yn ei henw – Glynseithmaen, Maen-coch, Maenhir, ac yn y blaen. Yn ddieithriad bron, ffurfiai'r llinellau hynny drionglau sgwâr-onglog gydag apig pob un yn canoli ar Garn Arthur, y garn honno yng nghanol y Preselau y mae'r carnau eraill yn codi o'i chwmpas yn gylch o bedair carn ar bymtheg. Daliai Emrys mai'r cylch hwn o gribau oedd y patrwm a ddilynwyd i godi'r cylch o bedwar maen ar bymtheg yng Nghôr y Cewri.

Dro arall aeth â mi i fyny llethrau Caermeini, gan ddringo o'r hewl gerllaw fferm y Capel ym Mynachlog-ddu. Pan oeddem ryw hanner y ffordd i fyny dangosodd i mi garreg hirfain ar ei gorwedd a thwll crwn tua hanner modfedd ar draws a thuag wyth modfedd o ddyfnder wedi ei ddrilio ynddi, a gofynnodd i mi beth dybiwn i oedd hi. Atebais innau ei bod cyn debyced â dim i garreg hongian iet a thwll bachyn ynddi. Ond nid oedd yno na chlawdd na gwal gerrig o fewn milltir, nac adwy y medrwn i ei gweld y gallai fod wedi dod ohoni. A dangosodd i mi hanner dwsin yr un fath yn union, rhai ohonynt o fewn dim i'r copa, lle na allai iet fod wedi hongian erioed. Felly beth allai eu pwrpas fod, ac yn gymaint dirgelwch â hynny, sut y driliwyd y tyllau perffaith grwn, dyfnion hynny ynddynt, ac i beth, fry ar y rhostir hwnnw?

Ar Gaermeini ei hunan, ffynhonnell y garreg las, dangosodd i mi faen a elwid yn Garreg y Gloch, rwy'n credu. Codais ddarn o garreg at faint bricsen yn fy llaw, a tharo rhai o'r meini a orweddai o gwmpas â hi. Gwnaeth sŵn marw, clets nodweddiadol dwy garreg yn erbyn ei gilydd. Ond pan drewais y garreg arbennig a ddangosodd i mi, roedd honno yn llythrennol yn canu fel cloch, a'r sŵn yn rowlio i lawr y cwm.

Dangosodd fel y bu rhywrai filoedd o flynyddoedd yn ôl yn hollti'r graig yn feini. Gollwng carreg enfawr i ben uchaf hollt yn y graig fel lletem, a thros y canrifoedd llithrai'r lletem honno i lawr i'r hollt yn ara bach fel y byddai haul yr hafau a rhew'r gaeafau yn ei phoethi a'i hoeri bob yn ail, nes o'r diwedd yr holltai'r maen yn rhydd oddi wrth y graig. Yr oedd yn dod â dyn wyneb yn wyneb â rhyw bwerau mwy nag ef ei hun i sylweddoli fod rhai o'r lletemau hynny wrth eu hollti araf hyd y dydd heddiw. Beth oedd rhyw degan o awyren a hedai uwchben ar y pryd, i'w gymharu â glewder ac amynedd y gwareiddiad hwn?

Y ddamcaniaeth gyffredin ynghylch meini Côr y Cewri yw iddynt gael eu cludo yno o'r Preselau. Eu llusgo o Gaermeini dros y gefnen i afon Cleddau a'u nofio allan i'r aber ac felly i'r môr i fyny Sianel San Siôr hyd at Avonmouth, i fyny'r Avon ac yna dros dir eto i wastadedd Salisbury. Ond roedd gan Emrys ddamcaniaeth beth yn wahanol. Nid tua'r Cleddau o gwbl yr aed â hwynt, meddai ef. Byddai hynny wedi golygu gorifyny am filltiroedd dros dir uchel, a llawer ohono yn wlyb a meddal. Yn hytrach, daethpwyd â hwy yn ôl i gyfeiriad Crymych ar y goriwaered, gan groesi'n agos i'r lle mae Pentregalar heddiw, i lawr at afon Taf ac allan i'r môr yn Llansteffan.

Mae'n debyg fod un o feini porth y cylch mewnol yng Nghôr y Cewri yn eisiau, a'r gred gyffredinol yw i ryw ffermwyr, efallai, ei ddwyn ymaith rywbryd yn y gorffennol at ryw bwrpas neu'i gilydd. Ond na, meddai Emrys. Nid aethpwyd â'r garreg honno erioed o Gaermenyn. Mae hi yno'n awr. A dangosodd i mi faen o union siâp ac union fesuriadau y garreg goll yn gorwedd ar y mynydd o hyd. Carreg yr oedd yn amlwg iddi gael ei naddu i'w siâp, ac fel pe bai'n disgwyl ers pum mil o flynyddoedd am rywun i ddod yn ôl i'w mofyn. Yr oedd y cyfan yn ddigon i yrru iasau i lawr fy nghefn. Iasau o falchder a syndod, ac arswyd hefyd. A gwyddwn y byddai'n rhaid, costied a gostio, derbyn awgrym Emrys i godi Cylch Gorsedd Gŵyl y Dathlu o'r meini hyn, petai ond i ddangos parhad y cyswllt rhyngom a'n hynafiaid yn y cornel hwn o'r byd. A dewiswyd tair ar ddeg ohonynt a'u marcio.

Bu'r gaeaf hwnnw yn anarferol o fwyn a gwlyb, ac ni fedrem feddwl am gasglu'r meini am fisoedd. Addawsai Dai Jones y Ffynnon yng Nghrymych eu cywain â'i lorïau enfawr, a Keith Evans o Gastellnewydd ddod â'i graen i'w codi i'w lle, achos yr oedd y trymaf ohonynt yn pwyso dros bum tunnell. Fel yr âi'r gaeaf yn wanwyn, a'r gwanwyn yn tynnu yn ei flaen, cynyddai'r pryder a fyddai'r cylch wedi ei godi mewn pryd i'r Cyhoeddi yng Ngorffennaf. Daethai rhai o swyddogion Bwrdd yr Orsedd i lawr i'w farcio, ond er treulio yn agos i ddeuddydd wrthi methwyd â gwneud dim ohoni gan i nifer o drafferthion digon ymarferol ddod i'r amlwg. Pibau carthion dŵr o wahanol adeiladau cyfagos yn croesi cae Brondesbury mewn sawl man, a phle bynnag yr arfaethid codi'r cylch yr oedd rhwystr yn bygwth, gan fod mesuriadau manwl iawn i'w canlyn, ac union gyfeiriad y Meini Porth a'r onglau rhyngddynt i'w dwyn i ystyriaeth. Yr oedd pethau cyn waethed fel y bu'n rhaid ystyried posibilrwydd chwilio am safle arall, er mor anodd fyddai hynny, rhag ofn na fyddai gennym gylch gorsedd o gwbwl.

Eithr dechreuodd y tywydd wella tuag wythnos y Llungwyn – wythnos Eisteddfod yr Urdd yn Llanelli – a'r tir i sychu. Yr oeddwn yn beirniadu cystadleuaeth y gadair yn yr ŵyl honno, ac i draddodi y prynhawn Sadwrn. Y Llun cynt, a minnau ym mart Aberteifi, yr oeddwn wedi galw i weld Berwyn Williams, Cadeirydd y Pwyllgor Gwaith, ac Idris Evans y Trefnydd yn swyddfa'r Eisteddfod, a'r tri ohonom yn cytuno ei bod yn greisis arnom. Nid oedd ond prin chwe wythnos tan y Cyhoeddi a ninnau heb faen yn sefyll. Byddai'n rhaid rhoi cynnig arni ar unwaith. Now or nefar. Cysylltwyd â Dai'r Ffynnon a Keith Evans a chytunwyd ar brynhawn Sadwrn at y gwaith. Ond yr oedd y marcio heb ei wneud. Aeth Berwyn adref i'w siop i mofyn tâp mesur decllath a minnau i mofyn tipyn go lew o gortyn belo a thorri tua dwsin a hanner o begiau pren o'r clawdd, a chydag Osian Wyn Jones yn gwmni i roi bendith swyddogol ar y gweithgareddau, draw â ni i Frondesbury. Edrych tua'r nef, croesi'n bysedd a gobeithio, a bwrw peg i lawr lle dylai'r Maen Llog fod a thynnu cylch o'i gwmpas â'r cortyn bêls a marcio lle'r gwahanol feini ar y cylch â'r pegiau. Y cyfan drosodd mewn ugain munud.

Bore Sadwrn a ddaeth, a minnau a chennyf hyd hanner awr wedi un ar ddeg y fan bellaf, cyn y byddai'n rhaid i mi gychwyn am Lanelli. Ond pan gyrhaeddais gae'r cylch tua naw o'r gloch roedd y llwyth cyntaf o feini wedi cyrraedd, a hanner y dref yn gynulleidfa iddo, a Jac Codi Baw Emrys Owen yn brysur wrthi'n tyllu'r seiliau. A thyllodd y cyfan heb gwrdd â phiben na charthffos na dim. Yr oedd y duwiau o'n tu. Argoel dda i Ŵyl y Dathlu, ac yr oedd y craen wedi codi'r ddau Faen Porth erbyn y daeth yn amser i mi fwrw am dre'r Sosban.

Prin fod fy meddwl ar fy ngwaith yn hollol yn ystod y feirniadaeth honno, a phrin fod fy nwylo'n hollol lân o bridd

Brondesbury chwaith, ond yr oedd Mairwen Gwynn Jones a minnau yn cytuno'n llwyr yn ein dyfarniad ac nid oedd amheuaeth am deilyngdod Tom Jones. Yn ddiweddarach, beth bynnag, a heb i'r un ohonom ni gael gair yn y mater, torrwyd ef allan o'r gystadleuaeth gan iddo fethu â chadw llythyren rhyw amod neu'i gilydd. Argoel arall efallai!

Deuthum adref ar fy union drwy Aberteifi i gael golwg ar y cylch, ac yr oeddwn yn seiadu gyda Jac Alun a Llew fel arfer yn hwyrach yn y nos. Pryderwn o hyd am y cylch. Er bod y meini ar eu traed, ac nad oedd mwy na gwaith rhyw fore o dwtio o'u cwmpas â chaib a rhaw, a oedd y Maen Llog a Maen y Cyfamod yn pwyntio'n union i'r dwyrain? A oedd yr ongl rhyngddynt a'r ddau Faen Porth yn mynd i gyfateb i godiad haul ar y dydd byrraf a chodiad haul y dydd hwyaf? Roedd cyfarwyddiadau Bwrdd yr Orsedd yn fanwl iawn ar y pwynt hwnnw. Ond daeth gweledigaeth ar y ffordd adre'r nos Sadwrn honno – noson glir a phob seren yn y golwg. Onid oedd y Capten newydd fod yn sôn yn huawdl iawn am y Gogledd Magnetig a'r Gwir Ogledd, a'r amrywiaeth rhyngddynt yn y lledredau hyn? Onid oeddwn innau, hyd yn oed, yn medru adnabod Seren y Gogledd? Ac i lawr â mi, a hithau'n hanner nos erbyn hyn, i Aberteifi i sefyll ar y Maen Llog fel rhyw Archdderwydd y Fall, a chanfod y seren honno yn union uwchben simnai chwith Brondesbury Park. Yr oedd cerrig yr orsedd o fewn gradd neu ddwy i leoliad perffaith, ac yr oedd gennyf air y Capten fod hynny o fewn ein 'magnetic variation' ni.

Eithr nid ei hir wlybaniaeth fu unig dristwch y gwanwyn hwnnw. Ers y Calan Gaeaf cynt bu'r hen Alun yn clafychu. Fwy nag unwaith, a minnau'n ei ffonio i weld a gaem gwrdd, ymesgusodai gan ddweud na ddeuai allan y noson honno. Y tywydd yn rhy oer efallai, neu efallai eto rhyw jôc fach ei bod hi'n ormod o ffwdan ganddo newid a siafio, a ph'un bynnag roedd hi'n ddiddig iawn wrth y tân fan'ny. Efe, yr hen gawr. Y gŵr yr oedd cymdeithasu yn anadl einioes iddo.

Ac weithiau, pan fyddai ef wedi bod yn absennol dro neu ddau, aem i gyd i Bentalar a threulio'r noson gydag ef. Trigai erbyn hynny ym mhentref Pontgarreg, a Llew ar un ochr iddo, a Jac Alun wedi adeiladu byngalo yr ochr arall. Stryd y Beirdd, ys dywedai Rhys Tre-dŵr. Nid nepell oddi yno hefyd y trigai Jim yr Anialwch, ac, yn ôl tystiolaeth Rhys beth bynnag, roedd ambell wreichionen go wresog o'r hen hwyl yn tanio'n lled fynych rhyngddynt 'yn y prynhawne'. Tri o gyfeillion y blynyddoedd, ys dywedai Alun ei hun:

> . . . yn bwrw'r draul
> heb stoc na stad, yn henwyr yn yr haul.

Treuliasom i gyd y nos cyn y Nadolig hwnnw ym Mhentalar, gan ddilyn ein harfer blynyddol o gyfnewid ein henglynion cyfarch i'n gilydd. Mae'r cerdyn a gefais i a Siân ganddo'r noson honno gennyf o hyd, a'i neges yn dipyn llawnach, ysywaeth, na'r geiriau arni yn unig. Y llawysgrifen mor grynedig fel mai prin y medrem ei deall, ond miniowgrwydd yr ymennydd a'r ymhyfrydu yn y gynghanedd yn dal yr un:

> Heddiw boed gwledd o bwdin – yn frwd faeth
> Ar ford fawr eich cegin,
> A mawl yr Iddew ddewin
> A babi Mair ar bob min.

Âi'r troeon y byddai ef yn absennol o'r cwmni yn amlach, amlach o hyd, ond eto i gyd fe'm trawodd fel ergyd gordd pan holais ei hynt i Llew un noson a hwnnw'n dweud, 'Na, rwy'n ofni na ddaw e ddim ma's mwy.' Ac ar Ddydd Gŵyl Dewi, a Chymdeithas Ceredigion, y gymdeithas honno yr oedd ef yn llywydd anrhydeddus iddi, yn cynnal ei heisteddfod a'i chinio blynyddol, bu farw. Y diwrnod hwnnw hefyd bu farw Syr T. H. Parry-Williams. Dau gawr.

Gwanwyn rhyfedd fu hwnnw. Buasai'n aeaf glas, a'r fynwent yn fras, fel sy'n digwydd fynychaf. Claddwyd

Glanville, y cyfaill o gontractiwr a fu gennyf ers blynyddoedd, a Jacob Davies, ein llyw a'n diddanwr yn nhîm *Penigamp*, y ddau mor ddisyfyd â'i gilydd. Yn nechrau Chwefror, a'r ddaear heb gysgu ers y Calan Gaeaf cynt, roedd y caeau'n lasach nag oeddent Galan Mai, yn y parthau hyn beth bynnag, er bod y tir cyn wlyped â chors. At ddiwedd Mawrth trodd yn oerach, ac nid oerfel sych, iach rhew ac eira, ond cesair ac eirlaw am wythnosau. Difawyd hynny o dwf a fu yn y misoedd cynt ac aeth yn wanwyn hwyr iawn, a bu'n rhaid i nifer o ffermwyr, fel minnau, droi'r gwartheg i'r caeau a fwriadwyd ar gyfer gwaith a silwair, gan obeithio cael ail gnwd yn hwyrach yn y flwyddyn. Am y tro cyntaf erioed bu raid i mi brynu gwair ar ei draed. Ugain erw ohono, draw ym Metws Ifan, ac unwaith y cafwyd hwnnw dan do gwnaeth haf tyfadwy dros ben.

A'r haul yn Alban Hefin unwaith eto, cyhoeddwyd Gŵyl y Dathlu yn Aberteifi. Wythnos braf ar ei hyd, ac unwaith y cafwyd y gweithgareddau hynny drosodd ymaflodd Côr yr Eisteddfod yn *Requiem* Verdi – y tro cyntaf yn ein bywydau i lawer ohonom ymaflyd yn llawn mewn gwaith mawr, athrylithgar o'r fath. Ac yr oedd seiniau nifer o adrannau'r offeren honno – y 'Lacrimosa' a'r 'Agnus Dei' a'r 'Sanctus' yn canu yn fy mhen yn feunyddiol.

Dilynwyd yr haf hwnnw gan aeaf mwyn arall. Rhy fwyn o lawer. Ar ddiwrnod olaf Ionawr yr oedd draenen ddu ar ben Banc y Rhedyn yn ei blodau, a'r llaeth y gaseg ar gloddiau'r lôn i'r cwm yn ei flagur ers tro. Roedd y gwartheg yn pori cêl ar y Cefen Mawr y dydd, a minnau'n symud y ffens drydan ymlaen lathen neu ddwy ar y tro, ac argoelai bara tan ddiwedd Mis Bach. A symud y ffens honno yr oeddwn rhyw fore, ac fel arfer yn chwarae â llinell o gynghanedd pan drewais ar gynganeddiad y geiriau 'clamai' – 'clomen'; 'dilyw' – 'deilen'. Nid bod unrhyw wreiddioldeb ysgytwol ynddynt bid siŵr, ond yr oeddent fel petai'n gweddu i'r dim i'r gwanwyn llaith hwnnw. Ac o dipyn i beth tyfodd yn hir-a-thoddaid cyfan. Nid oedd gennyf ar y pryd fwriad o gwbwl gwneud mwy na hynny. Drannoeth yn chwalu meddyliau eto, ac yn fecanyddol hollol yn chwilio traw cynganeddol i'r gair 'dolurus', gan fy mod yn gweld hwnnw yn ansoddair addas i ddisgrifio cae ar wanwyn gwlyb ac olion y tractor fel creithiau hyd ei wyneb, trewais ar y gair 'Erin' a holl gysylltiadau a chynodiadau hwnnw. Oni fedrwn weld cysgodion bryniau'r Ynys Werdd draw ar y gorwel? Onid o'r cyfeiriad hwnnw y disgwyliwn yn flynyddol am yr awelon tyner hynny a ddôi â'r gwanwyn imi? Onid yno hefyd yr oedd y Pair Dadeni, y pair hwnnw a adfywhâi y meirwon? Ac onid oedd cyswllt amlwg rhwng hynny a chwedloniaeth y Preselau ac Emrys Evans, a cholli Alun y Cilie a Glanville, a *Requiem* Verdi a Gŵyl y Dathlu? Y cyfan yn dod at ei gilydd yn yr un gair hwnnw. A gwyddwn y byddai'n rhaid mynd ymlaen â hi bellach, petai'r byd yn mynd yn bedyll. Ac o hynny ymlaen ceisiais ganu wyneb arall y geiniog, fel petai, i'r 'Cynhaeaf' ddeng mlynedd ynghynt. Wrth gwrs, y gwir amdani yw mai ymestyniad o un yw'r llall.

Unwaith eto yr oedd Parc Pwdwr yn faes dychymyg. Yno'r oedd y rhos y gwelwn aradr yr oesau arni, y rhos honno y dechreuodd fy nhaid ddifa'r eithin ynddi i'w throi yn ddaear las cyn bod sôn amdanaf fi. Y rhos lle gwelwn y brain yn tynnu llygaid oen marw, a'r rhos y gobeithiwn innau ei gweld yn cnydio ar ei chanfed yn hwyrach yr haf hwnnw. Ar y ffin â hi y mae Corn-yr-afr, a thybiais y gwnâi 'Rhos y Corn' ffugenw addas. Tipyn bach o gythreuldeb a'i troes yn Rhos y Gadair. Gorau i gyd po leiaf a ddywedir am y cymhelri a fu wedyn – gorau i gyd pe bai llai wedi ei ddweud ar y pryd hefyd, o ran hynny.

Yn wahanol i flwyddyn y Cyhoeddi cawsom wanwyn tymhorol a chynhaeaf gwair gweddol ddiffwdan. Digon sych, ond yn ardaloedd glan y môr yma bu mwy nag arfer o niwl o'r môr – niwl a giliai fel yr âi dyn filltir neu fwy i fewn i'r wlad. Gwelwyd hafau poethach, ond yn sicr ni fu haf sychach erioed. Ymhell cyn diwedd Mehefin yr oeddem yn gweiddi am law. Dim sôn am adladd wedi'r gwair, a'r holl wrtaith a heuwyd yn y gobaith am gael ail gnwd o silwair yn ofer. Yr holl dir yn y golwg o Fanc y Lochtyn i'r Pennar, o'r hewl fawr i'r môr cyn felyned â'r traeth ei hunan. Dim blewyn o ddim yn unman. Bu'n rhaid i lawer un ddechrau defnyddio porthiant y gaeaf cyn diwedd Gorffennaf i gadw'r gwartheg yn fyw, ac yr oedd cynddrwg mewn rhai mannau nes hepgor cywain y gwair i'r ydlan o gwbwl, dim ond ei felo mewn un cae a'i gywain i fewn i gae arall yn syth i fwydo'r stoc. Bu'n rhaid i'r gwartheg yma gael penrhyddid i fynd i lawr i'r cwm fel y mynnent, gan redeg y caeau i gyd gan mai yno yn unig yr oedd iddynt ddiferyn o ddŵr. Gorfu i lawer gario dŵr i'w creaduriaid am wythnosau, a phan ystyrir y dŵr yr oedd ei angen ar fuches o tua hanner cant, nid bach o dasg oedd hynny.

Yn rhyfedd iawn, ar ŵyl San Swithin yr oedd Côr yr Eisteddfod yn ymarfer am y tro cyntaf ar lwyfan y Pafiliwn, a daeth i'r glaw yn drwm am y ddwyawr y buom yno. Y to heb ei orffen ac yn gollwng dŵr, a'r llwyfan yn rhedeg ohono, a'r llwch oddi allan wedi ei gorddi yn llaid gwaeth hyd yn oed nag a welodd hwch Machraeth yn Abergwaun! Ond yn hollol groes i'r hen gred, sychu wnaeth hi wedyn. Os rhywbeth, gwnaeth y diferyn glaw hwnnw fwy o ddrwg nag o les, gan fod y borfa'n llosgi yn waeth o lawer ar ôl ei hanner adfywhau. Ond cafodd ffermwyr y rhostir uchel haf y ci coch ohoni. I fyny o Foelfre at Hermon uwchben Cynwyl Elfed, ac yn nhueddau Crymych ac i lawr y ffordd honno, yr oedd y fawnen ddu yn ei gogoniant yn y gwres. Digon i ddynnu dŵr o'n dannedd ni wŷr glannau'r môr, a dyna'r unig ddŵr y byddem yn debyg o'i weld yr haf hwnnw.

Roedd y Cefen Mawr o dan ŷd, a'r gwellt mor fyr fel nad oedd brin brasach nag us ar ôl y combein, a bu'n rhaid i mi atgyfodi hen raca ceffyl fy nhaid i'w gasglu at ei gilydd i'w felo. Clywais ddweud fod 1922 wedi bod yn flwyddyn sych iawn arall, ac mae'n debyg fod y Cefen Mawr o dan ŷd y flwyddyn honno hefyd, a hwnnw mor fyr fel na fedrid ei dorri â beinder na hyd yn oed bladur. Yn ôl Wncwl Wyn bu'n rhaid ei 'gitio', sef ei dynnu o'r gwraidd bob yn ddyrnaid, deg erw ohono. Yr oedd wedi ei ailhadu â had porfa yn gymysg â'r ŷd y gwanwyn hwnnw, a gellid pigo'r had o'r sofl ym mis Medi cyn laned â chwain oddi ar y llawr.

# 20

# Llithro'r maglau

Bum mlynedd yn ddiweddarach bu farw Lena, gwraig y
Capten Jac Alun. Dioddefasai yn gynyddol gan arthritis ers
rhai blynyddoedd, ac y mae lle cryf i ofni fod gan rai
cyffuriau y bu amau mawr arnynt yn ddiweddarach ran ym
mhrysuro'i diwedd. Yr oedd y Capten wedi rhoi'r gorau i'r
môr wyth neu naw mlynedd yn gynharach, yn rhannol er
mwyn edrych ar ôl ei wraig. Ond mae'n debyg iddo barhau
ar restr meistri'r cwmni am rai blynyddoedd, achos o bryd
i'w gilydd câi alwad i rai o borthladdoedd pell y byd i gyrchu
llong newydd neu long a fuasai'n cael ei hadnewyddu.

Fel y gwaethygai ei wraig cynyddai ei ofal ef amdani hi
a'r cartref, ond prin y clywid ef yn achwyn o gwbwl. I'r
gwrthwyneb yn hollol yr oedd yn ei hwyliau fynychaf, a'i
bresenoldeb yn warant sicr o lwyddiant unrhyw gyfarfod yr
âi iddo. Yng nghyfarfodydd Cymdeithas Ceredigion byddai
ganddo fynychaf ryw gwestiwn lled-gellweirus i'r darlithydd
ar y diwedd a fyddai'n siŵr o godi'r hwyl ar yr un pryd â
rhoi cyfle i hwnnw draethu'n ddyfnach ar fater ei bwnc. Fel
hen forwr yr oedd yn gyfarwydd ag edrych ar ei ôl ei hun,
wrth gwrs, a chaem ninnau gyfarwyddiadau manwl, os
ychydig yn flodeuog, ar sut i arlwyo'r bwrdd a rhedeg tŷ yn
gyffredinol. Berwai, meddai ef, foeleraid o gawl ar fore Llun,
digon i'w gynnal am hanner yr wythnos, ac yna boeleraid
arall o datws i'w gynnal am y gweddill. A phwdin reis –
peidiwch â siarad! Yn union fel y gwnâi ar fwrdd ei long ar
ddechrau mordaith, rhaid oedd gofalu fod stôr digonol wedi

ei osod i fewn mewn da bryd. A phe galwech yn y tŷ nid oedd ball, na rheswm yn fynych, ar ei groesawgarwch.

Yr oedd ei glywed ar y ffôn yn rhywbeth unigryw. 'Helô' cwta, fel pe bai bron allan o wynt, a hynny nerth ei ben fel pe bai ar y *bridge* mewn niwl trwchus. Ni freuddwydiai am ei gyflwyno ei hun, er mai prin efallai yr oedd angen iddo wneud hynny. Yna yn syth i fewn i'r sgwrs heb unrhyw fath o ragarweiniad, yn union fel pe baech wedi bod yn siarad ag ef bum munud ynghynt. Pum munud neu bum mlynedd, ni wnâi ddim gwahaniaeth. Yna, a chwithau'n teimlo ei fod yn twymo ati, yn sydyn reit, 'Hwyl', a'r ffôn i lawr.

Ond yn fuan wedi colli Lena dechreuodd achwyn rhyw fân anhwylderau. Cyfeiriai'r meddyg ef at arbenigwr, ond prin y dywedai neb fod dim byd mawr o'i le arno. Yn enwedig ef ei hun. Yr oedd ei ddisgrifiadau o'r triniaethau a gawsai yn ddramâu ynddynt eu hunain, a gorau i gyd po leiaf a ddywedir am ei ddisgrifiad ef o'r dull diweddaraf o drin y chwarren brostad!

Dygai ar gof ei flynyddoedd ar y môr pan fyddai pob capten llong yn gyfrifol am iechyd ei griw, yn ogystal â'i ddiagnosis a'r triniaethau rhyfedd a roddai i ambell aelod o'r criw. Rhagarweinid pob hanesyn o'r fath gan ddisgrifiad manwl o'r anhwylder yn y Llyfr Mawr – nid y Beibl ond rhyw lyfr meddygaeth a gadwai pob capten yn ei gaban mae'n debyg. Os oedd hanner yr hanesion hynny yn wir mae'n rhyfedd fod ganddo gymaint ag un aelod o'i gwmni ar ôl i ollwng angor pan gyrhaeddai borthladd.

A'r clasuron hynny o hanesion – ac y mae'n rhaid fod peth gwir ynddynt – o'r hyn a ddigwyddodd iddo mewn gwahanol rannau o'r byd. Ac fel pe bai i bwysleisio gwirionedd ei storiâu mynnai bwysleisio'r union fan y digwyddasai'r peth-a'r-peth, a'r union gargo a oedd yn yr howld ar y pryd.

Dadlwytho siwgwr yn Vladivostock, a'r Rwsiaid heb weld siwgwr ers dwn i ddim pryd. Yntau a'i gyfri dunelli – miloedd o dunelli, meddai ef – yn brin, ac yn methu â deall i ble'r aethai'r gweddill. Merched Rwsiaidd yn dadlwytho, a'r rheini wrth gwrs yn ferched mawr, mawr, a phob un yn cuddio hyn-a-hyn o siwgwr Jac Alun yn ei blwmers wrth adael y llong!

Y truan hwnnw a fu farw wedyn wrth iddynt gyrraedd Port Said, a phoethder y tywydd yn golygu na ellid cadw ei gorff tan iddynt lanio, a Jac Alun yn gorfod ei gladdu ar y môr – ef oedd yr offeiriad hefyd, wrth gwrs. Lapio'r corff mewn cynfas a'i bwyso i lawr â phlwm rhwng y coesau, a'i lithro dros ochr y llong i'r dŵr. Hwythau erbyn hynny wedi angori y tu allan i'r porthladd yn disgwyl eu tro i fynd i fewn i ddadlwytho, a'r dŵr yn y fan honno yn eithriadol o glir. Y corff yn suddo i'r gwaelod, gan aros yno ar ei sefyll oherwydd y pwysau, a'r pysgod yn mynd rownd a rownd iddo fel polîs ar sgwâr, meddai'r Capten.

A'r crychydd hwnnw yn yr Everglades a welsai yn dal llysywen – a honno, wrth gwrs, tua llathen o hyd o leiaf – ac yn hedfan â hi i fyny fry i'r awyr gan ddirwyn y llysywen i lawr ei wddf bob yn fodfedd fel yr esgynnai. Ond yr oedd y llysywen honno yn gymaint o hyd, cyn i'w chynffon fynd o'r golwg yn llwyr i fewn i big y crychydd yr oedd ei phen yn dechrau dod i'r golwg o'i ben ôl, nes o'r diwedd iddi basio'n grwn drwy ei gorff a chwympo yn ôl at y dŵr. Ond wyddech chi, roedd y crychydd hwnnw yn gymaint meistr ar ei waith yr oedd wedi ei dal hi wedyn cyn iddi gyrraedd!

Ond, o edrych yn ôl, yr oedd rhai arwyddion nad oedd pethau fel yr arferent fod. Bu am amser yn ceisio llunio englyn coffa teilwng i'w wraig, ac adroddai ei gynigion i ni. Ond nid oedd yr un ohonynt yn ei lwyr fodloni. Hyd nes iddo daro ar y llinell:

Fod i lwch hefyd ei lais.

Gwelem y dagrau yn cronni yn ei lygaid wrth iddo adrodd yr englyn hwnnw, a'i lais yn torri. Yr oedd yn hawdd gweld ei fod wedi ei anesmwytho i waelod ei enaid.

Eithr ymhen dim amser byddai yn ei hwyliau drachefn, yn ymhelaethu ar briodoleddau'r isymwybod a phynciau astrus felly, gan ryw led-wenu a rhwbio gwaelod ei fol fel petai i bwysleisio union leoliad y dirgelwch hwnnw.

Erbyn yr adeg yma, a Llew wedi cael y ddamwain ddifrifol honno yn ei gar, ac yn teimlo efallai ychydig yn nerfus ynghylch ailddechrau gyrru, arferai Iolo ei fab ei yrru i lawr i'r Pentre, ac awn innau ag ef adref yn fy nghar i gan fy mod yn mynd heibio i ddrws Dol-nant. Dechreuodd Jac Alun hefyd ddod i lawr gyda'i frawd-yng-nghyfraith, Dewi Tancastell, a chludwn innau yntau adref gyda mi. Ac fel y dynesai hanner awr wedi deg yma, gwelid yr un ddrama yn cael ei chwarae yn wythnosol. Tua'r awr honno y byddai Llew yn dechrau anesmwytho – 'Mae'n bryd i ni fynd adre, bois. Mae gen i wraig a phlant.' Ni synnwn i ddim nad y gwir reswm yn aml oedd fod rhyw syniad am englyn neu gywydd neu gyfrol arall eto wedi taro yn ei ben yn ystod y nos, ac y dymunai ef eu rhoi ar bapur cyn mynd i gysgu. Achos nid unwaith na dwy yr euthum heibio i Ddol-nant yn oriau mân y bore a'r golau o hyd ynghynn yn ei stydi ef.

Ond deallai'r ddau ei gilydd i'r dim, a theimlai'r Capten hi'n ddyletswydd arno geisio gohirio ein hymadawiad hyd yr eithaf. Dechreuai ar ryw hanesyn trofaus arall gan ddefnyddio pob iod o'i athrylith i'w ymestyn i ddwywaith ei hyd. Rhagorodd arno ef ei hun, hyd yn oed, un noson, ac o ganlyniad fe'n clowyd ni ein tri i fewn. Mae digon sy'n medru dweud iddynt gael eu cau allan o dŷ tafarn – nid pawb all hawlio iddo gael ei gloi i fewn! Trigai Mr a Mrs Wilson, a gadwai'r lle ar y pryd, mewn bwthyn ar dro Rhiw Gam, a llwyr anghofiodd y ddau ohonynt am y tri chwedleuwr yn y Rŵm Bach, gan gloi'r drysau a mynd adref wedi noson brysur. Ond gan gymaint yr oedd Llew a minnau o dan gyfaredd y Capten ni sylwodd yr un ohonom beth oedd wedi digwydd am amser. Dychwelodd Mrs Wilson yn fflwstwr i gyd rywbryd cyn hanner nos i'n gollwng ni allan.

Ond dim ond golygfa gyntaf y ddrama fyddai hynny. Chwaraeid yr ail yn y car. Jac Alun yn y sedd flaen ar fy mhwys i, a Llew yn y sedd ôl. Tynnu i fyny drwy'r pentre a heibio pen lôn Cefn-cwrt a'r Big ac i fyny at Gilfor, a deiliad y sedd gefn yn anesmwytho o gofio hirymharouster y Capten i ymadael lawer tro o'r blaen. Cyrraedd ac aros. Y Capten fel pe ar ddirwyn ei fabinogi i ben ac yn cilagor y drws, ac efallai'n mynd cyn belled ag estyn un goes allan, gan aros felly am hydoedd yn llefaru gered. Yna'n cael ailafael ynddi a thynnu ei goes yn ôl a chau'r drws drachefn, gan ddechrau ar stori newydd sbon. A hynny efallai fwy nag unwaith, a Llew yn y cefn yn gwyniasu am fynd adref. Yna, wedi cyflawni'r hyn a ddisgwylid ganddo unwaith yn rhagor, tawelai'r Capten yn sydyn, agor y drws, a chydag un 'Hwyl' o ffarwél diflannu i fyny'r llwybr at y tŷ.

Felly y bu y nos Sadwrn olaf honno, a ninnau wedi gweld y pyliau o iselder yn dod a chilio wedyn ers rhai wythnosau. Ond credem ei fod ar wellhad o'r diwedd. Clep ar ddrws y car, 'Hwyl', a diflannodd i'r tywyllwch.

Tra bu gofal llong ar ei ysgwyddau a di-rif ddyletswyddau meistr yn hawlio'i sylw, yr oedd yn iawn. Tra bu gofal Lena arno, a'i chysur hi yn bennaf amcan ei fywyd, ni syflai ddim. Pan gollodd y ddau, datododd y maglau. Yr oedd Eisteddfod Abertawe yn agor drannoeth.

Y mis Mai wedyn bu farw Tydfor. Marwolaeth arall nid yn unig a ysgydwodd ardal, ond un a ddaeth â holl saga Bois y Cilie i ben. Saga a gychwynnodd ganrif cyn hynny pan ymsefydlodd Jeremiah Jones, ei daid, yn efail Blaencelyn. I fod yn fanwl, perthyn i'r ail genhedlaeth yr oedd Tydfor, fel Jac Alun yntau, a dwn i ddim felly a oeddent i'w hystyried yn rhai o'r Bois ai peidio. Ond er cilio o'r genhedlaeth gyntaf o un i un, tra oedd Tydfor yn Gaer-wen yr oedd marworyn o'r hen draddodiad yn dal i wreichioni fry uwchben Cwm

Tydu. Ffagl o'r hwyl a'r athrylith a nodweddai ei dad a'i ewythredd i gyd, dolen gydiol rhwng wythdegau ein canrif ni a'r un o'i blaen. A chyda'i farw, darfu am y cwbwl. Nid yw ond atgo bellach.

Yn eironig ddigon, hen Ffyrgi Fach y glynodd wrthi wedi i ddyddiau ei defnyddioldeb hen fynd heibio fu achos ei ddiwedd. Megis y cadwodd y pâr ceffylau hwnnw a fu gan ei dad am flynyddoedd hyd nes iddynt yn y diwedd drigo yn naturiol. Yr oedd rhyw haen o deimladrwydd felly yn gryf ynddo, er gwaethaf ei ddelwedd arw, ysgafala. Arferai danio'r Ffyrgi honno bob yn awr ac yn y man rhag i'w pheiriant gloi – yr oedd ganddo dractor arall at ei waith bob dydd. A'r bore hwnnw mae'n debyg iddo ei gyrru allan i ben y lôn ac i'r brêc fethu. Rhedodd hithau yn ei hôl a dymchwel arno. Ni fydd neb bellach yn gwybod i sicrwydd beth a ddigwyddodd, ond fe'i cafwyd ymhen rhai oriau wedi ei ladd, a'r hen gi yn gwarchod ei gorff.

Brynhawn ei angladd gwneuthum gamgymeriad a fyddai wedi bod yn hollol nodweddiadol ohono ef ei hun, ac y byddai wedi bod wrth ei fodd yn chwerthin am ei ben. Euthum i Gapel y Wig yn lle i Eglwys Llandysiliogogo, ac erbyn i mi gyrraedd yr eglwys yr oedd y gwasanaeth wedi hen gychwyn, felly arhosais yn y cyntedd wrthyf fy hun rhag tarfu ar y cwrdd. Ac er gwaethaf dwyster yr achlysur ni fedrwn lai na rhyw ledwenu drwy'r niwl wrth feddwl gynifer o weithiau y gwnaethom bethau digon tebyg ein dau yn y gorffennol.

Cofio amdanom rywbryd yn dadlau ynghylch pa noson yr oeddem i fod yn Rhydaman i recordio *Penigamp*. Ef, wedi newid a thaclu a dod i'm cyfarfod i ben lôn yr Hendre, wedi blino disgwyl amdanaf, a'm cael innau heb newid na siafio na dim yn taeru'r du yn wyn mai'r nos drannoeth yr oeddem i fod yno. Ac nid oedd yr un ohonom yn iawn. Prin y cyrhaeddem unrhyw gyhoeddiad na fyddem rywfaint yn hwyr, yn wir yr oedd ef yn ddiarhebol felly. Bellach, dyma un ohonom y gellid yn deg ei alw 'y diweddar . . .'

Paham felly y galarwn, a chennyf gymaint o atgofion? Ai galaru am Dydfor a wnawn ynteu 'wylo o'm plegid fy hun'?

Hawdd iawn, y prynhawn hyfryd hwnnw o Fai, a'r hen fôr oddi tanom hyd yn oed fel petai wedi llonyddu o barch, oedd galw i gof brynhawn hyfryd arall. Hydref cynnar y tro hwnnw, ddeng mlynedd dda ynghynt, a minnau wedi mynd i fyny i Gaer-wen i osod mater cychwyn rhaglen *Penigamp* ger ei fron. Buaswn i a Jacob Davies, ychydig ddyddiau cyn hynny, yng Nghaerdydd yn trafod sefydlu'r rhaglen gyda Lorraine Davies. Awgrymu a dyfalu ynghylch gwahanol enwau a fyddai'n debyg o ffitio i raglen o'r fath. Disgynnwyd yn unfrydol ar enw Tydfor yn syth, ac ni fu fawr o dro nad oedd Marie James wedi ei hychwanegu at y rhestr. Ond pwy fyddai'r ferch arall i gadw'r balans rhwng y rhywiau? Rwy'n credu'n lân mai fi a awgrymodd enw Cassie, serch i mi, er fy mawr gywilydd am flynyddoedd wedyn, grybwyll y ffaith ei bod hi efallai yn tynnu ymlaen mewn dyddiau, a hithau wedi croesi oed yr addewid yn barod. Ac y mae union eiriau ateb Jacob, gan gofio'i ddiddordeb ysol ef ym mhethau'r henoed ar hyd ei oes, yn fyw ar fy nghof o hyd. 'Cassie? Wel ie, pam lai? Rwy'n credu y bu'swn i'n falch 'tae rhywun yn gofyn i fi fynd i unrhyw le, os gwela i ddeg a-thrigain.' A gwyddai Cymru i gyd, chwap iawn, ddoethed fu'r penderfyniad hwnnw.

Dirprwywyd fi i fynd draw at Dydfor i roi'r mater gerbron, a hwnnw oedd y tro cyntaf i mi fod ar glos Caer-wen. Clywswn am groesawgarwch diarhebol Hettie ei fam (nid oedd ef yn briod y pryd hwnnw), ac y mae'n rhaid ei bod hi wedi fy ngweld yn troi i fewn i'r lôn o Lôn y Banc, dri lled cae i ffwrdd. Erbyn i mi gyrraedd y drws yr oedd y llawr wedi ei olchi a'r tegell yn canu ar y tân a'r ford wedi ei hwylio am baned. Cefais ar ddeall yn ddiweddarach y byddai'r croeso yn wresocach fyth petawn yn smocio sigarennau yn hytrach na phibell, a chennyf un i'w chynnig iddi hi!

Yr oedd 'Tyd', meddai hi, 'lan yn y caeau ucha 'co rywle', ac euthum i fyny'r banc i'w chwilio. Roedd hi'n hydref cynnar a'r 'ha bach yng ngweddill yr ŷd', ac aethom ein dau i ben craig y môr i orwedd yn y rhedyn crin am oriau, ac ef yn dangos i mi ogoniannau'r olygfa o'r uchelgaer honno. Bûm yn byw gydol fy oes yng ngolwg y môr, ond y mae'r olwg arno o'r Hendre yn wahanol i'r olwg arno o ben banc Gaer-wen. I mi, rhyw oleddfu'n raddol y mae'r tir i lawr at y traeth yn Aber-porth, ond yng Nghaer-wen syllwn ar ddwnsiwn arswydus o tua phedwar can troedfedd o brysgwydd ac eithin mân a rhedyn mor serth â thalcen tŷ, yn gorffen ar ymyl clogwyn syth a chwymp o bedwar can troedfedd arall i lawr i'r môr. Digon i roi'r bendro i wylan.

O'r tu cefn i ni, dangosai Tydfor i mi'r cylch o gerrig a roes i'r Gaer-wen ei henw. Cylch o feini o ryw hen oes gyntefig, ac â balchder yn ei lais yr adroddai wrthyf yn fras beth o'i hen hanes. Ac ni allwn innau lai na gweld peth o oesoesoldeb y gaer gerrig yn ei osgo ef ei hun. Draw i gyfeiriad Foel Gilie yr oedd Cwmbwrddwch a Phwll Mwyn, enwau a ddygai gymal neu ddau o 'Rownd yr Horn' ei ewythr S.B. i'r cof:

> Pan elo Mot ac Alun
> I edrych hynt yr ŵyn
> Sy'n pori ar Fanc Llywelyn
> Uwch dyfnder mawr Pwll Mwyn,
> Bydd hwyliau gwyn Tripolia
> Yn agor dros ei gwar
> A minnau'n mynd o Walia
> I'r byd sy dros y bar.

Ond newidiodd traw ei lais yn gyfan gwbl wrth ddangos i mi y Gaer Ddu, ac yr oedd ei union eiriau ynghyd â'i oslef wedi eu serio'n ddigon dwfn ar fy nghof i mi eu hailglywed ymhen blynyddoedd: 'Draw fan'co, dyna i ti'r Gaer Ddu. *Honna* yw'r cythrel.' Ynganai ei henw gyda phwyslais cyfartal ar y 'Gaer' a'r 'Ddu', a chan seinio'r 'u' yn dywyll fel rhyw hanner Gogleddwr, gan roi rhyw islais o arswyd i'r ynganiad. Erbyn meddwl, felly y clywais Jac Alun ac Alun hefyd yn ynganu'r enw. Ynganent Gaer-wen gyda'r pwyslais ar y sill olaf, ond nid byth yr ynganent enw'r Gaer Ddu nad oedd rhyw gysgod o'r düwch hwnnw ar y dweud.

Efallai mai yn fy nychymyg i yr oedd y cyfan, ond mae'n anodd peidio â rhyfeddu at y rhestr faith o drychinebau a ddigwyddodd yno dros y blynyddoedd. Yn ôl a glywais i, bu yno dân difrifol, bu farw baban yn ei gwely, anafwyd un arall yn wael iawn gan fuwch, collodd un ei goes mewn damwain â mashîn dyrnu, a bu farw tad Tydfor a Thydfor ei hun a'r Capten Jac Alun yn drychinebus.

Eithr pethau i edrych yn ôl arnynt o ddoethineb y dyfodol oedd ystyriaethau o'r fath, drwy drugaredd, na thywyllent ddim ar fwynhad y funud y prynhawn hwnnw. Cytunodd Tydfor i ymuno â thîm *Penigamp*, ac am sawl gaeaf cyd-deithiem i wahanol fannau i recordio. Os i lawr, hynny yw i gyfeiriad Aberteifi a gogledd Penfro, y byddai'r cyhoeddiad, deuai ef i ben lôn yr Hendre i gwrdd â mi. Os i fyny, tua gogledd neu ganolbarth Ceredigion neu draw i Gaerfyrddin, yna awn i gwrdd ag ef ar bwys Eglwys Gwenlli, gan adael ei fodur ef, fynychaf, ar y glas ar ochr y ffordd. Ac o hir arfer y dyddiau hynny, prin y medraf basio'r man hyd heddiw heb fwrw fy llygad ar y llain borfa honno gan ryw led-ddisgwyl gweld pic-up Tydfor yno, yn gortyn belo a chydau giwana i gyd. Bu'r cerbyd yno unwaith am agos i bedwar diwrnod, a hwn a'r llall yn dechrau holi beth oedd yn bod. Tydfor wedi mynd â'i barti cyngerdd Adar Tydfor i Birmingham, a gadael y Morris Mil yn y man a'r lle hyd nes y deuai adref.

Gyrrwr ysgafala, a rhoi'r peth yn ei fan gorau. Caech yr ymdeimlad ei fod yn mynnu'r un rhyddid ar y ffordd fawr ag a gâi ar erwau ehangach Banc Gaer-wen. Cymerai'r ffordd

fyrraf rownd i bob tro fel pe na bai neb arall yn debyg o ddod
y ffordd honno, ac os weithiau y dôi rhywun i'w gyfarfod a
fynnai ei siâr o'r hewl, a gwasgu ei fys ar fotwm y corn, fwy
nag unwaith y gwelais Tydfor yn troi ataf a syndod yn ei lais:
'Bachan, beth o'dd ar *hwnna*, nawr?'

Torrodd ei goes rywbryd, a gorfod cael cymorth Ifor Owen
Ifans, un o'r Adar, i'w gynorthwyo gyda'r dwt o gwmpas y
clos, tra oedd ef ei hun ar ei ffyn baglau. Pan gyrhaeddodd
Ifor rhyw brynhawn, synnodd weld nad oedd Tydfor na'r
pic-yp yno, a chael gwybod gan Hettie ei fod wedi bwrw i
lawr i siop Blaencelyn am ryw neges. Ond sut, ac yntau'n
blastar o'i figwrn i'w fforchog? Cyrhaeddodd y cerbyd tân
yn ei ôl ymhen y rhawg ar otomatig peilot a chyda Tydfor
yn eistedd yn y sedd chwith a'i goes doredig yn groes ar sedd
y gyrrwr, a chanddo system ryfedd ac ofnadwy o weier ffens
a chortyn belo a chatiau o styllod i reoli'r modur. A hynny
ar ganol haf pan oedd nifer yr ymwelwyr ar y ffyrdd cul o
gwmpas Cwm Tydu yn ei gwneud yn ddigon anodd osgoi
damwain pe bai gan ddyn goes dros ben, heb sôn am fod yn
brin o un.

Ar Fawrth yr ugeinfed, mil naw saith tri, yr oeddem i
recordio'r rhaglen olaf o gyfres y flwyddyn honno yn y Barri.
Mae'r dyddiad hwnnw, beth bynnag am ddyddiadau eraill,
yn glir yn fy nghof. Achos deliais i'r ddos fwyaf cythreulig
o'r ffliw a gefais erioed, am wn i. Bûm hyd yn oed yn cadw
gwely am ddeuddydd o'i hachos. Yr oedd wedi bod yn rhewi
ers rhai nosweithiau, ac fel sy'n digwydd yn aml ar dywydd
felly, yn magu niwl trwchus yn y cymoedd. Gan fod y siwrnai
i'r Barri yn lled faith trefnwyd ein bod i gyd – Jacob a ninnau
ein pedwar – yn cwrdd mewn garej y tu allan i Bencader, ar
ffordd Llanybydder, ac yn mynd oddi yno gyda'n gilydd yng
nghar mawr Marie. Gadewais i ein car ni ar glos y garej. Y
noson honno bu rhagor o rew a niwl trwchus, a phan
gyrhaeddwyd yn ôl yn oriau mân y bore roedd y car yn haen
wen o lwydrew drosto. Nid oedd modd cael allwedd i fewn

i dwll y clo, heb sôn am ei throi. Bu Tydfor a minnau wrthi am beth amser â matsus yn ceisio dadlaith y clo, ond heb fawr o lwyddiant, a'r lleill, chware teg iddynt, wedi aros nes bod yn siŵr y medrem fynd adref yn ddiogel. Ymhen tipyn awgrymodd Tydfor, petai'r merched yn cilio i bellter gwedduster o olwg y gweithrediadau, fod gennym y modd i ddadlaith y clo, ac un neu ddau arall petai angen, achos yr oedd wedi bod yn ddwyawr o siwrnai o'r Barri a ninnau wedi dathlu gorffen y gyfres mewn modd teilwng. Derbyniwyd yr awgrym, ac afraid dweud fod y 'maglau wedi eu torri' chwap iawn.

Dro arall, a ninnau'n dychwelyd o Lansawel, bu'n rhaid i ni gael tynnu i lawr yn Nhafarn Jem am ryw chwarter awr, gan enwoced y lle hwnnw. Yn ystod y sgwrs, dywedodd nad oedd am aros yn rhy hir beth bynnag, nad oedd wedi godro y noson honno ac y bwriadai fynd ynghyd â hi wedi cyrraedd adre, a hithau wedi deg yn barod – a godro â llaw; ni fu ganddo erioed beiriant at y gwaith. Yn wir yn wir, ys dywedodd T. Llew am Alun y Cilie, yr oedd 'efe yn ddeddf ynddo'i hun'.

Er paroted ei awen, cymharol ychydig y byddai'n cystadlu. Nid oedd hel gwobrwyon yn cyfri dim iddo. Ond arllwysai'n helaeth o'i ddawn a'i amser i greu caneuon ar gyfer yr Adar, a pharatoi sgriptiau ac yn y blaen ar gyfer y Clwb Ffermwyr Ieuanc. Anfonai gân ac englyn a thelyneg weithiau i gyfarfodydd bychain lleol, yn gymaint er mwyn helpu'r achos ag yn y gobaith am wobr. Ond enillodd ddwy gadair o leiaf pan oeddwn i'n digwydd bod yn beirniadu – un ohonynt yng Ngŵyl Fawr Aberteifi. Nid wyf yn siŵr nad oedd yn lled-fwynhau'r picil yr oedd yn fy rhoi ynddo, achos nid oeddwn erbyn hynny cyn ddiniweitied â chredu na fyddai 'pobl yn siarad'. Roedd bwgan ochri a ffafriaeth yn rhwym o godi'i ben. Ond ni fyddai ef yn hidio dim am hynny. Roedd y testun wedi apelio ato (onid e ni byddai wedi canu o gwbwl), roedd wedi canu ei gân ac yr oedd yn disgwyl yr un ystyriaeth â phawb arall – dim mwy a dim llai. Ac efallai, pan grybwyllais i'r peth iddo rhyngom ein dau, ei fod wedi mynegi gwirionedd go bwysig pan atebodd yn ei ffordd ffwr'-â-hi ei hun: 'Bwr' di mla'n arni, boe; ma isie mwy o onestrwydd i farnu cyfaill nag i feirniadu dyn dierth, cofia.'


Fyth oddi ar pan ddechreuais roi pìn ar bapur i hel meddyliau fel hyn, bu un peth yn fy anesmwytho braidd. Sut y mae dwyn peth fel hyn i ben?

Bu i bopeth arall yr euthum ynghyd â'i wneud erioed ei derfynau. Ei ddechrau a'i ddiwedd. Y mae i aredig cae ei agor cefn a'i gau rhych. A'i fwynhad weithiau hefyd, o fwrw golwg yn ôl dros y cwysi. A chyn amled â hynny ryw gymaint o anfodlonrwydd o ganfod ambell falc a phlet yma a thraw.

Y mae i'r dydd ei fore a'i hwyr, ac i bob hau ei gynhaeaf, ac i bob cynhaeaf ei hau drachefn. Mae i englyn a chân ac awdl eu hyd a'u lled. Ond ym mhle y mae cofio yn gorffen? Ym mhle, o ran hynny, y mae'n cychwyn?

Ym mhle y mae'r ffin rhwng cof a dychymyg, os oes yna un? Cof yw dychymyg doe, dychymyg yw cof yfory. Rywbryd yn ystod heddiw fe fydd doe yn mynd yn yfory, ond y mae Gerallt yn dal i ddisgwyl . . .

# Cau pen y mwdwl

## Delyth Wyn a Rhian Medi

Anodd credu bod dros ugain mlynedd wedi mynd heibio ers i Dad ymateb i gais Gerallt!

Bellach, ysywaeth, fe ddaeth i'n rhan ni, ei blant, i gofnodi peth o'r hyn a ddaeth wedyn yn ei hanes.

Mae hi wedi bod yn fraint ac yn llawer o hwyl i ni'n dwy edrych yn ôl dros ugain mlynedd olaf ei fywyd, a chael rhannu'n hatgofion ag eraill. Allwn ni ond gobeithio y bydd hyn o ychwanegiad yn gwneud cyfiawnder â'i hunangofiant gwreiddiol e.

* * *

Dim ond pan oedd Dad yn bwrw 'mlaen mewn dyddiau y daeth e i wironeddol fwynhau teithio, ond unwaith iddo gael blas arni, doedd dim stop arno! Er hynny, oni bai am Mam yn rhyw wthio a phrocio'n ysgeler, go brin y byddai wedi ystyried y fath 'owtins'. Ac nid rhyw owtins *bach* oedden nhw, chwaith – o na, rhaid oedd mynd i bob cyfandir, bron.

Aethon nhw i'r Amerig ddwywaith – y tro cyntaf i ymweld â chefndryd yn nhalaith Efrog Newydd, a'r ail dro pan oedd Dad yn annerch Cymdeithas Gymraeg Scranton ar Ddydd Gŵyl Dewi, 2002. Cymysgedd o'r llon a'r lleddf oedd y daith honno, gan i Dad golli'i frawd Goronwy ychydig ynghynt. Rhaid oedd ymweld â'r 'Afal Mawr' ei hun wrth gwrs, a thra oedd e, Mam a Delyth yn Times Square un bore, dyma weld hen fenyw'n cerdded o'u blaenau wedi'i gwisgo o'i phen i'w sawdl mewn bagiau plastig. Sylw Dad oedd: efalle mai Polly Thene oedd ei henw!

Aeth e a Mam i Baris, lle cafwyd ymweliad cofiadwy iawn â Phalas Versailles. Roedd yr adeilad ei hun yn rhyfeddod ond yr hyn a blesiodd y ddau fwyaf oedd prynu hoc o gig mochyn, bara a gwin mewn marchnad fechan yn y sgwâr, yna dychwelyd i'w gwesty a thorri'r cyfan gyda chyllell boced hollbresennol Dad gan nad oedd offer priodol ar gael!

I Ganada (ac arfordir Labrador yn arbennig) y bu eu taith fawr nesaf. Breuddwyd Mam oedd hon yn hytrach nag un Dad, a bu llawer o awgrymu a lled-awgrymu am sawl mis cyn i Dad gytuno mai mynd fyddai orau! Hwn oedd y lle mwyaf anghysbell i'r ddau fod ynddo erioed, ac yn sicir y pellaf o blwy Blaenannerch.

Cafwyd sawl taith ddifyr hefyd yn ystod y blynyddoedd hynny gyda Chôr Meibion Blaen-porth – i Lydaw ac Iwerddon droeon.

* * *

Dyn cystadleuol dim whare oedd Dad. Nid dweud yr ydym ei fod yn gollwr gwael ond yn hytrach ei fod yn wael am golli! Boed yn chwarae pŵl yn erbyn Tristan, a hynny cyn i hwnnw gael ei ben-blwydd yn ddeg oed, neu'n cystadlu gyda chorau Blaen-porth a Chôr Pensiynwyr Aberteifi, doedd colli ddim yn beth hawdd dygymod ag e.

Roedd Dad yn aelod balch iawn o'r Côr Pensiynwyr, a'i chwaer, yr arweinyddes Margaret, lawn mor gystadleuol ag e. Côr Pensiynwyr Pontarddulais oedd y côr i'w guro bob amser, ac am bedair blynedd 'cael cam' wnaeth Aberteifi. Erbyn Eisteddfod Tyddewi yn 2002 roedd cythrel y canu'n rhemp yng nghystadleuaeth y corau pensiynwyr! Ond Aberteifi a ddaeth i'r brig y tro hwn, ac fe ysbrydolwyd y prifardd:

> Aeth lot o ddŵr o dan y bont
> Ers Dinbych a Llanelli,
> Ond aeth y Bont o dan y dŵr
> Yn siŵr yng Ngŵyl Tyddewi.

Y 'sgalp' corawl nesaf i godi'i ben oedd Côr y Mochyn Du, côr a ffurfiwyd yn arbennig ar gyfer Eisteddfod Genedlaethol Caerdydd, 2008. Dyma gôr ffres yr olwg, heb na ffon na fframyn ar ei gyfyl! Roedd hyn ynddo'i hunan yn her, ond yn fwy na hynny roedd e'n gôr da. Wedi cystadleuaeth agos, Côr Aberteifi ddaeth yn fuddugol a chlywyd y prifardd yn siarad ag aelod o'r côr arall: 'Ches i rioed gymint o bleser wrth ladd mochyn.'

*   *   *

Rai blynyddoedd yn ôl, daeth i law Delyth gerdd Saesneg oedd yn addasiad o anerchiad seremoni priodas llwyth yr Apache. Cerdd syml, annwyl a didwyll. Cerdd rydd – 'loose verse', fel byddai'r prifardd wedi'i disgrifio. Ar ôl iddo'i darllen, y ddedfryd oedd 'pert iawn', ac yna, o dipyn i beth, '*Jiawl*, Del – weithie hon yn bert yn Gymraeg.' O ganlyniad, cafwyd cerdd oedd nid yn unig yn dehongli hanfod ac ysbryd bywyd yr Apache ond hefyd yn cwmpasu meddylfryd Dad am fyd natur, a'i le e 'i hun o fewn y patrwm: 'Boed i chwi'n ysgafn droedio'r byd / Gan roi i'r ddaear barch o hyd . . .' Erbyn heddiw, mae'r gerdd honno'n cael ei defnyddio mewn seremonïau priodas ledled Cymru, ac, os rhywbeth, mae hi'n llawn harddach yn y Gymraeg.

Fel gŵr geiriau y caiff Dad ei gofio, mae'n debyg, a fu hynny erioed yn fwy gwir na phan ddaeth e i helpu Rhian i symud i mewn i fwthyn bach yng Nghilgerran. Roedd ei focs tŵls yn ei law ac roedd yn barod am waith. Wedi iddo bennu yn y gegin fach, aeth i weithio yn y bwlch rhwng y gegin fach a'r stafell fyw. Doedd dim i'w glywed ond ffusto'r morthwyl, sgrech y dril ac ambell i 'o, diawl'. Yn fynych iawn, pan oedd Dad mor dawel â hynny, gallai olygu bod pennill ar waith. Aeth Rhian yn eitha cyffrous wrth feddwl am yr 'ecsgliwsif' oedd ar fin dod i'w meddiant. Rhaid mai am y cartref bach newydd y byddai'r pennill, a gallai hi ei fframo a'i roi ar un o'r bachau roedd ei thad mor brysur yn eu gosod yn eu lle. Ac yn wir, dyma Dad yn rhoi gwaedd maes o law: 'Rhian, dere â'r "Bruce" i fi.' A-ha! Newyddion da o lawenydd mawr; dyma'r pennill ar ddod, a'r geiriadur swmpus yn gaffaeliad i'r broses greadigol. Straffaglu i'w gario draw at y prifardd a hwnnw'n ei gymryd, ei osod ar lawr, a sefyll arno er mwyn drilio'r twll nesa!

*   *   *

Roedd gan Dad ddiddordeb mawr mewn rhai chwaraeon, yn enwedig rygbi. Sawl gêm wyliom ni yn ei gwmni trwy gwmwl o fwg glas ei bib? Newidiai ei gymeriad yn gyfan gwbwl pan fyddai Cymru'n chwarae, a doedd dim yn waeth ganddo na'u gweld nhw'n chwarae'n wael. Bryd hynny, byddai dyn a oedd fel arfer yn dawel, yn feddylgar ac yn bwyllog yn troi'n ddiamynedd, yn finiog iawn ei dafod ac yn sobor o anodd ei blesio – a ddim ar ôl o regi chwaith! ''Co'r diawl 'na'n gorwe ar yr ochor rong!' Bryd hynny, byddai'n gadael y tŷ, yn damnio ac yn taeru, ''Na ni, 'na'i diwedd hi, 'te – 'wy'n mynd mas i *neud* rhywbeth.' Ond gallech fod yn eitha siŵr, erbyn i Dad gyrraedd iet y clos, y byddai pethau wedi newid yn y gêm a llygedyn o obaith ynddi 'to. Yn wir, pan fyddai pethau'n edrych yn o dywyll ar Barc yr Arfau neu yn ddiweddarach yn y Stadiwm, byddem yn awgrymu'n garedig iawn iddo falle y dyle fe fynd mas obutu'r clos i 'neud rhywbeth'. A dychmygwch ei ymateb wedi i Scott Gibbs ddwyn buddugoliaeth o dan drwynau'r Saeson gyda'r cais enwog 'na! Galwodd yn syth am 'Scotchen fach'.

Un o'r pleserau mwyaf a ddaeth i'w ran e a Mam wedi iddo gael ei urddo'n Archdderwydd oedd cael gwahoddiad i wylio Cymru'n chwarae Ffrainc am y Grand Slam. Dim ond ychydig cyn hynny roedd Mam wedi dweud cymaint yr hoffai hi a Dad weld gêm ryngwladol yn fyw, ac o fewn dyddiau dyma Gerald Davies yn codi'r ffôn.

Ar ddydd Llun y Pasg 2009 aeth sawl aelod o'r teulu, gan gynnwys Dad, i weld rownd derfynol Cwpan Emrys Morgan ar Gae'r Sgwâr yn Aberaeron, cae a oedd yn agos iawn at ei galon ers ei fachgendod. Golygai'r lle gryn dipyn hefyd i Hywel Teifi Edwards a Jim, John ac Aled, bois Parc Nest. Roedd Osian, yr ail o wyrion Mam a Dad ac ail fab Rhian, yn chwarae yn y Derby fawr rhwng Aberteifi a Llandudoch, ac fe sgoriodd. Ond eiliadau cyn y chwiban olaf dyfarnwyd cic gornel i Landudoch, a hithau erbyn hyn yn 'one all'. (Ys dywedai Dad, 'Pwy gafodd yr *all*?') 'Watshwch chi'r gwynt yn cario hon mewn i'r gôl' oedd sylw Dad – a dyna'n union fel y bu.

*  *  *

Roedd ganddo barch at grefft, crefft o bob math. Os clywem e'n dweud am hwn neu'r llall, 'Bachan tyn yw hwnna', gwyddem ei fod e'n gwirioneddol edmygu'r person hwnnw. 'Bachan tyn' oedd Dad ei hunan hefyd. Os torrai rhywbeth o gwmpas y fferm, rhaid oedd 'gweithio patent' i'w gael yn ôl i weithio. Yn ôl Mam, yn hytrach na phrynu rhywbeth newydd, byddai'n fwy tebyg o brynu rhywbeth a oedd, a bod yn garedig, wedi gweld dyddiau gwell, dim ond er mwyn cael esgus i 'dincran' ag e a dod i ddeall y contreifans yn well.

Felly y bu pethau am flynyddoedd lawer, tan y dydd y cyrhaeddodd 'y tŷ glàs'. Roedd Dad yn ddig iawn efo oes y fflat pac ond mewn fflat pac y daeth hwn! Aeth e ati i'w roi at ei gilydd yn steil ymgyrch filitaraidd. Gosodwyd y fframwaith ar lawr sied wag. Rhoddwyd pob bollten, sgriw a nyten fân yn eu trefn, ac wedyn, dim ond wedyn, y trodd ei sylw at dorri sail ar gyfer y 'tŷ'. Bu'n eistedd am sawl awr ym mola clawdd yr ardd yn astudio'r man. Cofiwch, roedd Dad yn *mwynhau* eistedd ym mola clawdd, a Ffan (neu Meg, yn ddiweddarach) wrth ei draed tra cynnai ef ei bib, a meddwl. Gosodwyd y sail, codwyd y tŷ glàs, ac am dri thymor bu Dad a Delyth yn dîm garddio i ryfeddu atynt. Châi dim chwynnyn ddangos ei wyneb yn y fangre fach honno.

O ran yr ardd fawr, un llysieuyn na chafodd erioed weld golau dydd yn yr Hendre oedd panas. Doedd Dad ddim yn eu hoffi ac ni allai Mam ei dwyllo! Yn ôl Dad, yr unig ffordd i sicrhau na fyddent byth yn ffeindio'u ffordd i'w blât oedd gwrthod eu tyfu yn y lle cyntaf.

Wrth fynd yn hŷn, dechreuodd Mam a Dad fel llawer un arall fwynhau mynd mas am bryd. Dyn syml ei chwaeth oedd Dad a chynnil ei ymateb, ond roedd tipyn gydag e i'w ddweud am foron *julienne* ('garetsh shaff') a'r pys hollbresennol mewn bwytai. Ei gred oedd y dylai cabetsien edrych fel cabetsien a garetsien edrych fel garetsien, a doedd dim angen pys gyda phopeth. Mae'n rhaid ei fod rywdro hefyd wedi archebu cwningen mewn bwyty, a honno wedi cael ei gweini'n slabiau bychain unffurf. Nid oes cofnod o'i ymateb ar y pryd, ysywaeth, ond tua dwy flynedd yn ôl derbyniodd anrheg o gwningen wyllt mewn caserol. Ciledrychodd dros ei sbectol, sugno trwy'i ddannedd a thraddodi'i feirniadaeth: 'Wel, o leia ma hon yn edrych fel 'se hi 'di rhedeg rywbryd.'

\* \* \*

A sôn am draddodi, dyna wefr oedd hi i ni'r teulu ei glywed yn traddodi beirniadaeth y Gadair heb damed o bapur, a chyn amser yr awto-ciw. Wedi'r llongyfarchiadau, dyma fe'n cyfaddef iddo fynd ar lwyfan yr Eisteddfod Genedlaethol a gwm cnoi yn ei geg! Yr eildro iddo draddodi oddi ar lwyfan y Genedlaethol, aeth yno heb y gwm cnoi. Aeth ei geg yn sych ofnadwy, gan ei gwneud hi'n anodd iddo siarad, felly daliai Dad fod camgymeriad bach weithiau'n talu'r ffordd.

\* \* \*

Mae yna wyth o wyrion yn y teulu erbyn hyn – Steff, Osian, Elis, Bedwyr, Peredur, Ynyr, Jac ac Ethan. ('Dim sôn am ferch fach yn unman,' chwedl Mam!) Roedd Dad yn falch eithriadol o bob un ohonynt, ac o'u gwahanol ddoniau, ac yn ei dro roedd yntau'n 'Tic' annwyl a hoffus. Roedd ganddo wyneb diddorol iawn i blentyn bach – yn sbectol, cap a phib.

279

Dilynodd pob un ohonynt ef yn eu tro o amgylch clos yr Hendre, a disgrifiodd Brychan fechgyn Dafydd fel 'Wmpalwmpas bach' o dan draed ac wrth gwt Dad. Cefnogai nhw i gyd yn eu tro, boed hynny mewn gêm rygbi yn Aberhonddu, mewn cyngherddau a gêmau pêl-droed, neu wrth ddarllen eu gwaith ysgol a'u storïau.

Tynnai blant pawb ato, gan gynnwys plant a ddeuai i aros yn nhîpis Brychan yn yr Hendre. Hoffai fynd â'r plant i gasglu wyau. Gwerthai'r wyau yn Garej Blaenannerch ynghyd â chwrens duon a gwsberis, neu unrhyw beth arall roedd 'na ddigonedd ohonynt. Doedd rheolau'r Undeb Ewropeaidd yn golygu affliw o ddim iddo. '"Non-applicable" fan hyn.'

A sôn am dîpis, bu sawl cynnen ac anghytundeb rhwng Brychan a Dad wrth sefydlu'r pentref tîpis. Ble roedd y cysgod gorau? O ba gyfeiriad y dôi'r gwynt? Sut orau i glymu cwlwm? ('Pwrpas cwlwm yw 'i ddatod e . . .') A dyma ichi ragor o'i ddoethinebau wrth wylio'i blant yn cyflawni ambell orchwyl a ddylai fod yn un digon syml. Wrth Brychan, a hwnnw bron o'r golwg mewn ffos saith troedfedd o ddyfnder, meddai Dad, 'Paid dala'r rhaw *fel'na* – dorri di'r go's.' Dyw ateb Brychan ddim yn ffit i'w brinto, ond doedd pethau ddim yn dda. A myn asen i, yr eiliad nesaf fe dorrodd y goes! Meddai wrth Delyth wedyn rywbryd, wrth iddynt fod wrth ryw jobyn, 'Ddim fel'na ma iwso caib.' Y cwestiwn oedd yn troi ym mhen Del oedd, 'Shwt ddiawl *arall* wyt ti'n mynd i hiwso hi 'te?' Ond ddwedodd hi mo hynny, wrth gwrs!

Dros gyfnod o ryw bymtheg mlynedd, bu Dad a Brychan yn cwympo a llifio coed lawr yng Nghwm yr Hendre. Châi Brychan DDIM BYTH ddefnyddio'r llif tshaen! Pen draw yr holl fusnes oedd i Brychan ddweud wrtho – ac nid yn afresymol, chwaith – 'Dad, dwi'n dri deg pump oed, ac ma ishe llifio arna i 'da llif sy'n tano ac yn gweitho.' Fel y crybwyllwyd o'r blaen, roedd popeth a brynai Dad yn drydydd os nad yn bedwerydd llaw. O'r diwedd, ac ar ôl nifer o ddamits a gwaeth, cytunodd Dad y câi Brychan ddefnyddio'r llif tshaen Partner. Nawr, roedd Brychan wedi bod yn gwylio Dad ers pum mlynedd o leiaf yn straffaglu i danio'r Partner, ac aeth â hi at Geraint Tre-main am sylw. Chwerthin nath hwnnw o'i gweld. 'Gronda, Brychan, dwi'n cofio Dad [Glan] yn gwerthu hon i dy dad ryw ddeunaw mlynedd 'nôl, a wedd hi'n *drydydd* llaw pry'ny. Pryna lif newydd, er mwyn dyn.' Ar ôl 'part ex' ac ati, diwedd y saga oedd bod arno Dad ddecpunt i Brychan!

Wrth i'r blynyddoedd fynd yn eu blaenau ac yntau wedi 'ymddeol', roedd mwy o amser 'da fe i'w wario gyda'r wyrion ifanca, Ethan a Jac. Hoffai Ethan fynd am dro ar y 'cwad' gydag e, a hoffai Jac eistedd yn ei gôl wrth y ford fwyd fel nath ei dad, Tristan, a chymaint o blant eraill. Mae llun o Jac, a dweud y gwir, yn eistedd fel lòrd yng nghadair Dad wrth ben y ford fwyd, a Dad wedi ymneilltuo i'r cefndir gyda'i bapur newydd. O dipyn i beth, daeth i ben â thwyllo Mam i fynd â Jac hefyd ar gefn y cwad gydag e, ac off â nhw rownd Parc Mowr a'r perci ucha. Y tro hyn, ni chollodd Mam ddilledyn – gweler yr hunangofiant!

\*   \*   \*

Daeth talwrna'n rhan enfawr o fywyd Dad, ac yn sgil hynny daeth yn gyfarwydd iawn â hewlydd bychain cefn gwlad Cymru. Daethom ninnau'n gyfarwydd ag enwau pentrefi diarffordd na fyddem wedi clywed amdanynt, debyg iawn, oni bai i Dad fynd yno ar gyfer rhyw dalwrn neu'i gilydd. Os byth y byddai un ohonom angen holi'r ffordd i rywle, a gwybod faint o amser gymerai'r siwrne a'r llefydd gorau i gael pryd ar y ffordd, gallai Dad ddweud wrthych. Cofiwch, byddech hefyd yn siŵr o gael gwybod am sawl gwahanol ffordd i fynd i'r lle, ynghyd â chyfarwyddiadau manwl fel 'Watsha am y cornel 'na – mae'n dala fi bob tro – galle'ch cymysgu chi'n hawdd.' Cofiai am bob cylchfan ddibwys. Doedd e ddim yn hoff o'r rheiny!

Wedi i Dad gael llawdriniaeth ar un o'i gluniau, bant ag e a Mam ym mis Awst 2001 i rownd derfynol y Talwrn, gan deithio yn Frontera Ifor Owen Ifans. Dyma dorri lawr yn Ninbych a ffonio garej Llanuwchllyn – nid am y tro cynta! – a'r perchennog yn anfon car benthyg er mwyn i'r tîm gyrraedd yr ornest (a'i hennill, fel y cofia'r Prifardd Idris Reynolds). Roedd y tîm cyfan yn teithio gyda'i gilydd y noson honno, pob un ohonynt naill ai wrth ei ffon neu ar faglau neu gyfuniad o'r ddau – Dad, Ifor Owen, Owen FfynnonCRIPIL a Dai CLUNmelyn. 'Criw o henwyr yw Crannog!'

Y flwyddyn honno, a'r Talwrn yn y Steddfod bron iawn ar ben, roedd y sgôr yn gyfartal a dim ond un dasg ar ôl. Cyd-ddigwyddiad llwyr oedd ei bod hi'n ben-blwydd ar y Fam Frenhines ar yr un diwrnod. Llinell i gyfarch yr hen ledi oedd y dasg, a rhoddwyd y llinell hon i Dai Clunmelyn, druan, i'w hadrodd: 'Twll tin y Fam Frenhines.' Sôn am linell fuddugol! Roedd bonllefau o chwerthin i'w clywed o'r Babell Lên am sbel ar ôl honna.

\* \* \*

Ysgrifennodd Dad golofn i *Golwg* am bum mlynedd ar hugain, yn rhyddiaith ac yn farddoniaeth. Cyfle euraid oedd hwn i un â barn am bopeth gael mynegi hynny'n gyhoeddus yn ei ffordd hynod ei hun. Doedd testun ar gyfer y golofn ddim bob amser yn neidio i'r meddwl, ac un bore dydd Sul galwodd Rhian yn yr Hendre. Amser brecwast oedd hi, a chafodd gynnig wy wedi'i ferwi. Digwyddodd ofyn pa brosiect oedd ar waith ac atebodd Dad nad oedd ganddo syniad, ond bod angen ffacso'r gwaith whap. Wrth fwyta, dyma Rhian yn digwydd dweud nad pawb allai ferwi wy yn union fel yr hoffen nhw 'i gael. 'Diawl, 'na fe!' – ac wele golofn.

\* \* \*

Yn 1988 cafodd radd Doethur er Anrhydedd gan Goleg Prifysgol Cymru, Caerdydd, a chyflwynwyd hon iddo ynghyd â thei'r brifysgol gan y Tywysog Siarl. Rai blynyddoedd yn ddiweddarach roedd Mam a Dad mewn cinio yn y Faenor yng nghanolbarth Cymru. Roedd Siarl yno hefyd, a thei'r brifysgol oedd am wddwg Dad. Sylwodd Siarl arni a dweud 'I like your tie', ac atebodd Dad, 'You gave it to me.'

*   *   *

Canodd y ffôn yn yr Hendre ryw noswaith, a Dad ddim gartref. 'John Watkin o dop y sir sy 'ma – ga' i siarad â Dic?' Wedi i Mam esbonio nad oedd Dad ar gael, dyma fe'n dweud ei neges: ''Y'n ni am ofyn iddo fod yn Llywydd Anrhydeddus Cymdeithas Rychio Cymru a'r Byd. Pobl Pontrhydfendigaid sydd yn ei dechre.' Doedd 'da Mam ddim syniad beth oedd rhychio ond doedd hi ddim yn teimlo ei fod yn swnio'n rhyw weddus iawn, rywsut. Mae'n debyg mai torri rhychau neu gwysi ar gyfer gosod tato ac ati yw rhychio, a hynny o dan amodau cystadleuol tu hwnt (dylid cysylltu â John Watkin neu Selwyn Jones am ragor o fanylion!). Cafodd Dad ei orseddu yn Llanerchaeron gyda phob Anrhydedd, â Chadwyn y Swydd rownd ei wddwg a Rhaw Aberaeron uwch ei ben (ac nid yw rhaw Aberaeron fel rhofiau eraill!). Roedd llawn cymaint o olwg gan Dad ar y fraint honno ag a oedd ar gael ei wneud yn Archdderwydd.

O Fryn y Briallu i'r Faenor, o Baris i Batagonia ac o Rydychen i Ryd-y-fuwch, un o nodweddion anwylaf Dad oedd ei barodrwydd i gymdeithasu â thywysogion a rhychwyr fel ei gilydd!